Género y Antropología Social

Género y Antropología social

Yolanda Aixelà Cabré

DOBLE J

CIENCIAS SOCIALES

Edita: Editorial Doble J, S.L.
C/ Montevideo 14
41013 Sevilla, España
www.culturamoderna.com
editorialdoblej@editorialdoblej.com
ISBN: 84-933265-4-2

A mis hermanos, Raúl y Helena
A mis amigas, Mireia, Diana, y Laura

"El análisis de cuáles son los roles de los hombres y de las mujeres en los grupos de filiación es una cuestión contenida, de modo general, en los roles de los hombres como hombres y en los de las mujeres como mujeres. El rol de las mujeres como mujeres ha sido definido como aquel que se responsabiliza del cuidado de los niños. Yo ahora añado que el rol de los hombres como hombres se define como aquel que tiene autoridad sobre las mujeres y los niños (excepto quizás para condiciones que podríamos cualificar de especiales aplicables sólo a unas pocas mujeres de la sociedad)".

D. Schneider (1961:6)

1.

Índice general

Presentación. 13

1. Un análisis transversal en la Antropología Social: la
   perspectiva de género... 19
   1.1. El análisis de género. 21
      1.1.1. El concepto "género". 22
      1.1.2. Perspectivas de género. 25
      1.1.2.a. Propuestas teóricas. 25
      1.1.2.b. Otras perspectivas en el análisis de género. El
         camino hacia la visibilidad femenina. 34

2. Miradas de "género" en la historia de la Antropología
   Social... 43
   2.1. Principales aportaciones teóricas. 44
      2.1.1. Johan Jakob Bachofen (1815-1887). 44
      2.1.2. Margaret Mead (1901-1978)........................46
      2.1.3. Michelle Zimbalist Rosaldo. 48
      2.1.4. Marilyn Strathern. 50
   2.2. Mujeres etnógrafas en la antropología clásica. 51
      2.2.1. Audrey Isabel Richards (1899-1984). 53
      2.2.2. Phyllis Mary Kaberry (1910-1977)................60

2.2.3. Ruth Landes (1908-1991)..................71

3. Androcentrismos antropológicos............75

3.1. Presupuestos clásicos de in/visibilizaciónfemenina:
Teorías y métodos....................82
3.1.1. Las teorías y sus objetos de estudio: el
evolucionismo....................84
3.1.2. Métodos y técnicas de investigación antropológica.
Algunos ejemplos.....................87

**4. La Antropología Social clásica frente a la construcción
social de los sexos: in/visibilidades femeninas.**.........95

4.1. Género y parentesco....................96
4.1.1. La construcción social de los sexos...................96
4.1.2. Antecedentes....................100
4.1.3. Teóricos de la Antropología del Parentesco....103
4.1.4. Conclusiones....................125
4.2. Género y política....................128
4.2.1. Poder y sexos....................128
4.2.2. Antecedentes....................133
4.2.3. Teóricos de la Antropología Política..............138
4.2.4. Conclusiones....................155
4.3. Género y economía....................158
4.3.1. La complementariedad de los sexos..............158
4.3.2. Antecedentes....................163
4.3.3. Teóricos de la Antropología Económica..........166
4.3.4. Conclusiones....................182
4.4. Género y religión....................185
4.4.1. La legitimación de las categorías sexuales.........185
4.4.2. Antecedentes....................187
4.4.3. Teóricos de la Antropología de la Religión.......189
4.4.4. Conclusiones....................206

5. ¿Realidad etnográfica? ¿Ficción androcéntrica?:
Las mujeres como parte del objeto de estudio de la
Antropología Social. Conclusiones. 209

Bibliografía. 215

Sobre la Lluvia y la Flor

Como suspiros, madre.
Lágrimas lentas como suspiros
desde tu mar libres escapan
alejándose del dolor
y mostrándolo.
Tristes gotas de luz
que al caer agotándose,
su brillo parecían querer romper
sobre tus mejillas,
sin heridas.
Eran -son húmedas notas de piano
desgranando melodías de cristal
para mis sueños. Caricias
deshaciéndose en recuerdos
de infancia; después, en silencios
y en calma.
Que sean estrellas, madre,
tantas sonrisas como estrellas
las que por tus oscuros ojos libres escapen
hacia nuestro corazón,
colmándolo.

Raúl Fernando Aixelà Cabré (†)

Presentación

Este trabajo plantea una revisión de la antropología social en clave de género.[1] La hipótesis central es que se constata la invisibilidad femenina en las Ciencias Sociales en general y en la Antropología en particular, desde su gestación y consolidación como disciplina científica hasta los años setenta, en sus cuatro principales campos de investigación: el parentesco, la política, la economía y la religión. Una parte apreciable de los trabajos que se desarrollaron en estos ámbitos obviaron la realidad social de las mujeres, cuando no, plantearon que la subordinación femenina era universal. Con el objetivo de explorar los posibles límites de la mirada antropológica desde una perspectiva de la construcción social de los sexos se plantea analizar:

—las causas por la cuales se produjo la invisibilidad femenina,

—las maneras en que algunos antropólogos teorizaron sobre la jerarquización sexual, y

—los intercambios analíticos que se produjeron al respecto de la conceptualización de los sexos entre los distintos campos de la disciplina.

---

[1] Una primera versión de este libro fue presentada como memoria de oposición en la titularidad de escuela universitaria que gané en la Universidad de Alicante. Publiqué un breve resumen de este trabajo en la Revista de Occidente en febrero de 2003.

Este estudio pretende recuperar aquellas aportaciones antropológicas que hicieron referencia a las mujeres con la intención de hacer visibles cotas y estrategias de poder que, a menudo, quedaron eclipsadas bajo el androcentrismo, dado que a diferencia de otras Ciencias Sociales, aunque la Antropología obvió profundizar en la realidad social de las mujeres, recogió gran cantidad de informaciones a través de las etnografías.

Con este fin, se presenta un estado de la cuestión elaborado a partir de algunos de los máximos exponentes de las cuatro esferas de investigación básicas de la disciplina —la antropología del parentesco, la antropología política, la antropología económica y la antropología de la religión— a través de una relectura de sus principales trabajos. La revisión, ordenada cronológicamente, tiene por objeto conocer sus opiniones sobre la construcción social de los sexos. En ningún caso, se ha revisado la totalidad de la obra de estos máximos exponentes aunque sí buena parte de sus estudios antropológicos más representativos.[2]

Por otro lado, se ha supeditado la selección de antropólogos a su importancia dentro de la disciplina. En algunos casos, han sido recuperados simultáneamente desde campos distintos, debido a la excepcionalidad de su producción antropológica. Probablemente, otros que han sido estudiados desde uno sólo de los campos hubiesen merecido ser igualmente estudiados desde otras ópticas. En cualquier caso, se trata de una sistematización que también ha sido influida por sus propias reflexiones sobre la construcción social de los sexos.

---

[2] En este análisis no aparecen todos los títulos revisados de los distintos antropólogos estudiados porque se ha antepuesto la "bibliografía citada" a la "bibliografía consultada." Por otro lado, el objeto de este trabajo ha sido muy concreto —sus aseveraciones sobre la construcción social de los sexos—, aspecto poco relevante en la mayoría de las investigaciones, que ha obligado a consultar mucha bibliografía que posteriormente no ha podido ser recuperada para la discusión teórica.

Este libro continúa una labor de reflexión sobre la mirada antropológica que, tal como veremos en el próximo capítulo, iniciaron entre otros autores como M. Z. Rosaldo, M. Strathern en Europa, y M. J. Buxó, D. Juliano, S. Narotzki, V. Stolcke o T. del Valle,[3] en España. La hipótesis que se plantea es que la construcción de género no sólo no ha sido universal sino que además ha presentado grandes diferencias entre sociedades, a pesar de que una buena parte de los antropólogos (hasta los años setenta e incluso más tarde) interiorizaron una construcción de género que vinculaba mujeres a naturaleza y hombres a cultura bajo la premisa de que tal distinción era universal: como afirmaron desde sus trabajos Rosaldo o Strathern, entre otros, las mujeres han ostentado poder y han establecido diferentes estrategias para utilizarlo en diversos contextos sociales.

Este hecho, sobre el que pocos antropólogos teorizaron directamente a pesar de haber sido constatado por una parte de los mismos, va a ser objetivo de este libro: se trata de hacer visible la participación de las mujeres en distintos contextos sociales.[4]

Agradecimientos

Deseo agradecer el apoyo recibido para realizar este libro. En primer lugar a aquellos que me animaron a redactarlo como memoria de la oposición que ganaría en la Universidad de Alicante en diciembre del 2001, Adela García, Cristi-

---

[3] M. Nash en el marco de la historia.
[4] El objetivo es observar los poderes y estrategias femeninas. No se trata, sin embargo, de recuperar las excepciones constatadas por diferentes antropólogos respecto a mujeres que se distinguían del resto por unas atribuciones especiales, como fue el caso, por ejemplo, de las mujeres estériles que Evans-Pritchard recogió en su etnografía sobre los nuer, las cuales podían casarse con otras mujeres al tiempo que acumulaban capital y ejercían actividades masculinas.

na Larrea, Alberto López Bargados y Evelina Cabré, los cuales me realizaron numerosos comentarios y puntualizaciones que espero haber recogido fielmente. Por supuesto, al tribunal de oposición que me realizó valiosas aportaciones teórico-metodológicas, Isidoro Moreno, Javier Marcos Arévalo, Alberto Galván y Antonio García Allut. Un recuerdo especial para Rogelio Rubio al que me une una sincera amistad. También a mis padres que, como siempre, me facilitaron el apoyo necesario para poder compaginar su redacción con la vida cotidiana, alentándome en mis momentos de vacilación.

Por otro lado, quiero mencionar a aquéllos que me han facilitado las dos estancias de investigación que me han permitido ampliar de manera clave las lecturas y los datos que disponía durante los veranos del 2002 y 2003. La primera en la School of Oriental and African Studies de la University of London fue gracias a la inestimable ayuda de Ramón Sarró, la segunda en el Laboratoire d'Anthropologie Sociale de l'École d'Hautes Études en Sciences Sociales se realizó mediante la generosa invitación de Enric Porqueres. Por supuesto, mi agradecimiento a Ignasi Terradas, Eloy Martín y José Luis Ponce por animarme a convertir este texto finalmente en libro, y a Dolores Juliano por la desinteresada colaboración que me prestó. También al director del proyecto I+D "Procesos democratizadores en África. Modelos institucionales, prácticas políticas e idearios contemporáneos. La incidencia europea", Ferrán Iniesta, cuya financiación fue imprescindible para la estancia en París (2003), proyecto en cuyo marco se inserta parcialmente este libro. Tampoco deseo olvidarme de algunos de mis amigos como Diana Marre, Laura Mascarella, Mireia Lorán, Josep Maria Camps, Catalina Iliescu, Ana Planet, Laura Mijares, Nacho Alvárez de Osorio (UA) y Mercedes Jabardo.

Por último, citar las bibliotecas consultadas para el desarrollo de este libro: en el 2001, la Universidad de Barcelona y el Museu Etnològic de Barcelona; en el 2002, la School of

Oriental and African Studies de la University of London y la British Library; en el 2003, el Laboratoire d'Anthropologie Sociale de l'École d'Hautes Études en Sciences Sociales, la Bibliothèque National de France en París y la Universidad Autónoma de Barcelona.

Un análisis transversal en la Antropología Social: la perspectiva de género

La perspectiva de género en la Antropología Social toma protagonismo a partir de la década de los años setenta. Con anterioridad hay un profundo silencio, quebrado sólo en contadas excepciones, en torno a la manera en que los antropólogos percibían la construcción social de los sexos en aquellos lugares donde desarrollaban sus etnografías y a partir de las cuales elaboraban sus teorizaciones.

Ahora bien, esa ausencia explícita de una reflexión sobre la relación entre los hombres y las mujeres en diversas sociedades no implicó que en sus monografías no se filtrase el modo en que tales contextos construían los sexos. De hecho, probablemente la Antropología fue una de las Ciencias Sociales qué más documentación recogió sobre la in/visibilidad de las mujeres en distintas culturas, tal como afirmaba D. Juliano.[1]

A ello se suma que la relectura de los materiales antropológicos es una revisión etnográfica lícita. Como manifestó Warren (1988:51):

---

[1] Comunicación personal de Juliano en enero de 2003. Por ejemplo, Bell (1993:2) mostraba cómo las mujeres habían estado presentes en la antropología a través de algunos los temas clave: "Dado que la antropología tiene un interés desde hace tiempo en las relaciones entre los sexos (matrimonio, parentesco, ritos de paso), es irónico que sus observaciones todavía reflejen lo que son para la mayoría puntos de vista masculinos presentados como la «norma». Los etnógrafos masculinos necesitan no temer al desafío de que para legitimar su conocimiento con un material de caso de una localidad sea necesario generalizarla para regiones enteras; mientras las etnografías de las mujeres permanecen particularistas."

"los datos del trabajo de campo han sido vistos recientemente como textos que no sólo revelan el marco en un momento interpretativo; por ello, el género se analiza no sólo como aquello que contiene los procesos y las presuposiciones sino también las producciones del trabajo de campo. Estas producciones incluyen notas de campo, consideraciones metodológicas y la publicación de investigaciones monográficas y artículos. En la antropología, el feminismo ha provocado un interés en las notas de campo como textos con la recuperación de las notas de campo del pasado y su atención renovada en lo metodológico."

De hecho, un trabajo excelente de la recuperación etnográfica es el que Terradas (1995) nos presentó sobre la India.

Es por ello, y también por el deseo de profundizar en uno de los ejes analíticos claves de la Antropología Social contemporánea, que propongo una revisión, en clave de género, de los antropólogos que en mi opinión han sido más influyentes.

El objetivo de este trabajo será realizar una aproximación que permita:

1) revisar las reflexiones que los diversos antropólogos realizaron desde sus investigaciones sobre la construcción social de los sexos, en un trabajo que se pretende una revisión de la Antropología Social,

2) analizar las razones por la cuáles hubo presencia o ausencia de la perspectiva de género en sus trabajos, y

3) recuperar los conocimientos que implícita o explícitamente emergieron en la disciplina sobre la construcción sociocultural de los sexos.

Como veremos, se produjeron algunas reflexiones sobre al análisis de la construcción social de los sexos que marcarían un antes y un después en los análisis antropológicos. Algunos de los que suministraron esas aportaciones teóricas fueron Johan Jakob Bachofen, Margaret Mead, Michelle Zimbalist

Rosaldo y Marilyn Strathern. Pero también se va a destacar la labor de análisis sobre la concepción y relación entre los sexos que diferentes antropólogas realizaron en sus pioneras etnografías: Audry Richards, Phyllis Kaberry y Ruth Landes. En síntesis, el objetivo de este trabajo es analizar la influencia que la construcción social de los sexos ha tenido en los trabajos antropológicos desde una perspectiva histórica que nos permita conocer mejor los fundamentos y el desarrollo de nuestra propia disciplina.

Para ello, se hace necesario partir de una serie de presupuestos fundamentales que deben ser objeto de análisis:

1) Cómo puede haber influido la profunda convicción sostenida por muchos antropólogos de que "el parentesco", "lo político", "lo económico" y "lo religioso", estaban entrelazados indisociablemente a una noción de "lo masculino",

2) Cómo la propia manera de realizar las etnografías podía hacer invisible la dimensión de género de dichas investigaciones, describiendo así una sociedad en la que sólo se manifestaba lo masculino y, en esos casos, cuál era el lugar reservado a las mujeres,

3) Cómo podía influir el que, salvo excepciones, muchas de las investigaciones que se realizaron hasta los años sesenta fuesen desarrolladas por antropólogos hombres, muchos de los cuales filtraban una perspectiva androcéntrica que pudo haber determinado la presencia/ausencia en su discurso de la clave de género.

1.1. El análisis de género

A continuación se presenta un estado de la cuestión sobre el concepto "género" que incorpora el debate que se abrió en el marco antropológico a partir del impacto del feminismo en los años setenta. Se trata de una aproximación que recupera los posicionamientos teórico-metodológicos que

Yolanda Aixelà Cabré

defendieron diversos autores para encarar una nueva forma de hacer Antropología que englobase claramente el análisis de la "otra".[2] Como veremos, los presupuestos que se discutieron abordaban el punto en el que se encontraba entonces la disciplina sobre las maneras en que se habían enunciado la construcción social de los sexos. Por otro lado, también se ofrece una aproximación a los trabajos que han abordado el "género" en España, bien como eje analítico transversal, bien como concepto incorporado en sus investigaciones.[3] En cualquier caso, y con el objetivo de clarificar aún más ciertos contextos sociales, veremos que en este libro se propone el uso del concepto "isogenérico" para definir las relaciones entre los sexos en algunas sociedades.

1.1.1. El concepto "género"

El concepto "género" es la variable que permite considerar al sexo como categoría analítica, es el factor a partir del cual se realiza el análisis de la construcción sociocultural de los sexos desde el plano ideológico.

El género facilita el marco en el que se construyen y recrean las relaciones entre hombres/mujeres; por ello, se debe analizar como resultado de un conjunto de factores sociales, culturales e históricos.

---

[2] Sobre el impacto del feminismo en antropología se puede consultar Moore (1991) y Harris y Young (1979).

[3] Son escasos los estados de la cuestión realizados sobre la producción española en referencia al género. Destacamos el de Moreno (1991), el de Narotzki (1995) y el de Stolcke (1996). No obstante, son numerosos los investigadores que han venido realizando una importante labor en el marco de la antropología del género en el pasado y en el presente, como Buxó, Comas, Cucó, Delgado, Díez, Esteban, Frigolé, Juliano, Martínez Veiga, Martín Díaz, Méndez, Narotzki, Otegui, Stolcke, Terrades o del Valle, entre otros, al tiempo que hay algunos investigadores que lo hicieron en los últimos años en tesis doctorales, como es el caso de Aixelà, Fons, Fernández, Gracia, Marre, Mozo, Ramírez o Vieitez, entre otros.

Como veremos, la construcción de género condiciona a las personas en su vida cotidiana, ya que puede incorporar una jerarquización sexual en la que se manifieste una cierta subordinación de las mujeres a los hombres, en suma, un androcentrismo. Así pues, se trata de analizar la influencia del sexo en la dinámica de las relaciones sociales, aunque matizando que, en aquellas sociedades en que las mujeres hubiesen estado aparentemente supeditadas a lo masculino, en las prácticas pudieron haber establecido sus propias estrategias de poder.

23

Con la intención de hacer visible esa relativa participación femenina en las diferentes esferas sociales, propongo la utilización del término "isogénerico".[4] El concepto "isogénerico" nos permite redefinir aquellos contextos en los que las mujeres o tuvieron un prestigio social notable, o bien fueron socialmente activas en las prácticas sociales, o ambas cosas al mismo tiempo, articulándose en términos de igualdad relativa con los hombres. Este término tiene como objetivo el reconocimiento simultáneo de las aportaciones masculinas y femeninas en los distintos ámbitos sociales, emulando así la función que cumplió el término "cognatismo" en el campo de los estudios de parentesco unilineal en la etnología francesa.[5]

El uso del concepto "isogénerico" pretende señalar aquellos grupos en los que ha existido una participación más o menos equilibrada de ambos sexos en la esfera del parentesco, en la de la política, en la de la economía y/o en la de la religión, tal

---

[4] Agradezco a Alberto López Bargados su ayuda para escoger el concepto "isogénerico" y para dilucidar sus implicaciones sociales.

[5] Básicamente, me refiero a las aportaciones teóricas de Bourdieu (1972), Conte (1987, 1991), Bonte (1986, 1991, 1994) y Copet-Rougier (1994), autores que en distinto grado defendieron el empleo de dicha categoría. Partían del presupuesto de que ambos sexos colaboraban por igual en la construcción del parentesco incluso en sociedades patrilineales y patrilocales. En conjunto, consideraron que la filiación en grupos unilineales de preferencia endogámica se transmitía en realidad bilateralmente, idea que probablemente facilitaron Murphy y Kasdan (1959:25).

como fue el caso de la sociedad balinesa en la que C. Geertz (1987:343n) trabajó y a la que calificó, con el mismo espíritu, de *unisex*.[6]

De hecho, el tipo de grupos que podríamos enunciar como *isogenéricos* serían aquellos en los que existiría una participación y/o un reconocimiento social relativamente igualitario entre hombres y mujeres. Algunos casos se hallan entre los grupos matrilineales ohaffia[7] (Nigeria), tuareg (franja sahariana), luapula (Zambia) y ashanti (Ghana).[8]

Por último mencionar que, respecto al concepto de androcentrismo vinculado a la antropología del género, se puede consultar el trabajo de S. Narotzki (1995),[9] así como las definiciones que proporciona del mismo V. Stolcke (1996:335n): "enfoque de un estudio, análisis o investigación desde la perspectiva masculina únicamente, y utilización posterior de los resultados como válidos para la generalidad de los individuos, hombres y mujeres." "El hombre como medida de todas las cosas."

24

---

[6] Uno de los ejemplos que C. Geertz (1987:318n) mencionó era el que los nombres personales fuesen sexualmente neutros.

[7] No hay material etnográfico sobre estos ibo que excepcionalmente son matrilineales, a pesar de que, como señaló Nsugbe (1974:18), "Existe una diferencia cultural importante entre los ibeku ibo y los ohaffia ibo. Mientras los ibeki, como el resto de las otras comunicades ibo, son patrilineales o sistemas sociales orientados en el padre, hoy los ohaffia son marcadamente matrilineales o sistemas matricéntricos." En este caso, el trabajo de Nsugbe (1974) es el primero. Para aproximaciones generales a los ibo se puede consultar el trabajo de Forde y Jones *The ibo and the ibio-speaking Peoples of South-Eastern Nigeria* (1950).

[8] Esta aseveración viene respaldada por la recopilación bibliográfica que realicé en Aixelà "La antropología de género en el África subsahariana" en Actas del Congreso *África camina* celebrado en Barcelona en enero de 2004 (en prensa).

[9] De hecho, Narotzki (1995) vincula androcentrismo a etnocentrismo por partir de presupuestos en los que se antepone una manera de interpretar la realidad sobre otras posibles. Respecto a la definición de etnocentrismo, recuperaremos por su claridad la de Herskovits (1952:82): "etnocentrismo es el punto de vista según el cual el propio modo de vida de uno es preferible a todos los demás."

1.1.2. Perspectivas de género

1.1.2.a. Propuestas teóricas

Los primeros análisis, propiamente de género, que se desarrollaron en el marco antropológico, partieron de la presunción de que la construcción social de los sexos se había venido estableciendo desde la relación entre mujeres=naturaleza, hombres=cultura y desde la asimetría sexual universal.[10] A esa línea de investigación pronto se sumaría otra que analizaría la supuesta universalidad de la construcción de género derivada de la reproducción sexual, conceptualización en la que las mujeres serían esencialmente productoras de seres humanos. Como veremos a continuación, ambas propuestas son aún defendidas en la actualidad.

Sherry. B. Ortner (1979:112-115) sostuvo que la subordinación femenina era universal, y que el escaso prestigio que ostentaban las mujeres se debía a que se las asociaba a un proceso reproductivo relacionado con la naturaleza, cuando ésta quedaba devaluada respecto a la cultura. Para Ortner (1974:87), la categorización sexual "es una construcción de la cultura más que un hecho de la naturaleza." MacCormack (1998a:6), por su parte, había conceptualizado esa distinción entre naturaleza y cultura desarrollada por distintos antropólogos: "lo «natural» es lo que es innato a nuestra herencia primate y lo «cultural» lo que es arbitrario y artificial." Tal como constató Gillison (1998:143) ésta era una manera de explicar, por lo menos en apariencia, el estatus secundario ocupado por las mujeres.

Esta aseveración ha sido relacionada por autores como Di Lionardi (1991:13), C. P. MacCormack (1998a:5), M. Bloch y J. H. Bloch (1998:25) y O Harris (1998:70), entre muchos otros, con la conocida oposición simbólica que Lévi-Strauss

| 25

---

[10]   Esa propuesta aparece en el trabajo de Simone de Beauvoir (1949).

estableció entre los binomios crudo/cocido y naturaleza/cultura,[11] aunque también podría vincularse con los trabajos de Bachofen, tal como veremos en próximos capítulos y como habían señalado algunos autores como S. Narotzki (1995) o MacCormack (1998a:7).

26 Por otro lado, L. J. Jordanova (1998) estudió cómo la conceptualización mujeres=naturaleza y hombres=cultura se relacionaba con los fundamentos biológicos de la maternidad, señalando la manipulación existente en el campo de la ciencia.

Esa misma línea de investigación permitió establecer que el discurso sobre la "domesticación" de las mujeres se estaba realizando a través de la esencialización reproductiva. En la teoría del parentesco, fue estudiada por R. Coward (1983),[12] y su influencia en el ámbito de la política y en los movimientos sociales por H. Moore (1991).

La presunción de que la conceptualización del género surgía directamente de su papel en la reproducción fue llevada hasta sus últimas consecuencias por C. Delaney (1991, 1994), que exploró cómo la teoría y símbolos sobre la procreación eran la clave para comprender los valores y organización de la sociedad turca. Delaney sugirió que existía una teoría monogenética de la procreación que era coincidente con la doctrina teológica monoteísta: el principio de creación venía solamente de una fuente que era simbólicamente masculina. El trabajo de Delaney (1991) destacó que el papel femenino en la reproducción consistía en ser puro objeto de la fecundación de una simiente de naturaleza masculina (la metáfora del campo y la siembra) que proporcionaría toda la

---

[11] Por ejemplo, Lévi-Strauss (1979:103) había constatado cómo entre los lele (grupo matrilineal africano estudiado por Douglas) "las relaciones masculinas participaban así de la cultura, las relaciones femeninas —al menos a ojos de los hombres— más bien de la naturaleza...."

[12] Stolcke (1996:335). También, entre otros, por Stone (1997) a partir de la reproducción.

identidad y la especificidad al nuevo ser. Su intención, por otra parte, era algo arriesgada, ya que pretendía reunir sociedades distintas bajo un mismo modelo monogenético de procreación.

También en la década de los noventa y desde una óptica distinta de las mencionadas, P. Bourdieu continuaba los trabajos de C. Lévi-Strauss, defendiendo la dominación masculina desde un plano simbólico. Para Bourdieu (1990), la dominación masculina era universal y se legitimaba por acciones intencionadamente orientadas a justificar el orden establecido.

No obstante, y en respuesta a la categorización que se estaba realizando en torno a la construcción de los sexos en los años setenta (que como hemos visto, aún hoy se ha planteado desde fundamentos distintos), Olivia Harris (1979:25,1980) sostuvo que era injustificable construir la subordinación de la mujer apelando a la biología: "la diferencia biológica objetiva entre hombre y mujer aporta una serie completa de atributos morales que no tienen relación directa con la biología." En su estudio entre los laymi de Bolivia Harris (1998:72) destacó la escasa distinción existente entre los sexos: "esta es una cultura con un énfasis en la unidad de mujer y marido, y con una escasa simbolización que marque la diferencia entre los sexos."

Por su parte, N. C. Mathieu (1973, 1978), igual que poco antes habían constatado M. Kay Martin y B. Voorhies (1978), afirmó que, a pesar de tratarse de una categorización «in nature», el género estaba construido socialmente: las identidades de los individuos se podían masculinizar o feminizar indistintamente. Los géneros no eran pura biología, dada la arbitrariedad existente en categorizar qué es naturaleza y qué cultura, tal como había señalado la propia MacCormack (1998a:8).

También Yaganisako y Collier (1987:15), con su teoría sobre el género, se plantearon en qué medida las definiciones de hombre y mujer eran siempre y, por todas partes, explicadas por el papel que se suponía tenía el sexo en la reproducción sexual y, tras negar la homogeneidad de las categorías "masculino" y "femenino", afirmaron:

28 |
"qué hay de específico en los procesos sociales y culturales que provoquen que hombres y mujeres aparezcan diferentes los unos de los otros. Aunque nosotras no negamos que las diferencias biológicas existen entre hombres y mujeres... nuestra estrategia analítica es cuestionar si estas diferencias conforman las bases universales para las categorías culturales 'masculino' y 'femenino'. En otras palabras, si las desigualdades son simplemente elaboraciones diversas y extensiones del mismo hecho natural."

Y es que para Yanagisako y Collier (1987:39) "los sistemas sociales son, por definición, sistemas de desigualdad." Ambas partieron de la necesidad de establecer una diferenciación entre producción y reproducción, lo que investigadoras como H. Moore (1993:194) criticaron posteriormente:[13] "Collier y Yanagisako (1987b:20-25) mantienen que la distinción entre producción y reproducción es sólo una parte del modelo de la sociedad occidental que distingue entre la producción de gente y la producción de cosas. Por tanto, no es nada sorprendente descubrir, como ha sido sugerido por otros especialistas, que cultura/naturaleza, público/privado y producción/reproducción son realmente transformaciones los unos de los otros, ya que son parte del mismo modelo de la sociedad occidental. Estos deberían ser entendidos

---

[13] Por ejemplo, también Scheffler (1991:361) para quien existió una "extraña alianza de muchas feministas (antropólogos y otros) con la escuela antiparentesco de la antropología simbólica —una alianza que buscan las feministas no sólo para desnaturalizar y desuniversalizar, sino también para deconstruir o desmantelar las categorías «parentesco», «matrimonio» y «familia», y, con ellos, la putativa y universal subordinación de la mujer y los hijos a los hombres... En esta escuela están Jane Collier and S. Yanagisako."

como rasgos del discurso antropológico más que como rasgos de otros discursos culturales...» Ahora bien, al margen de la oportuna crítica de Moore, Collier (1987:220) quería explicar las desigualdades: "yo sugiero que reemplacemos esta distinción conceptual —y sus variantes, tales como naturaleza/cultura y reproducción/producción— con una serie de modelos sistemáticos para analizar la desigualdad social."

Yanagisako (1987), por su parte, deseaba comprender la asimetría sexual universal para lo que recuperaba la oposición «doméstico» y «público» de Rosaldo y la distinción de los dominios «doméstico (familiar)» y «political-jural» de Fortes. Ambos los aplicó a los japoneses americanos (dos generaciones) y afirmó Yanagisako (1987:111): "como las oposiciones de los dominios doméstico/público, son también modelos de parentesco y sociedad" y añadía "ambas, las oposiciones doméstico/público y doméstico/político-jural, combinan una metáfora socio-espacial de autoridad con una metáfora de especialización laboral de funciones diferenciadas. De hecho, cada una es una metáfora combinada."

En este punto se puede tomar distancia de los argumentos clásicos sobre el género. Como propuso, en su momento, V. Stolcke (1992b:89): "el concepto analítico de género pretende poner en cuestión el enunciado esencialista y universalista de que la biología es destino." Se trataba de distinguir "sexo" como categoría biológica, de "género" como categoría social.

Una de las grandes aportaciones al respecto vino de la mano de F. Héritier (1996:16) quien analizó la "correlación estrecha entre las reglas prohibitivas de alianza —o sea las que impedían casarse con alguien concreto—[14] y las concepciones relativas a la sangre, a su producción y transmisión, y me orienté en una segunda fase hacia las representaciones y el simbolismo del cuerpo... De este modo, me he encontrado

[14] Héritier (1981) también estudió el funcionamiento de los sistemas semicomplejos de alianza (los llamados crow-omaha) en algunas sociedades del África negra.

necesariamente en mi recorrido con el tema de la relación entre los sexos."

F. Héritier (1996:7) representó un punto de inflexión respecto a la manera en que se analizaba la construcción social de los sexos, ya que no deseaba analizar "la naturaleza, variaciones y grados de la diferencia y de las jerarquías sociales establecidas entre los sexos en todas las partes del mundo", sino comprender el porqué de la diferencia desde una perspectiva antropológica. Se trataba de cuestionar los fundamentos sobre los que se edificaba la supuesta inferioridad femenina y es, en ese sentido, que deberían comprenderse sus aportaciones críticas a los presupuestos universalistas sobre ese particular. No obstante, en otros casos, Héritier (1996:9) también podría ser criticada por la misma pretensión homogeneizadora y universal, ya que en una ocasión afirmó que "las consecuencias sociales no de la inferioridad así postulada [física e intelectual], sino del conjunto complejo de las ideas y de los valores que convergen en su motivación, las seguimos viendo aún en la obra de todas las sociedades humanas."

En todo caso, Héritier (1996:20) analizó las relaciones de sexo a través de los sistemas de representación, sin implicarse en el debate conceptual en torno a las categorías de sexo o género. Le interesaba la construcción social del género como artefacto de orden general fundado en el reparto sexual de las tareas, artefacto que, en su opinión, había contraído una fuerte deuda con uno de los ejes teóricos enunciados por Lévi-Strauss, el que asociaba indefectiblemente la regla de prohibición del incesto con la obligación de la exogamia;[15] también le interesaba como artefacto de orden particular, re-

---

[15] Para Lévi-Strauss (1984:73) "...la prohibición del incesto instituye una dependencia mutua entre las familias biológicas, obligándolas a engendrar nuevas familias, por medio de las cuales, exclusivamente, el grupo social conseguirá perpetuarse." También cabe destacar las palabras de Lévi-Strauss en la edición española de *Antropología Estructural* (Barcelona: Paidós, 1987, p.35): "la prohibición del incesto funda de esta manera la sociedad humana."

sultado de manipulaciones simbólicas que afectaban a los individuos. Para Héritier, en suma, igual que para Strathern, la categoría de género era también una construcción cultural. En una línea argumental muy sugerente, alejada de la biologización del género, se posicionó K. Sacks. Fuertemente influida por K. Polanyi, Sacks profundizaría en el impacto del capitalismo sobre la construcción de los sexos. En uno de sus textos más conocidos, Sacks (1974:219) analizó la relación que Engels había establecido entre las sociedades de clase y la construcción de género y afirmó que

> "muchos antropólogos aceptan la perspectiva de Engels sobre la relación entre propiedad privada y clases. Yo también sospecho que las mujeres en general tienen relaciones más igualitarias respecto a los hombres en las sociedades sin clases que en las sociedades de clase. Pero no creo que la posesión de la propiedad masculina sea la base de la supremacía masculina en las sociedades de clase... Las sociedades de clase se desenvuelven en una cerrada dicotomía entre las esferas cotidianas doméstica y pública, y este poder doméstico no es traducible en poder o posición social en la esfera pública."

Sacks (1974:219-220) se planteó entonces "por qué las sociedades de clase tienen un poder público masculino e ideales de dominación social masculina?" Para ella, la respuesta era que la explotación intensiva en la producción social llevada a cabo por y para las clases dirigentes favoreció la realización de esta propuesta de dominación masculina.

Por otro lado, también cabe destacar el trabajo de E. Lealock (2000), cercana a los de Sacks, aunque más claramente posicionada ante el marxismo: Lealock consideraba que, en tanto que las instituciones venían determinadas por las condiciones materiales, las mujeres eran iguales a los hombres antes del establecimiento de la sociedad de clases porque compartían con éstos las tareas de producción. Al respec-

31

to, había afirmado Lealock (1986:107) que otros como ella "impresionados por la enorme variedad de poder y autoridad de las mujeres tanto en relación con los hombres como individuos como con su sociedad en su conjunto, vemos las relaciones de producción como primarias."[16] De hecho, Lealock (2000:13) también defendía que era la propia estratificación capitalista, a través del colonialismo, la que había creado las jerarquizaciones sexuales en las sociedades igualitarias y denunció la explotación a la que las mujeres se veían sometidas en el ámbito familiar: "en cambio, el punto que yo sugiero es que la noción de cómo separar los «roles de las mujeres» esconde la realidad de la familia como una unidad económica, como una institución que es crucial para la explotación de los hombres trabajadores igual que para la opresión de la mujer." Y es que para Lealock (1986:107) la influencia social de las mujeres había dependido de la construcción de género de su cultura "las mujeres mantienen en todas partes una cierta influencia o poder informal. El grado varía según el sistema de género de su cultura, su estatus de clase, la casta, raza o secta religiosa a la que pertenezcan, las leyes del Estado bajo las que vivan, la posición económica o política que su nación ostente en la estructura internacional de poder, y en sus atributos personales e historias de vida."

Mullings (1976:240), seguidora de los planteamientos de Sacks pero mucho más cercana a Lealock,[17] creía que había que distinguir entre igualdad y simetría para poder captar los matices existentes en las relaciones entre hombres y mujeres:

---

[16] Este planteamiento fue muy criticado por Yanagisako y Collier (1987:37) ya que pensaban que Lealock se oponía a interpretar la división sexual del trabajo como jerárquica: "nuestra incapacidad para imaginar que hombres y mujeres que hacen cosas diferentes deban estar «separados» pero ser «iguales»."

[17] El objetivo último de Mullings (1976:263) era investigar "algunos de los efectos que produjo la estratificación de clase, acelerada por el colonialismo, en el estatus de la mujer en las sociedades africanas", siempre teniendo en cuenta cómo eran sus sociedades en el período precolonial y cuáles habían sido los cambios postcoloniales.

"utilizaré «desigualdad» para referirme al diferencial acceso y derechos sobre los significados de la producción o los recursos de la sociedad. La diferencio de «asimetría», donde el acceso a los significados de la producción puede ser igual, aunque hombres y mujeres no puedan tener igual acceso a los mismos roles y estatus... Esta distinción provee el marco para examinar sociedades en las que las relaciones entre hombres y mujeres pueden ser iguales pero asimétricas... La asimetría puede, bajo ciertas circunstancias, constituir la base para el desarrollo de la desigualdad."

Otros antropólogos influidos por el feminismo y contrarios a la lectura que estaban haciendo autoras como Sacks o Lealock respecto al impacto del capitalismo en la subordinación de la mujer, por ejemplo, en África, afirmaron que la diferenciación sexual se debía al modo patriarcal ya que "sitúa el origen del patriarcado en el control de los hombres sobre el trabajo de las mujeres desde la arena doméstica: el trabajo en la casa y el cuidado de los hijos."[18] Por ejemplo, J. Koopman Henn (1988) defendió que el patriarcado, bajo algunas circunstancias históricas, fue un modo de producción, hasta el punto de considerar que en el sistema de producción familiar, las relaciones de género eran relaciones de clase. Así, Koopman Henn (1988:38) definía el patriarcado como "una ideológicamente definida división del trabajo por sexo, edad y posición familiar que impone a la clase subordinada la realización del trabajo excedente." En esa línea, Folbre (1988:63) manifestaba que la sociedad precolonial shona y ndebele mostraban algunas facetas de la existencia de un patriarcado: "los datos etnográficos sugieren que las relaciones

---

[18]   Stichter y Parpart (1988:2). Sin embargo, por su lado L. Bohannan (1958:38) había señalado que aunque los tiv eran patrilineales, no constituían un patriarcado: "los tiv intentan definirlo, frecuentemente explicando que ellos «hacen cosas en la senda del padre» y no, como algunas gentes matrilineales de Camerún, que lo hacen «en la senda de la madre». En lo ideal los tiv se aproximan a lo patriarcal. En la práctica, ellos son abrumadoramente patrilineales."

patriarcales fueron las relaciones de producción primarias entre los shona e importantes también entre los ndbele." Y añadía Folbre (1988:65) "las mujeres en la sociedad shona eran consideradas legalmente menores de edad."

En cualquier caso, hay que mencionar que una década antes de que el feminismo impactara en la Antropología y de que el concepto "género" se convirtiera en un instrumento teórico y metodológico válido para el análisis social, una obra colectiva editada por la francesa D. Paulme (1960) venía a evidenciar la necesidad de remediar la invisibilidad de las mujeres en las etnografías africanas, fuese por la dificultad de los investigadores en contactar con ellas, fuese por el fuerte androcentrismo que éstos habían interiorizado.[19] El hecho es que como afirmaba Paulme (1960:) "Como la encuesta etnográfica ha estado casi siempre socorrida y próxima a los elementos masculinos de la población, la imagen resultante, ha venido a ser, en gran medida, lo que los hombres, y ellos solos, han hecho de su sociedad."

1.1.2.b. Otras perspectivas en el análisis de género. El camino hacia la visibilidad femenina

Al mismo tiempo que algunos autores proponían una interpretación uniforme de la construcción social de los sexos y que emergía la polémica en torno a la universalización o no de las categorías sexuales, irrumpieron diferentes trabajos que manifestaron la necesidad de hacer visibles las aportaciones de las mujeres en las distintas sociedades.

Así, las investigaciones de Rosaldo propusieron que las actividades femeninas, aunque reconocidas, no se habían equi-

---

[19] Tal como expondría Strobel (1982), veinte años más tarde los estudios sobre África ya incluirían a las mujeres pero adolecerían de cierta objetividad dado que mayoritariamente harían una interpretación muy negativa de su realidad cotidiana.

parado a las del hombre porque carecían de prestigio y porque se desarrollaban en el ámbito de lo privado. En la misma línea se había manifestado tiempo atrás Lebeuf (1960:93) cuando afirmaba, sobre los análisis desarrollados en las sociedades africanas, que "según una ideología que tiene sus raíces profundas en los pensamientos occidentales, tenemos la tendencia a reservar a las mujeres los trabajos domésticos y privados mientras que sólo a los hombres incumben los asuntos públicos."

En cualquier caso, Rosaldo (1979:153) coincidía en parte con Ortner cuando afirmó "es posible que las mujeres sean importantes, poderosas e influyentes, pero parece que en relación con los hombres de su misma edad y estatus social, las mujeres, en todas partes, carecen de una autoridad universalmente reconocida y culturalmente estimada."[20] No obstante, en otro lugar, Rosaldo (1980:395) matizó que, a pesar de que las mujeres estaban aparentemente supeditadas al poder masculino (y controladas por un matrimonio pactado por hombres), en realidad habían establecido sus propias estrategias de poder. Este enunciado de Rosaldo (1980:394), T. del Valle (1985, 1993) y D. Juliano (1992,1998b) también lo harían suyo: "La dominación masculina, aunque aparentemente universal, no adopta un contenido universal o una forma universal en términos de conducta real. Al contrario, las mujeres tienen poder e influencia en la vida política y económica, autonomía exhibida respecto a los hombres en sus ocupaciones; raramente se encuentran confrontadas o constreñidas por lo que podría ser el hecho brutal de la fuerza masculina."

De hecho, Rosaldo (1979:157), al igual que L. Lamphere (1974), llegó a proponer que las mujeres ostentaban un poder

35

---

[20] También Rayna Rapp Reiter (1975:2) había afirmado la importancia de la antropología de la mujer: "[ésta] ayuda a las feministas en la lucha contra el sexismo en nuestra sociedad."

de naturaleza "marginal":[21] "en otras palabras: hay algunas circunstancias en las que la autoridad del varón puede verse mitigada y, quizá, llegar a considerarse trivial por el hecho de que las mujeres (por medio de murmuraciones, gritando, cantando canciones junto a sus hermanos, llevando negocios, o negándose a cocinar), pueden llegar a tener bastante influencia oficiosa y «poder»." Era en esa medida, que Rosaldo (1980:415) afirmó la necesidad de anteponer otros aspectos como lo político y lo social a lo biológico, afirmando que: "me parece que la asimetría sexual puede ser descubierta en todos los grupos sociales humanos, igual que los sistemas de parentesco, los matrimonios y las madres." La propuesta de Rosaldo de incorporar al estudio de género otros factores además del biológico, también sería defendida por otras especialistas.

M. Strathern se sumó a ese planteamiento (1979:138): "[...]no basta con decir que las clases de género son desarrollos obvios de las diferencias de sexo. Muchos sistemas dan prominencia pública a los hombres y ponen obstáculos a la movilidad de las mujeres, pero existe una infinita variación en las ideologías y en la lógica en base a las cuales se han elaborado estas ideas."[22] Con ello, Strathern abría la posibilidad de utilizar el género como concepto analítico, específico a cada cultura, y se desmarcaba de esa presunción esencialista que consistía en creer que la biología era el origen y el destino de los sexos, fundamento tan utilizado, manipulado y sublimado por algunas ideologías,[23] mezclando así su destino

---

[21] Rosaldo (1979:157).

[22] Al respecto, M. Bloch (1987:336-337) consideraría que además habría que profundizar en las paradojas de las ideologías, aseveración a la que llegó tras observar la contradicción existente en las representaciones de género entre los Marina de Madagascar "la noción sociológica de ideología fue necesaria para clarificar los diferentes contenidos de las imágenes y de las fuentes, de sus contradicciones continuas y variadas... los principios organizativos de este proceso social (la construcción de género) pueden ser una parte de un proceso simbólico diferente, como lo es la producción de ideología."

[23] Como los discursos de los islamismos políticos radicales en el Magreb cuando han

biológico de madres con un papel que podía serles ajeno desde la división entre naturaleza/mujeres, cultura/hombres: el de perpetuadoras de la especificidad cultural.

Siguiendo esa dirección, al señalar el carácter no universal de la supuesta relación entre naturaleza/cultura y femenino/masculino, C. MacCormack y M. Strathern (1998) postularon una premisa atrevida dentro de la producción de los años ochenta. De hecho, tal como recoge Di Lionardo (1991:16), ellas proponían que esa distinción no sólo no era universal, sino que además "naturaleza/cultura y femenino/masculino no son siempre y necesariamente dicotomías parejas en las culturas no occidentales."

Por su parte, C. P. MacCormarck (1998b:95-118) destacó cómo en el país sherbro de Sierra Leona no sólo no tenía lugar la célebre "dominación masculina", sino que se producía una división del trabajo tanto en la procreación como en las labores productivas que remitía a una profunda complementariedad sexual. Igual que había constatado O. Harris (1998) en un texto, MacCormarck (1998b:95) sostenía que "la naturaleza es a la cultura como la filiación a los adultos iniciados y casados." Esta afirmación redundaba en la necesidad de no equiparar universalmente la oposición doméstico/público a naturaleza, cultura y género.

Por otro lado, M. Strathern (1998:183) ponía también de manifiesto, de la mano de Mathieu, cómo la categorización masculino/femenino y naturaleza/cultura dejaba entrever, no sólo un principio de oposición jerárquica, sino en ocasiones un discurso de complementariedad sexual.

Por su parte, Sh. Ardener (1981:12) a partir de la premisa de que "el espacio refleja la organización social", afirmaba que las mujeres podían ser "determinantes" o "mediadoras"

37

---

defendido que si las mujeres debían permanecer en el hogar y ser madres y esposas, era porque su papel era el de guardianas de la identidad colectiva. Para más información Bouhdiba (1980), Mernissi (1992), Daoud (1993) y Aixelà (2000a).

en la ocupación política del espacio, sobre todo en los casos que había investigado como eran el de las mujeres yoruba o las luguru de Tanzania. De esta manera, proponía hacer visible la influencia femenina en sociedades patrilineales. Para Sh. Ardener (1978:43) no existía una categoría universal de mujer: "Todas las sociedades parecen reconocer una categoría de personas que se aproxima a lo que nosotros calificamos de «mujer»... La más admirada, la «mujer» más típica, puede no ser la misma en todas partes."

También Dube (1986) se había interrogado sobre la invisibilidad de las mujeres en algunas sociedades. Dube (1986: xxiii) creía que era necesario revisar los trabajos porque, en general, se había infravalorado la influencia social femenina:

"En muchas descripciones y análisis las mujeres han estado presentes, pero sus roles han sido distorsionados y malinterpretados. Las representaciones de las mujeres como seres pasivos o como ostentadoras de roles insignificantes, y la exageración sobre la gestión de su sexualidad y de sus roles como madres y esposas, y también la infravaloración de sus roles como madres y esposas, así como de su contribución en la toma de decisiones como productoras, son aspectos de esta distorsionada visibilidad."

Asimismo, destacan las líneas de investigación de finales de los 80 abiertas por S. Altorki y L. Abu-Lughod. Ambas introdujeron el concepto género en las investigaciones en el mundo árabe y vincularon la dominación masculina con la aparición de estrategias sociales femeninas.

Altorki (1986) estudió los cambios que se habían introducido en las mujeres de tres generaciones pertenecientes a la elite social de Jidda, en Arabia Saudí. Los ejes que vertebraron su estudio fueron el género, la estructura familiar y la ideología. Altorki consideraba que la ideología enfatizaba la dominación masculina, la subordinación y la segregación femenina. Estos aspectos llevaron a Altorki (1986:163-4) a constatar la aparición de estrategias femeninas que dirimían sin conflicto su oposición a una situación de dominación masculina.

Por su parte, Abu-Lughod (1987) continuó la línea establecida por Rosaldo y nos mostró cómo las mujeres beduinas del oasis de Siwa manifestaban su poder a través de sus cantos, poniendo así en cuestión la supuesta jerarquización sexual de la sociedad egipcia. De hecho, Abu-Lughod (1990:332) afirmaba que era necesario analizar, desde una perspectiva de género y de manera simultánea, el poder y las resistencias que éste generaba, para poder así observar las estrategias femeninas: "mi argumento ha sido que nosotros podríamos aprender a leer en varias resistencias locales y cotidianas la existencia de una cadena de estrategias específicas y de estructuras de poder."

En la línea de Abu Lughod, pero con objetivos y contextos diferentes, Goodwin (1996:151) señaló cómo en la India las canciones y proverbios que cantaban las mujeres mostraban las contradicciones del discurso del parentesco patrilineal respecto al matrimonio y al género, constituyéndose como una especie de "rituales de rebelión": "he observado en el norte rural de la India los proverbios y canciones de las mujeres como potentes formas de resistencia a las representaciones culturales dominantes, las mujeres los invocan en sus vidas cotidianas y en sus conversaciones habituales... Lo he visto como discurso, y en la sensibilidad moral alternativa codificada en ella, como una condición de resistencia práctica más que como un sustituto de éste."

Otros trabajos de gran interés en los años ochenta desarrollados en el África subsahariana fueron realizados por algunos antropólogos que proponían una revisión de los poderes y de la visibilidad social que se les otorgaban inicialmente a las mujeres.

Así, Karp (1989:105) propuso observar la noción de poder entre los iteso de Kenia, como parte y reflejo de las creencias y la práctica de la posesión, con el objetivo de comprender las relaciones de poder ya que había constatado que "el ritual de la posesión provee un contexto en el que las mujeres adquieren y ejercitan el poder al excluir a los hombres... El poder femenino está en el centro de la posesión, y el poder masculino en la periferia." Sobre todo porque, según Karp (1989:98), "la posesión fue virtual y exclusivamente una experiencia femenina hasta finales de 1960, y así había sido siempre en lo que yo me puedo remontar", situación que cambiaría a partir de 1975 cuando los hombres empezarían a participar en estos rituales. Pero, por encima de todo, defendía este posicionamiento porque, en su opinión, las mujeres que participaban de la posesión se erigían como mediadoras sociales.[24]

Por su lado, Gottlieb (1990:128) estudió la polución entre los beng de Costa de Marfil y observó la manera en que las construcciones simbólicas eran un reflejo de la sociedad beng argumentando que "las ideas sobre el cuerpo deben ser íntimamente vinculadas a las ideas existentes sobre la sociedad, por ello las nociones sobre la polución de género no deben ser una excepción." Gottlieb (1990:130) dedujo que no se debía defender la universal subordinación femenina ya que esta visión "debe ser reemplazada por un modelo de pares más complejo que incluya el poder de las mujeres de polucionar y purificar..." Por ello, Gottlieb (1990:118) afirmaba "también propongo mostrar cómo una sociedad dada puede

---

[24] Al respecto, Karp (1989:97) había afirmado: "El lugar de las mujeres en los cultos de posesión espiritual provee de un instructivo caso de estudio por sus similitudes y contrastes con la realeza divina. En buena parte de las sociedades africanas, las mujeres, como los reyes, son mediadoras; ellas median entre las unidades sociales concretas como las casas, los linajes, los grupos étnicos y así sucesivamente. Estas formas dividen las sociedades en partes; desde ahí, ellas relacionan unas partes con otras dentro del todo social. No obstante, ellas no median en el todo social como sí hacen los reyes...."

contener un conocimiento más multiestratificado de las relaciones de género de lo que un único modelo permitiría.
En el caso beng, yo argumentaré dos modelos... Un modelo enfatiza la responsabilidad femenina, tanto en lo creativo
como en lo destructivo, mientras que el otro se focaliza en la
complementariedad masculino-femenino." | 41
Por último, cabría mencionar alguna otra línea de investigación más reciente, que pretende recoger la manera en
que se piensan desde dentro y son pensadas desde fuera las
mujeres en distintas sociedades. En ella se inserta Midgley
(1998:1) quien pretende "conducir conjuntamente dos áreas
de literatura histórica tradicionalmente separadas: textos sobre mujeres y género por un lado, y la erudición sobre el
imperialismo y el colonialismo británico por el otro." También Saunders (2002:20) defiende la necesidad de investigar
el impacto de la construcción de género de los colonizadores
en África: "Se debe tomar la «generización» del África colonial como paradigmática. Con el fraccionamiento de las
instituciones indígenas y su sustitución por el neotradicio-
nalismo y la tradición inventada bajo la autoridad Nativa
(Ranger 1983; Mamdani 1996, Amadiume 1997, 1998), la
construcción de sexo y de género de los colonizadores reem-
plazó la vernacular con un orden moral «más elevado»... El
pasado fue reinventado."

2.
Miradas de «género» en la historia de la Antropología Social

La antropología del género encontró sus cimientos en las valiosas aportaciones teóricas que formularon diferentes antropólogos y mediante las brillantes etnografías que desarrollaron algunas antropólogas de manera pionera teniendo como eje transversal de sus investigaciones el estudio de las mujeres.

A continuación, revisaremos cómo a lo largo de la historia de la disciplina emergieron una serie de científicos sociales que marcaron, con mayor o menor eco, el análisis de la construcción social de los sexos en países y períodos distintos. De entre ellos se va a destacar, por la peculiaridad de sus postulados, a Johan Jakob Bachofen, Margaret Mead, Michelle Zimbalist Rosaldo y Marilyn Strathern. Esa recuperación teórica se va a compaginar con la recuperación etnográfica, ya que, como afirmábamos, se realizaron unos excepcionales trabajos de campo, entre 1930 y 1950, que desarrollaron tres investigadoras anglosajonas: Audrey Richards, Phyllis Kaberry y Ruth Landes.[1] Sus obras, de gran valor antropológico, siguen teniendo el mérito de trabajar el tema de las mujeres en un período histórico desinteresado en el particular y, además, de haberse desarrollado en un marco académico complicado para las mujeres dado que la Antropología era una disciplina básicamente de investigadores masculinos.

---

[1] Ciertamente podríamos haber incorporado en este apartado a Mead, pero finalmente hemos priorizado el impacto teórico de su obra.

2.1. *Principales aportaciones teóricas*

Este apartado se aproxima a algunos de los postulados defendidos por Johan Jakob Bachofen, Margaret Mead, Michelle Zimbalist Rosaldo y Marilyn Strathern.[2] Las aportaciones teóricas que destaco aquí resultan muy valiosas porque algunas aún hoy son objeto de debate y porque otras van a ser recuperadas de manera sistemática a lo largo de este libro. A modo de presentación, avanzar que Bachofen vinculó mujeres a "matriarcado" y "naturaleza", Mead analizó las normas culturales relativas al sexo y, Rosaldo y Strathern rompieron con el supuesto fundamento natural que explicaba las diferencias de sexo, para analizar, desde nuevas perspectivas, tanto las razones a las que se debía esa naturalización del sexo como los restantes factores que incidían activamente en esa diferenciación sexual.

2.1.1. *Johan Jakob Bachofen (1815-1887)*

Johan Jakob Bachofen, de formación jurídica, advirtió de la existencia de sociedades que seguían una línea de filiación y descendencia a través de la mujer que no reconocería la paternidad, y lo analizó desde la perspectiva del paradigma evolucionista.[3]

Bachofen (1987) consideró que tras un primer período de *hetarismo* caracterizado por una promiscuidad sexual que tenía en la maternidad el único medio de asegurar la transmisión de la filiación, se había llegado al matriarcado en una fase sociocultural de la humanidad caracterizada por la gi-

---

[2] Se le va a dedicar menor espacio a este apartado que al de "mujeres etnógrafas" porque a diferencia de éstas, los marcos teóricos de los antropólogos revisados han sido ya ampliamente abordados en multitud de trabajos.

[3] Webster y Newton (1979:83) afirmaron que la organización religiosa fue clave en el establecimiento y supervivencia de la noción de matriarcado de Bachofen.

necocracia, por el dominio ejercido por las mujeres a nivel familiar y social,[4] fase a la que siguió un estadio ambivalente que conduciría, por fin, al patriarcado, período en el que las mujeres pasarían de ser el principio de procreación a convertirse meramente en "nodrizas" de la semilla paterna. Así, Bachofen (1987:28-9) afirmó "el matriarcado no pertenece a ningún pueblo determinado, sino a un estadio cultural... El matriarcado se desarrolla en un período cultural más primitivo que el sistema patriarcal; con el victorioso ascenso de este último, su esplendor empieza a marchitarse."

45

A través de mitologías y sobre todo de los relatos de Herodoto, en particular los relativos a Licia,[5] Bachofen sostuvo que existían ciertas sociedades de carácter matriarcal, en las cuales las mujeres ejercían la autoridad en parte gracias al derecho natural, tal como explicitaron Harris y Young (1979:15). Al respecto, Bachofen (1987:28) indicaba que "los licios, señalaba Herodoto, ponían nombre a sus hijos no como los griegos, a partir del padre, sino exclusivamente a partir de la madre; ponían de relieve en los datos genealógicos solamente la línea materna y juzgaban la categoría de los niños según la madre."

La relación que estableció entre mujeres/naturaleza y hombres/cultura fue precursora de los trabajos de Ortner. Para él, el patriarcado era de signo racionalista y el matriarcado de signo naturalista. Al respecto, Bachofen (1987:41) destacó cómo, por un lado, uno de los aspectos que permitió sobrevivir al matriarcado fue el derecho natural, mientras que por el otro, estableció que "la elevación de la mujer sobre el hom-

---

[4] Incluso llegaría a reconocer la existencia de las célebres amazonas como un sistema de ginecocracia político-militar.
[5] Bachofen (1987) le dedicó en uno de sus libros un capítulo a Licia. Al final del mismo, Bachofen (1987:117) mostró los aspectos en que se expresaba esa estructura matriarcal: "en primer lugar, en el estatus de los hijos; los hijos siguen a la madre no al padre. En segundo lugar, en la transmisión hereditaria de los bienes; las hijas, y no los hijos, heredan a los padres. En tercer lugar, en la autoridad familiar; gobierna la madre, no el padre, y este Derecho rige también el Estado en una extensión lógica."

bre provoca así nuestro asombro, al oponerse a la relación de fuerza física entre los sexos. La ley de la Naturaleza transmite al más fuerte el cetro del poder."

46 | *2.1.2. Margaret Mead (1901-1978)*

Los trabajos de M. Mead (1985) anunciaron la plasticidad de los "«natural» sex roles" en diferentes culturas, tal como recordó Di Lionardi (1991:5), iniciando así la tarea de demolición de los presupuestos biologicistas que Bachofen había establecido. Mead (1994:19) había afirmado: "los hombres han construido culturas diferentes a partir de su herencia biológica. Las diferencias entre los dos sexos constituyen una de las condiciones básicas sobre las que se han construido las muchas variedades de la cultura. En todas las sociedades conocidas, el hombre ha elaborado la división biológica del trabajo en formas que, a menudo, están muy remotamente relacionadas con las diferencias biológicas naturales...." Mead consideraba que para poder eliminar la desigualdad entre hombres y mujeres era necesario relativizar las diferencias biológicas y pensar más bien en constructos culturales.[6]

M. Mead planteó las consecuencias que las diferentes formas de educación tenían a la hora de moldear la personalidad de los individuos, así como los problemas de adaptación social, cuestiones que ilustraba a partir de ejemplos recopilados en su trabajo de campo en diferentes lugares del Pacífico. Así, M. Mead (1994:68) relataba cómo entre los caníbales

[6] Ruth Benedict (1974:55), discípula de Mead, proponía que la jerarquía de una persona dependía de su sexo a pesar de que podía haber grados de subordinación "cuando una mujer sale con su marido, camina unos cuantos pasos detrás de él; su situación social es en todo inferior... No obstante, la mujer japonesa disfruta de gran libertad si se la compara con la de otros países asiáticos." En opinión de Benedict (1974:228), las mujeres japonesas tenían mejor posición en la familia mientras tuviesen descendencia, sobre todo de varones.

mundugumor del río Yuat, "las mujeres son autoritarias y vigorosas como los hombres; detestan estar embarazadas y criar niños y son las que suministran la mayor parte de la comida, dejando a los hombres libres para conspirar y luchar"; o también Mead (1994:68) nos explicaba cómo entre los tchambuli del lago "las mujeres tchambuli, activas, sin adornos, laboriosas e industriosas, pescan y van al mercado; los hombres, en cambio, decorativos y adornados esculpen, pintan y practican pasos de danza...."

| 47

Mead analizó especialmente cómo la noción de adolescencia no constituía en modo alguno un hecho universal. Al comparar las niñas adolescentes samoanas con las americanas, concluía que, en la medida en que entre las primeras no se producía el mismo nivel de ansiedad, eso se debía a la existencia de construcciones culturales diferentes sobre la sexualidad, la edad adulta y la maternidad.

Probablemente, una de las aportaciones más importantes de Mead (1994:70) a lo que posteriormente sería el análisis de género fue su defensa de una mirada antropológica, alejada de prejuicios, que contemplase la construcción social de los sexos:

"de las diferencias, los contrastes, las formas extrañas e inesperadas en las que estos siete pueblos [de los Mares del Sur] han organizado sus vidas y han estructurado las relaciones entre los sexos, entre padres e hijos, entre hombres y mujeres, deberíamos obtener una mejor apreciación de lo que para la civilización humana significa la existencia de dos sexos, de la importancia de esa contraposición que a veces ignoramos radicalmente, que a menudo distorsionamos y que nunca hemos utilizado en todas sus posibilidades."

2.1.3. *Michelle Zimbalist Rosaldo*

M.Z. Rosaldo, inspirada en la obra de Simone de Beauvoir, representó un punto de inflexión en los estudios antropológicos. En el trabajo, ya histórico, que coeditó junto a Lamphere (1974), del que ya hemos dado cuenta en un apartado anterior, ambas se preguntaban en la introducción conjunta: ¿existen sociedades que, a diferencia de nosotros, consideren a las mujeres iguales o superiores a los hombres? si no fuera así, ¿son las mujeres «naturalmente» inferiores a los hombres? ¿por qué aceptan las mujeres la subordinación? ¿en qué situaciones ejercen las mujeres el poder? ¿de qué manera las mujeres crean y cambian los mundos público y privado en los contextos en los que viven? Esas cuestiones marcaron las líneas de investigación abiertas por Rosaldo. La premisa de esa compleja serie de preguntas de Rosaldo y Lamphere (1974:2) era "nuevas preguntas demandan nuevos tipos de respuestas."

Así fue como Rosaldo (1979) investigó el uso que algunas ideologías hacían de la inferioridad femenina, llegando a mostrar la existencia de discursos que se legitimaban en «lo natural». Al respecto, destacaba distintas sociedades en las que la importancia de las aportaciones femeninas había sido devaluada respecto a las de los hombres:

"aparece como universal una asimetría en las estimaciones culturales de los hombres y de las mujeres, en la importancia asignada respectivamente a las mujeres y a los hombres... En algunos lugares de Nueva Guinea, por ejemplo, nos encontramos con que las mujeres cultivan boniatos y los hombres ñames; y los ñames son un alimento de prestigio, el único que se distribuye en las fiestas. Por otra parte, en la sociedad filipina que yo estudié, los hombres cazaban en grupo mientras que las mujeres, en su mayoría, se dedicaban individualmente a la horticultura; y a pesar de que el arroz de las mujeres constituía la provisión alimenticia de su familia más inmediata, la base de la dieta, la carne... era el alimento más apreciado. El mismo modelo se repite en las sociedades cazadoras, en las que las mujeres pueden ayudar a cazar pero las piezas son repartidas por los hombres."

49

Fue, en este punto, donde desarrolló sus aportaciones más interesantes, dado que Rosaldo (1979:157-158) trató de hacer visibles los poderes de las mujeres para lo que estableció la diferencia entre "poder", "autoridad"[7] e "influencia":

"es crucial para nuestro estudio sobre la mujer esta distinción entre poder y autoridad culturalmente legitimada, entre la habilidad para conseguir obediencia y el reconocimiento de que eso está bien. Los sociólogos han dado por descontado la autoridad masculina; también han tenido que aceptar el punto de vista masculino según el cual el ejercicio del poder por parte de las mujeres es manipulador, quebrantador, ilegítimo y sin importancia. Pero es necesario recordar que, a pesar de que la autoridad legitima el uso del poder, no lo agota, y las formas actuales de dar retribuciones, de controlar la información, de ejercer presión, y de incidir en los acontecimientos pueden estar tanto al alcance de las mujeres como de los hombres... Las formas de poder que son asequibles a las mujeres, y las razones por las que han sido tradicionalmente ignoradas, pueden aclararse..."

---

[7] Rosaldo (1979:157n) afirmó "autoridad es, en abstracto, el privilegio de tomar una decisión particular y ordenar, obedecer... Poder... es la habilidad de actuar eficazmente sobre personas o cosas, proporcionar o afianzar decisiones favorables que, de hecho, no están asignadas a los individuos o a sus roles." Las definiciones de poder y autoridad las toma de M. G. Smith, *Government in Zazau*, Londres, 1960, pp.18-19. También Douglas (1963:1) realizó esa distinción: "la autoridad se supone que reside en la persona más anciana presente en cualquier situación. En la práctica, esta persona anciana recibe deferencia pero no poder...." Por su parte, Kessler (1976:54) también pensaba que era necesario distinguir entre ambos conceptos para conocer el poder y la autoridad de las mujeres.

2.1.4. Marilyn Strathern

M. Strathern (1975, 1979, 1987, 1990, 1998), con su extensa y apasionante producción antropológica, rompió con muchos de los presupuestos que dificultaban la visibilización y análisis de las mujeres en las distintas culturas. En ocasiones, con tono de denuncia, Strathern (1998:208) analizó en profundidad las causas por las que se reproducían ciertos estereotipos sobre las mujeres, en parte motivada por sus propias investigaciones sobre el monte Hagen: "las mujeres en Hagen son una fuente de simbolismo sobre qué es «femenino». La definición de «femenino» encuentra confirmación en la manera en que son tratadas las «mujeres». Así, Strathern (1998:182-183) consideró algunas de las razones que establecían la jerarquía sexual a través de su relación entre naturaleza y cultura:

"desde una ecuación entre femenino y naturaleza puede fluir la idea de que (1) las mujeres son «más naturales» que los hombres (como un punto especial en un continuum); (2) que sus poderes naturales pueden ser controlados por estrategias culturales (como el mundo natural puede ser domesticado, una cuestión de proceso); (3) que ellas son valoradas como inferiores (valor jerárquico); y (4) que tienen un generalizado potencial en relación con las consecuciones particulares de los hombres."

Y recuperando a E. Ardener, Ortner y sobre todo a Lévi-Strauss, igual que había hecho MacCormack (1998a,b), respecto a su propuesta de que la relación entre naturaleza y cultura era una creación artificial de la segunda, Strathern (1998:188) afirmó "a través de los símbolos, los estereotipos y el trato de los sexos, la gente va haciendo próxima a sí misma ciertas percepciones sobre la cultura y la naturaleza. Por tanto, podemos hablar de tales percepciones, como parte de esta u otra cultura particular, como constructos relativamente accesibles."

Así pues, Strathern trataba de establecer que las llamadas "diferencias irreductibles" por cuestiones de naturaleza entre hombres y mujeres no eran tales, sino que constituían, en realidad, el resultado de una manera concreta de pensar la cultura. Por ello, Strathern (1998:191) afirmaba que "yo sugiero, para ir más lejos, que lo que sugerimos sobre nuestra percepción como una diferencia irreductible en lo natural (la diferenciación sexual) puede ser utilizada para construir una diferenciación entre naturaleza y cultura en sí misma, como idea también dada sobre el mundo."

En efecto, para Strathern (1998:219) las categorizaciones sexuales no podían ser objeto de universalización: "las representaciones de dominación e influencia entre los sexos se presentan precisamente sobre formas de interacción humana, y no sólo sobre el proyecto de la humanidad en relación con un mundo humano menor."

De hecho, Strathern (1979:136) ya había destacado que las construcciones de género eran como moldes en los que se podían volcar todo tipo de nociones y valores. Además, consideraba Strathern (1987:281) que los hombres y las mujeres eran lo que hacían: "sólo cuando cada «hombre» y «mujer» tienen un estatus figurativo, claro para sí mismos e innatamente diferenciado, podemos hablar de contextos de sexo: los hombres hacen cosas «masculinas»; las mujeres hacen cosas «femeninas»."

2.2. Mujeres etnógrafas en la antropología clásica

Como habíamos mencionado, entre 1930 y 1950, la Antropología se enriqueció del espléndido trabajo etnográfico de tres investigadoras anglosajonas: Audrey Richards, Phyllis Kaberry y Ruth Landes. Las tres desarrollaron unas etnografías en las que tomó gran importancia el estudio de la participación social de las mujeres.

El objetivo de Richards, Kaberry y Landes fue poner de relieve que el trabajo femenino había sido fundamental para el funcionamiento interno de esas comunidades. La posterior recuperación de alguna de ellas se llevó a cabo de manos, entre otros, de Sh. Ardener (1994) quien editó un libro en memoria de Richards y Kaberry. En algunos de esos trabajos se puso de relieve el impacto positivo que tuvieron sus investigaciones en los contextos estudiados,[8] los problemas que ellas se encontraron para insertarse en una disciplina mayoritariamente masculina durante su trabajo de campo,[9] y la necesidad de que mujeres antropólogas estudiaran a un colectivo femenino que, en ocasiones, era de difícil acceso para sus colegas masculinos. A ello se sumaba el hecho de que las mujeres etnógrafas tenían, a priori, una visión más amplia de la realidad a estudiar. Al respecto se había manifestado Richards, tal como recupera Caplan (1994:81), quien creía que las mujeres hacían mejores etnografías que los hombres:

"la condición femenina no garantiza que una necesariamente vea a las mujeres o los géneros más receptivamente... Más aún, es posible que las mujeres sean mejores en la comprensión de otras realidades porque ellas tienen que hacerlo todo el tiempo —operar dentro de sus propios modelos, pero también en los de los hombres— igual que sucede a cualquier otro grupo «silenciado». ¡Tal vez esto es lo que Richards quería

---

[8] Por ejemplo, Sh. Ardener (1994:4) opinaba de Kaberry que "El interés de los administradores británicos por las mujeres dio afortunados resultados cuando Phyllis Kaberry fue invitada a Nso la primera vez, en 1945, para observar la nutrición, y particularmente, la alta mortalidad infantil."

[9] Warren y Hackney (2000:18) recordaron las desconfianzas que despertó Landes en Brasil ya que el gobierno no sabía si era antropóloga o espía: "A finales de 1930, en Brasil, Ruth Landes despertó las sospechas de que era una espía, en parte porque ella carecía del obligatorio protector masculino. Ella, por su lado, sentía que sus acciones eran objeto del espionaje brasileño."

decir cuando ella afirmaba que las mujeres eran mejores etnógrafas que los hombres!"

A continuación, presentamos buena parte de sus trabajos etnográficos junto con un breve perfil biográfico de cada una de ellas.

53

2.2.1. *Audrey Isabel Richards (1899-1984)*

Audrey Richards, de nacionalidad inglesa, estudió el doctorado en la London School of Economics (LSE) bajo la supervisión de C.G. Seligman. El trabajo de Richards *Hunger and Work in a Savage Tribe. A Functional Study of Nutrition among the Southern Bantu* (1932) constituyó su tesis doctoral sobre los bemba (también llamados babemba) de Zambia y los bantú, en general, y fue la base de parte de su producción posterior. Su primer trabajo de campo se desarrolló entre 1930 y 1931, y profundizó en temas relacionados con la producción de alimentos y la nutrición. Dado que las mujeres eran las agricultoras, se centró en el trabajo femenino y en su vida cotidiana. Posteriormente abordaría temas de política y gobierno, especialmente entre los tswana del Norte-Transvaal (1939-1940), aprovechando su vínculo universitario en Sudáfrica con la Universidad de Witwatersrand (Johannesburg) de 1937 a 1949, estatus que combinó en los últimos años con los vínculos que mantenía con la LSE. También destacaron sus investigaciones en Uganda donde dirigió de 1950 a 1955 el East African Institute of Social Research (Makereke College, Kampala). En 1962 fundó y dirigió hasta su jubilación, en 1967, el Centre of African Studies.

En general, su línea de investigación, aunque también funcionalista igual que sus compañeros de entonces —por ejemplo, R. Firth—, despertó alguna desconfianza. Malinowski, su mentor, había discrepado con ella en diversas ocasiones.

Gladstone (1994:18) nos ilustra la tensa relación que Richards mantuvo con Malinowski a través de algunas cartas que se intercambiaron cuando ella estaba desarrollando su trabajo de campo:

54 "Malinowski le escribió a principios de septiembre de 1932: «no es sorprendente que siempre te hayas mostrado demasiado indulgente y considerada. En ocasiones uno puede codearse con un jefe y a la vez tener demasiada candidez. Espero que el consejo que te he dado te estimulará en tu trabajo de campo por lo que esta carta llega con todas mis bendiciones. Tuyo siempre, B.M.». La respuesta de África llegó en forma de reproche: «Bronio, querido, yo no puedo evitar mi estilo delicado, poco exagerado quiero decir. Mis viajes se determinaron culturalmente antes de conocerte. No puedo abandonar mis maneras delicadas ahora, así que deberás soportarlas. Lo que se gana por un lado se pierde por el otro. Deberás decirme qué quieres que se haga y se hará de acuerdo con mi propio 'estilo', como tú le llamas. Yo sólo embrollo las cosas cuando intento combinar tu estilo y el mío»."

Caplan (1994:69) mostró hasta qué punto Richards se había adelantado a su tiempo al afirmar que un etnógrafo estaba siempre fuertemente condicionado por sus subjetividades: "Richards anticipó algunas tendencias postmodernas, su entendimiento de la naturaleza subjetiva del proceso etnográfico, su conciencia de que lo que escribe el antropólogo está también afectado por la naturaleza del lector, su comprensión de que el etnógrafo tiene un efecto en la gente estudiada."

En los trabajos sobre el matrimonio bemba, Richards (1940:115) pretendía observar el impacto del "desarrollo industrial" en la vida familiar de las unidades matrilineales y matrilocales, en contraposición con el impacto que podía tener entre los pastores bantú, patrilineales y patrilocales: "Para hacer esto ha sido necesario también describir los cambios en

la ley natural, en la ética sexual y en la organización familiar
que los administradores blancos y los misioneros intentaron
introducir en este distrito para adaptar la práctica nativa a
los valores culturales europeos. Nosotros hemos visto que
algunas de las creencias y prácticas bemba fueron planteadas
como incompatibles con el modelo de ética europea..." En
opinión de Richards (1940:10) las comunidades patrilineales y patrilocales se adaptaban mejor al cambio: "Sugiero, por
ejemplo, que el grupo familiar matrilocal de los bemba es
uno de los que se adapta más lentamente a la nueva situación
económica que las unidades patrilocales y patriarcales de algunas gentes vecinas."

Richards señaló que la unidad básica de parentesco entre los
bemba, caracterizada habitualmente por la poliginia,[10] era la
familia extensa matrilocal, compuesta por el marido, la esposa, las hermanas casadas de ambos con sus últimos esposos y
su descendencia. Para Richards (1940:12) las connotaciones
económicas y jurídicas del matrimonio entre los bemba eran
muy importantes y siempre se pactaban antes de consolidar
una nueva unión: "Todos los contratos matrimoniales bantú implican algún tipo de intercambio económico entre las
dos familias unidas en matrimonio, el consentimiento de un
número mayor o menor de los parientes de la pareja, una
determinación consuetudinaria de la regla de residencia de
la nueva pareja recién casada, y alguna forma de normativa
legal sobre la propiedad y la alimentación de los hijos."

La constatación de Richards (1940:30-31) de que los bemba eran matrilineales "la unidad básica del parentesco de la
sociedad bemba no es la familia nuclear, sino la familia extensa matrilocal compuesta por un hombre y su esposa, sus
hermanas casadas y el último marido y la descendencia de
éstas... Trazan su filiación en la línea materna", llevaría a
Richards (1971) a señalar que, en general, muchos de los

---

[10] Richards (1940:30) había señalado que "la poligamia es relativamente común...."

pueblos bantú de África central eran de ascendencia más matrilineal que patrilineal y practicaban el matrimonio matrilocal. Creía Richards (1971:276) que "se piensa que la sangre pasa a través de la mujer no del hombre." Y es que Richards (1971:277) pensaba que el culto a los antepasados era más matrilineal que patrilineal:

56

> "el deber de la mujer de producir hijos para su linaje se enfatiza y la filiación se traza desde una ancestra originaria o una serie de ancestras conocidas como «madres» del linaje o del clan, y también, en algunos casos, desde los hermanos de estas ancestras fundadoras. Los centros de culto a los ancestros giran sobre la adoración de los ancestros matrilineales más que sobre los patrilineales, aunque los espíritus de la línea paterna son objeto, en ocasiones, de ritos subsidiarios."[11]

Respecto a la influencia social de la matrilinealidad, Richards (1932:122) defendía la necesidad de negar que la matrilinealidad y la patrilinealidad fueran modelos distintos de relaciones entre los sexos. La razón, en su opinión, era que ambos tipos de parentesco participaban de un sistema de relaciones global: "en el caso del sentimiento patrilineal y matrilineal característico del grupo de parentesco primitivo: nosotros no podemos hablar meramente de una transferencia de actitudes filiales hacia los hombres y las mujeres, en las líneas paternas o maternas, como si cada familia existiera estática y aislada en el espacio. Nosotros tenemos que considerar los grupos unidos por matrimonio como parte de un esquema social complejo." Por otro lado, Richards (1940:15) observaba cómo la práctica de la poliginia hacia casi inexis-

---

[11] En otro texto, Richards (1995:114) había afirmado algo parecido "El grupo de filiación matrilineal nunca puede ser el principio mayor de una asociación local en una sociedad que practica el matrimonio matrilocal, permanente o temporal. Entre los bemba un hombre es legalmente identificado con el grupo de linaje de su madre." También se puede consultar Richards (1971).

tente la presencia de mujeres "solas" —viudas o solteras—: "La actitud bemba hacia el sexo y el matrimonio difiere marcadamente de nuestra categoría hombre y mujer, y en este aspecto se parecen a muchas otras gentes primitivas. La poligamia y la costumbre de heredar a las viudas hacen la soltería inexistente hasta hace muy poco y la soltería aparentemente rara, aunque no tengo estadísticas exactas sobre el particular."

El poder para Richards (1971:277) en estas sociedades, igual que sucedía en la obra de Malinowski, aparecía en manos del hermano más que del marido aunque matizaba en algo esta aseveración: "en las sociedades matrilineales el control del hombre sobre su esposa e hijos puede que nunca sea completo... Es más, las maneras en las que la autoridad doméstica se divide entre un hombre y el jefe del grupo de parentesco de la esposa son variadas." Ello explicaría el interés de los hombres por tener hermanas que pudieran hacerles igualmente fuertes en sus unidades familiares, tal como mostraba en este texto Richards (1995:112):

"Por la regla matrilocal de matrimonio, un hombre vive en el pueblo de la esposa y trabaja para su suegro durante unos años. Por ello, el objetivo de todo hombre es tener el mayor número de hijas posible ya que su matrimonio le convierte a él en el responsable de una unidad económica fuerte compuesta por sus hijas, sus yernos y su descendencia... Sus hijos le dejan y viven en los pueblos de sus suegros convirtiéndose en dependientes de las familias de sus esposas."

En cualquier caso, el poder marital que los hombres ejercían sobre las mujeres era relativo dada la capacidad de decisión de su padre y, a veces, del hermano de la esposa: "la regla de filiación matrilineal y el conflicto de autoridad entre el padre como responsable y, el hermano de la madre también, determina las reacciones diferenciales de las gentes bemba en la situación económica presente. La mujer bemba nunca pasa completamente al control del marido tal como veremos. Todavía menos tiene la familia del marido gran autoridad sobre ella."[12]

58 | La relación entre los sexos y el reparto de poder que Richards (1940:22) observó en su trabajo de campo ponía de manifiesto que ciertas esferas quedaban en manos de los hombres, tales como la política, la jurídica o la religiosa:

> "Nunca escuché a un bemba de cualquier sexo expectativas de feliz compañerismo en el matrimonio. Esto no es porque las mujeres en esta sociedad tengan un estatus menor. De hecho, es alto comparado con sus iguales en un buen número de las tribus vecinas. Es verdad que el hombre está en una posición dominante en la mayor parte de las esferas de la vida social. Las actividades políticas y religiosas están largamente bajo su control, así como la administración de la ley. Las mujeres jóvenes no esperan tomar parte en la discusiones aunque podrían sentarse con las cabezas inclinadas, en cualquier proporción, en silencio, cuando un caso de importancia está siendo abordado... En la vida doméstica también el hombre tiene preferencia."

No obstante, Richards consideraba que esa cierta preponderancia de los hombres sobre las mujeres no era total. Sobre todo porque la matrilinealidad daba a las mujeres un reconocimiento social importante que se pondría de relieve cuando las mujeres adquiriesen cierta edad, contradiciendo así otros casos etnográficos, como el que relata Malinowski, en los que la influencia del linaje matrilineal era mínimo: "La fi-

---

[12] Richards (1940:38). Al respecto, también había constatado Richards (1940:33) que en los conflictos conyugales que emergían dentro de la casa "la autoridad del padre como responsable de la familia extensa matrilocal se limita a hacer acto de presencia ante un conflicto con el grupo del hermano de la madre."

liación es matrilineal en la sociedad bemba y por esta razón a menudo las mujeres ostentan una posición alta en virtud de su linaje. Ellas pueden ejercer autoridad política como jefas (babanfumu), o como responsables del pueblo, o como guardianas herederas de ciertos pueblos (bamukabenye). La costumbre del matrimonio matrilocal descrito en próximas páginas les da una fuerte posición en la vida del pueblo." Y añadía Richards (1940:22-23) sobre el poder y los privilegios de las mujeres "mayores": "tal como envejecen ellas adquieren un gran peso en los consejos familiares y a menudo llevan adelante importantes negociaciones en nombre de sus hijos o de otros parientes masculinos. Cuando pasa a la menopausia la mujer tiene el rango de un hombre, puede beber con ellos y hablar libremente ante ellos, y tiene numerosos deberes y privilegios rituales."

Destacaba la influencia que tuvieron los misioneros europeos en la zona respecto a las costumbres sexuales y la concepción de la sexualidad, y sobre todo respecto a la culpabilización que preconizaban de las relaciones premaritales o extramaritales, y la asunción de que los hijos eran una carga para la unidad familiar, incidiendo en la escasa importancia que debían dar al parentesco. Pero, a pesar de esta postura, Richards anotaría el relativo impacto que tendría entre los bemba: "los bemba se encuentran con la circunstancia de que sus viejas concepciones sobre el sexo están siendo atacadas por la nueva educación, no obstante las condiciones económicas hacen particularmente difícil practicar los nuevos códigos." Además, el proselitismo no pudo mermar la extraordinaria importancia que la descendencia tenía para los bemba para Richards (1940:17): "producir y poseer hijos es una de las ambiciones más arraigadas en la vida bemba. A través de los hijos un hombre construye una familia, se proporciona trabajo —la base de la prosperidad en esta sociedad— y finalmente se convierte en el responsable de la comunidad del pueblo o mukankala (un hombre acaudalado o de posición)... Ellos rodean todos los procesos de procreación con la magia."

En cualquier caso, para terminar esta breve aproximación a Richards, recuperar algunas apreciaciones de La Fontaine (1994:91) sobre su obra. Especialmente la que valoraba las contradicciones existentes entre el reconocimiento que las mujeres bemba tenían social y cotidianamente, y la imagen que los bemba tenían de ellas: "Uno de los problemas de relacionar la conducta de los individuos a las categorías de género emerge en varios lugares de la obra de A. Richards. Por ejemplo, ella describe a las mujeres bemba como ostentadoras de una reputación que les da independencia y un alto estatus, y aunque todavía «las mujeres acostumbran a arrodillarse para dar la bienvenida a los hombres, ellas sólo lo hacen en ocasiones formales»."

2.2.2. Phyllis Mary Kaberry (1910-1977)

Ph. M. Kaberry se formó en la Universidad de Sydney e hizo su trabajo de campo en 1930 en el noroeste de Australia sobre el estatus de las mujeres aborígenes. En 1936 se trasladó al Departamento de Antropología de la London School of Economics (LSE) como asistente de Audrey Richards. Obtuvo su doctorado en 1939. De 1941 a 1943 fue profesora de Yale en Australia y Nueva Guinea, en este último estudió los abelam.[13] En 1945 realizó su primer viaje a Camerún para estudiar a los bamenda. En 1949, pasó a formar parte

[13] Algunos de sus textos sobre este grupo fueron: Kaberry, (1940-41). "The Abelam tribe, Sepik District, New Guinea: a preliminary report." *Oceania* 11: 345-367; Kaberry, (1941). "The Abelam tribe, Sepik District, New Guinea: a preliminary report." *Oceania* 11: 233-258; Kaberry, (1941-44). "Law and political organization in the Abelam tribe, New Guinea." *Oceania* 12: 79-95; Kaberry, (1967). The plasticity of New Guinea kinship. *Social Organization: Essays Presented to Raymond Firth.* Freedman, M., Frank Cass and Co Ltd: 105-299; Kaberry, (n.d.). "Political organization among the Northern Abelam.": 334-372.

del Departamento de Antropología del University College London (UCL) hasta 1975.[14]
Tal como constató Sh. Ardener (1994:3), las etnografías de Kaberry avanzaron en el análisis de las relaciones entre hombres y mujeres porque permitían demostrar la constante interdependencia existente entre ambos sexos, hecho que ejemplificó con su estudio en Camerún: | 61

"si tenemos que entender los valores que forman parte de las mujeres y los hombres de Nso, es necesario trazar no sólo las distinciones fundamentales y las simetrías relacionando sexo y género, sino también aquellas existentes entre realeza y plebeyos. Ifeka, como La Fontaine, se estimuló por la inconstancia de las relaciones entre hombres y mujeres, así ella relacionó el «ahora» en un modo dependiente y también «dominante». Argumenta que esa discordancia se «resuelve» a través de las representaciones y las prácticas interdependientes del género."

Y es que Kaberry (1939:271) misma había afirmado sobre su obra de los aborígenes australianos:

"mi intención en este libro ha sido acercar el problema de la posición de la mujer desde una perspectiva positiva; el énfasis se ha puesto en esos privilegios y deberes que ella a veces comparte con los hombres, o con los que son peculiares de su sexo; observo los medios que tiene para satisfacer sus necesidades físicas, sociales y espirituales de una manera consonante con las condiciones contextuales y culturales. Ningún índice puede servir como criterio final del estatus de la mujer aborigen. Debemos definir, y si es necesario hacerlo extensamente, la totalidad de la red de relaciones en las que ella representa una unidad íntegra.. Debemos ver que reclama-

---

[14]   Para aproximarse a la figura de Kaberry se puede consultar Toussanint (1999). Otra obra que se desarrolló en aquellos tiempos fue la de Bates (1938).

ciones hace en su entorno, en su sociedad, sobre sus bienes."
Y añadió Kaberry (1939:271) que "encontramos que para
su aparente existencia sin ataduras, la mujer aborigen, igual
que su hermano, ejerce derechos de propiedad bien definidos sobre ciertas regiones del territorio tribal. Su trabajo es
de suma importancia: la hace una unidad indispensable en la
economía tribal, una baza incalculable como esposa."

Ahora bien, aunque la obra de Kaberry fuera alabada, entre
otros, por Sh. Ardener por mostrar un ejemplo de etnógrafa
que analizó el total de la sociedad australiana, no siempre
tuvo ese reconocimiento. A menudo se consideró que Kaberry sólo había profundizado en la vida cotidiana de las mujeres aborígenes. En ese sentido, la denuncia de Bell (1993:2-3),
ejemplificada en las etnografías sobre Australia, fue del todo
pertinente ya que exponía con claridad ciertas presunciones
en torno al trabajo etnográfico realizado por mujeres frente
al que desarrollaban los antropólogos hombres:[15]

"Por ejemplo, la etnografía de antropólogos masculinos, como
Lloyd Warned (1937) que trabajó en Arihemland, es frecuentemente citada como el «caso australiano» de relaciones de
género en la sociedad aborigen, mientras que la etnografía
de Phyllis Kaberry's (1939) es habitualmente conocida como
un estudio de la mujer en el Kimberleys. Mientras la mujer
etnógrafa ha explorado los campos del género, los hombres
han permanecido libres para escribir sobre un genérico «él».
La proclamación postmoderna de la existencia de una «crisis

---

[15] Incluso, Bell (1993:3) iba más allá al denunciar la ausencia de la perspectiva de
género en los trabajos postmodernos: "Aquellos antropólogos que han tomado la revo-
lución postmoderna en el análisis de los textos y la plurivocalidad son enérgicos en su
atención del «nativo» como «otro», aunque trazan la genealogía sólo a través de lo masculino, como por ejemplo Bob Scholte (1972), Dell Hymes (1969), Talal Asad (1973),
Paul Rabinow (1977), Jay Ruby (1982), James Clifford y George Marcus (1986), y
George Marcus y M. Fisher (1986). Ellos callan respecto a las mujeres como «otro»."

de representación» puso en la agenda disciplinaria la crítica sobre la objetividad y a examen la autoridad etnográfica."

En esa línea, hay que añadir como Berndt y Chilver (1994:30) destacaron que el trabajo de Kaberry sorprendió a más de uno en la década de los cuarenta porque creyeron que la relevancia femenina en los rituales que constató entre los aborígenes tenía que deberse a una distorsión de la etnógrafa: "Stanner (Oceanía 12 (1) 1941) alabó el libro como «una pieza pionera en un departamento negligente de antropología australiana»... No obstante, el comentario más curioso sobre el libro fue que las mujeres de Kimberley parecían tener un lugar en los rituales, lo que tenía que deberse a la influencia contaminante de extraños y a una confusión entre magia y religión." Pero no era una cuestión de contaminación etnográfica. Kaberry (1939:161) estudiaba la influencia de las mujeres en todas las esferas sociales: "si nosotros vamos a hacer un estudio lo más completo posible sobre la posición de la mujer en la cultura aborigen, entonces es necesario analizar sus funciones como miembro de estos grupos —en lo económico, en el parentesco, en la organización política, en la horda y en la tribu—." Esa perspectiva también la reafirmó Kaberry (1939:189-190, 1969) desde otro ángulo: cuando abordó la relación entre mujeres y religión lo hizo partiendo de la premisa de que hombres y mujeres participaban por igual en las ceremonias lo cual era prueba de la integración femenina:

"hombres y mujeres comparten la religión en común... Yo no deseo limitarme a elaborar un listado de los tótems y ceremonias de las mujeres, para desmembrar la cultura y parcializar sectores como «puramente femeninos» (siempre que fuese posible). Si este estudio ha de tener validez y reflejar la realidad, las mujeres deben ser vistas como unidades íntegras de la sociedad. Ellas no se pueden ver aparte de su contexto cultural. Sus ceremonias y creencias están interrelacionadas con las de los hombres."

Por otro lado, Ifeka (1994:135) también hizo un esfuerzo por contextualizar la renovación que representaron los trabajos de Rosaldo o Moore entre otros en el marco antropológico, sobre todo porque algunas de las propuestas que se defenderían a partir de los años 70 ya habían sido esbozadas por la propia Kaberry al afirmar en la década de los 40 que tanto hombres como mujeres disfrutaban de diferentes esferas de poder que eran complementarias:

> "Una tendencia dominante en los contenidos de la antropología feminista, con Ortner y Whitehead (1981:7), era la propuesta de que las mujeres estaban subordinadas «de manera similar en todas partes». Esta perspectiva del lugar de las mujeres y de sus posibilidades sociales (Moore 1988) ciertamente explica las relaciones de género de las economías transicionales africanas en el sector basado en la clase «moderna». En nuestro siglo, la mercantilización se ha extendido al «matrimonio de mercado» (Young *et al.* 1981) en el que las novias son, como fueron, dobladas y compradas por el mejor postor (masculino)... Pero, como siempre, esta interpretación de la posición de las mujeres no mejora nuestro conocimiento sobre cómo la gente, de manera distinta que el analista, construye y experimenta los cambios que acaecen sobre las mujeres y los hombres en los sistemas «tradicionales» religiosos, políticos y económicos de las sociedades transicionales africanas. A continuación, desarrollo un argumento presentado por Phyllis Kaberry (1952:132) que buscaba la reconciliación de las perspectivas desde dentro y desde fuera sobre el sistema tradicional de Nso, un reino en la meseta central de Camerún. Durante su trabajo de campo en Nso, entre las décadas de 1940 y 1960, Kaberry informa que las mujeres y los hombres ejercen diferentes poderes y

64

eran en mucho, aunque no en todo, aspectos complementarios en el estatus."

De hecho, Kaberry (1939:35) también propuso la existencia de una división de trabajo según sexo entre los aborígenes australianos, lo cual volvía a hacer visible a las mujeres: "existe una división del trabajo entre los sexos que es establecido por las fuentes de obtención de comida, por los métodos de explotación de las mismas y por las capacidades fisiológicas. El trabajo de la mujer no puede caracterizarse como pesado." Hay que añadir que el extenso trabajo de Kaberry en Australia desmitificó estudios anteriores, especialmente el de Malinowski, de quien recuperó y criticó *The Family among the Australian Aborigines* (1913). Sobre él, Kaberry (1939:15) recogía y cuestionaba sus siguientes afirmaciones:

"la división sexual se basa sólo parcialmente en las diferentes capacidades naturales. El trabajo pesado debe ser naturalmente realizado por los hombres... A este carácter compulsivo le sigue el hecho de que la distribución de las funciones económicas no corresponde a una verdadera cooperación, sino a la relación entre marido y esposa en su vertiente económica, a la de un amo con su esclavo. Es cierto que la mujer consigue una parte importante de la comida, pero uno no debe asumir automáticamente que su trabajo es más oneroso. Normalmente es menor, es menos incierto que el del hombre y ella no utiliza la magia para nada."

Es más, Kaberry (1939:27) observó a diferencia de Malinowski, cómo las mujeres eran también responsables de la supervivencia del grupo: "En la presente cantidad, la mujer provee más en algunos períodos que el hombre, especialmente desde que la caza no siempre es exitosa." Por ello, Kaberry (1939:15) consideró que había una cooperación igualitaria entre hombres y mujeres "en resumen, la única conclusión

que se puede deducir de este extenso debate sobre actividades y actitudes es que existe una verdadera cooperación
entre marido y esposa, y que éste es un aspecto conocido
y esperado de la vida marital." Según Kaberry (1939:276)
el matrimonio se descubría como la institución en la que
ellas se podían desarrollar en todas las facetas: "el matrimonio para una mujer aborigen es una manera de vivir una vida
completa y de encontrar satisfacciones económicas, sexuales,
sociales y sentimentales." Y es que para Kaberry (1939:143)
las mujeres aborígenes tenían sus propios sistemas de autoridad: "Se debe destacar no sólo su gran importancia en la
economía sino también su poder para utilizarla en beneficio
propio en otras esferas de la vida marital. Si tenemos que
hablar de autoridad, debemos definirla no sólo en términos
de los privilegios de él por un lado, sino también en los de
ella por otro —en suma, estos derechos y deberes recíprocos
se reconocen inherentes en el matrimonio." Además Kaberry
(1939:142) constataba que esta autoridad femenina existía
en las prácticas:

> "El problema de la autoridad no puede discutirse aparte de
> las esferas particulares en las que se ejerce —aquellas de re-
> sidencia, economía, propiedad, sexo y filiación—. Como en
> cada relación el marido tiene a menudo completa autoridad,
> son significaciones menores, a menos que estemos prepara-
> dos para asumir que la esposa no tiene derechos reconocidos.
> En ausencia de un código jurídico escrito, a veces es difícil
> distinguir entre la investidura legal en el hombre y su ejerci-
> cio práctico."

Y añadía Kaberry (1939:142) que las mujeres también podían agredir a sus maridos por distintas razones: "Yo, per-
sonalmente, he visto algunas mujeres atacar a sus maridos
con un hacha o con sus propios boomerangs, para sentir que
ellas son invariablemente las víctimas de los maltratos. Un

hombre puede, a pesar de todo, intentar agredir a su esposa si ella no ha traído suficiente comida, aunque nunca vi a una esposa esperar en sumisión a recibir una paliza por su conducta culpable." Las mujeres, igual que los hombres, tenían clara su adscripción tribal para Kaberry (1939:184): "como los hombres, las mujeres eran totalmente conscientes de su pertenencia a una tribu que constituía una unidad territorial, lingüística y cultural, aunque se reconocía que existían afinidades con las gentes vecinas en idioma, parentesco, totemismo y organización local." Su intervención en distintas cuestiones familiares y comunitarias era notoria entre los aborígenes y no se reducían sólo a cuestiones relacionadas con la descendencia tal como destacó Kaberry (1939:181-182):

"Es importante enfatizar que muchas de las leyes no eran administradas por el jefe sino por los hombres y las mujeres directamente involucrados... Ella ayuda a su marido a negociar el matrimonio de sus hijos e hijas; ella interviene y hace posible la prevención de cualquier asunto ilegal que puedan tener. En general, ella ejerce su influencia para reforzar la conformidad de la ley tribal... No es autoritaria de una forma rígida ya que su afinidad con la letra de la ley le ha permitido tergiversar su relación con los parientes cercanos o con otros. La tolerancia y su deseo de paz determinan su actitud y ella puede manifestarla en su poder para hacer que el matrimonio de su hijo o de su hija sea permanente. Tal como las mujeres envejecen asumen mayor autoridad, se convierten en más asertivas y tienden a manifestar su opinión más frecuentemente y a interferir cuando las actividades de cualquiera de sus parientes pueden ir contrarias a la ley tribal. Por otro lado, cuando la cólera sube de tono y amenaza la paz, incluso la seguridad de otros en el campo, ellas toman la iniciativa y se mantienen en contra de las disputas estableciendo temporalmente el orden otra vez... Cada mujer, por norma, ha tenido hijos que se han casado con quienes establecen relaciones con otras hordas. Ella intercambia bulba (bienes); ella tiene un profundo conocimiento e interés por la mitología de las personas; ella posee una fundada experiencia de sus viajes por otras regiones, y atiende en los encuentros intertribales y en las riñas en las que han sido testigos de boda, en los robos de esposas, en la brujería y en la muerte. Ella y otras mujeres de su edad disfrutan de una gran autoridad, aunque puede variar de acuerdo con su temperamento."

La tradicional exclusión de las mujeres de la religión que se había constatado en otras sociedades, no se producía entre los aborígenes. De hecho, la diferenciación maussiana sagrado/profano que se había extendido a lo masculino/femenino fue rechazada rotundamente por Kaberry (1939:276): "En las tribus de Kimberley, la religión no supone una división rígida de la sociedad, en la que los hombres representen el elemento sagrado y las mujeres el profano... Ambos tienen lugar en las ceremonias sagradas. La diferenciación ritual existe, como siempre expresada en la exclusión de las mujeres de algunos rituales secretos de los hombres; y la exclusión de los hombres de rituales secretos de las mujeres." Y añadía Kaberry (1939:277) "la mujer aborigen como el hombre aborigen es sagrada y profana. En virtud de sus funciones procreadoras, sexuales, económicas y sociales: ella clama ciertos privilegios y cumple ciertos deberes en la comunidad. Ella tiene valor como persona social y toma su lugar en las actividades profanas de la tribu. Aunque ella tiene también afiliaciones espirituales."

En su estudio sobre los bamenda de Camerún, Kaberry (1952:17) estudió los nsaw (banso), grupos patrilineales que formaban parte junto con los kom (matrilineales) de los tikar y observó que entre los grupos minoritarios matrilineales "Kom, Aghem y cinco pueblos en el Fungom N.A., el matrilinaje es raramente una unidad corresidencial, desde que algunos hombres escogieron residir tras el matrimonio con su padre, sus afines o con un amigo." Y añadía Kaberry (1952:17): "En teoría, el matriclan es una unidad exógama, pero el matrimonio a veces se realiza con partes que pertenecen a diferentes linajes de diferentes pueblos, entonces son incapaces de trazar una relación genealógica."

| 69

Kaberry (1952:viii) analizó las actividades femeninas y su influencia en el ámbito económico entre los bamenda e, igual que había percibido en Australia, las mujeres producían una parte importante de los alimentos del grupo y tenían una notable independencia de los hombres: "Las mujeres, como esposas, madres e hijas, producen la mayor parte de la comida y gastan una parte considerable del día en ello. En esta esfera de actividad ellas disfrutan de considerable independencia y tiene derechos bien definidos." Y es que Kaberry (1952:40) puso de manifiesto que los derechos femeninos dependían de su propio trabajo "lo que quiero enfatizar es que su sexo no supone una desventaja para ella en ningún caso en relación con los miembros masculinos del linaje. Tal como ella cultiva su terreno ella no tiene ninguna obligación de cederlo a ningún miembro masculino de su parentela." De hecho, el estatus femenino recaía, en parte, en la importancia de las tareas agrícolas:[16] "la responsabilidad de las mujeres en la agricultura no es pensada por ellas (o por los hombres) como

---

[16] Kaberry (1952:71). Chilver (1994:109) que también estudió en Camerún las actividades agrícolas de las mujeres coincidió con las apreciaciones de Kaberry: "la economía de los bamenda ha sido reconocida como matrimonial por una división del trabajo obstruccionista en la que las mujeres se comprometen en la llamada agricultura de subsistencia y la preparación de la comida, y los hombres en las actividades de producción de riqueza, construcción, artesanía y comercio, aparte del despeje de arbustos y la ayuda en la cosecha, en la provisión de carne, medicinas, aceite y sal —el patrón subsahariano de familia. Cualquier afirmación de este tipo es, por supuesto, una simplificación: las mujeres se vinculan en el comercio local, en diferentes artesanías y en algunos procesos de construcción; los hombres contribuyen al suministro de alimento con los cultivos, la caza... objetivos que parecen unidades más importantes en las retribuciones rituales, legales y sociales ya que son aportaciones necesarias a la dieta."

un signo de estatus inferior. Al contrario, le confiere estatus y se vincula con el respeto femenino y con la dignidad."

Tal era el reconocimiento que señaló Kaberry (1952:95) de esa dedicación que las mujeres tenían completa libertad para obsequiar comida sin el consentimiento marital:

70

"Se garantiza que como una mujer no sólo cultiva buena parte de la comida, sino que también la cocina, no es nada sorprendente el hecho de que sea considerada la persona más competente para decidir cuando y donde debe ser usada para las necesidades del hogar. Pero esta gestión de provisiones incluye también su derecho a hacer regalos a parientes y amigos. Generalmente ella no pregunta a su marido para su consentimiento, como hombres y mujeres afirman «la comida es un tema de las mujeres»."

Por todo ello, Kaberry (1952:103) concluía que para establecer el estatus social de las mujeres era necesario conocer su capacidad de acción y, sobre todo, distinguir entre la preponderancia sexual teórica y la práctica cotidiana de los sexos:

"La libertad de elección que ejerce la mujer es un aspecto a tener en cuenta para evaluar las relaciones entre el estatus formal y el rol; para subrayar una controversia mantenida por un escritor que mientras en la estructura de parentesco formal observa que las mujeres están subordinadas a la autoridad de los jefes masculinos de la casa, apuntaremos que en la práctica las exigencias de la vida cotidiana hacen que las mujeres sean las que frecuentemente toman decisiones en temas relacionados con tierras y cosechas. En otras palabras, un análisis adecuado de la posición económica de las mujeres implica no sólo un reconocimiento de derecho formal sobre la propiedad sino también una consideración de los privilegios informales que disfrutan la mayor parte de las ellas."

2.2.3. *Ruth Landes (1908-1991)*

Ruth Landes, de nacionalidad norteamericana, fue conocida por sus estudios sobre cultura y personalidad entre los
indios americanos (ojibwa, sioux, potawomi), negros, ame-
ricanos de ascendencia mejicana y mujeres. Le interesó espe- | 71
cialmente el impacto de la cultura en el proceso educativo.
Impartió su docencia en Canadá. Sus investigaciones más
importantes se desarrollaron entre los ojibwa, grupo muy
analizado en la Antropología por ser clave en el debate sobre
el totemismo. De hecho, Landes (1937:31) había destacado
que "los ojibwa se organizan en familias, cada una de las cuales se denomina como algún pájaro, pez o animal. El nombre
pasa de padre a hijo."
Debe señalarse que sus trabajos no siempre fueron todo
lo rigurosos que habían sido los de Richards o Kaberry. Por
ejemplo, la publicación de Landes (1947) respecto a su trabajo de campo de dos años en Brasil fue realmente pobre ya
que se trataba de una especie de narración novelada de sus
impresiones en el país. Bastante más interesantes resultaron
las publicaciones de Landes (1937, 1938) sobre los ojibwa.
En uno de estos textos, Landes estudió (1938:vii) cómo
"los ojibwa debatían sobre el problema de los hombres y las
mujeres", a partir de un trabajo de campo de 7 meses al Oes-
te de Ontario. Su libro dividido en juventud, matrimonio,
ocupaciones, anormalidades e historias de vida, era un intento de aproximarse a la vida cotidiana de los hombres y las
mujeres si bien se trataba de una etnografía muy descriptiva
sin una sola referencia bibliográfica, cercana a la psicología y
los cuentos.
En él, Landes (1938:10) señaló la existencia de un reparto
de actividades según sexo en el que las mujeres tenían diversas responsabilidades que debían asegurar la subsistencia del
grupo:

"los hombres trabajan fuera del hogar: cazan, ponen trampas, pescan, mantienen representaciones religiosas y se comprometen en la guerra. Las mujeres se supone que están en la casa y que transforman la caza y hacen el trabajo de un puercoespín, tejiendo redes de pesca, acoplando cortezas, cogiendo bayas, cuidando el azúcar y el arroz con la ayuda de los hombres, recolectando hierbas medicinales, cocinando, remendando y llevando a los hijos."

De hecho, Landes (1938:128) remarcó que entre las responsabilidades femeninas destacaba el hecho de que las mujeres debían propiciar con su magia que la caza fuera fructífera: "una mujer a menudo ayuda a su marido en su caza. Ella también participa de los sacrificios rituales que su marido debe ofrecer tras una exitosa caza del alce." Ahora bien, Landes (1938:140) observaba que "las mujeres que adoptaban el trabajo de los hombres eran característicamente ingeniosas y tranquilas" ya que en opinión de Landes (1938:162) "las mujeres que tomaban el trabajo de los hombres sólo lo hacían cuando el hombre responsable no estaba disponible o había fallado."

Y es que para Landes (1938:11) entre los ojibwa existía una clara división entre el mundo masculino y el femenino en que los hombres difícilmente podían intervenir: "las mujeres viven en un mundo de valores propio, un mundo cerrado a ellos." Sólo cuando las mujeres se divorciaban o entraban en la viudedad podían tomar sus propias decisiones según Landes (1938:83): "la viudedad y el divorcio permite a la mujer las mayores libertades que puede disfrutar... Ella es libre de supervisión alguna, el matrimonio que la devuelve a casa de sus padres le confiere el título irrevocable de adulta."

De los ojibwa, también observó cuestiones relacionadas con el parentesco, la economía o la religión desde una perspectiva ciertamente algo sociológica que siempre tenía la mirada puesta en la construcción social de los sexos. De hecho,

Landes (1937:75) constató la preponderancia de los hombres sobre las mujeres lo que argumentó cuando afirmaba que "hay ciertos ideales generales que los padres desearían ver realizados en las esposas de sus hijos. Así, es apreciada la laboriosidad de los dos sexos y el poder sobrenatural en el sexo masculino." Esta consigna se observa también cuando Landes (1938:10) señalaba que "El hombre tiene también privilegios suntuarios como la poliginia", si bien debe mencionarse que este matrimonio estaba tan sólo en disposición de ser practicado por un colectivo concreto: el de los chamanes.[17]

73

También abordó temas clásicos de parentesco y patrimonio. Respecto al parentesco Landes (1937:19) había constatado que "los términos del parentesco están en consonancia con el tipo de matrimonio con la prima cruzada." Y es que Landes (1938:56) observó que el matrimonio habitualmente se basaba en "la atracción y el encanto sexual", ya que Landes (1938:54) decía "en muchos casos los matrimonios se hacen, igual que se disuelven, sin la intercesión de los padres, y sólo en la base de los deseos personales." Landes (1938:55) no pudo menos que señalar que, en algunos casos, los padres pactaban los matrimonios de los hijos:

"los padres a veces pactan un matrimonio que es ante todo un pago de servicios. Este tiene lugar cuando una chica que estaba muy enferma se cura por un chamán."

Es reseñable cómo para Landes (1938:66) la poliginia era prueba del poder masculino aunque también era un símbolo de estatus que estaba reservado sólo a unos pocos: "la poligi-

---

[17] Al respecto afirmó Landes que (1938:133) "no hay centralización formal del poder entre los ojibwa aunque la extensión de las brujerías intimida a la gente, ellos dominan sus sociedad. El chamanismo es una práctica preeminentemente masculina aunque no se considera una vocación en la que todos los hombres tengan la misma capacidad."

nia constituye un tipo matrimonial pretencioso. Son usual-
mente los chamanes... los que son distinguidos con la poliginia. Los hombres corrientes raramente son poligínicos."[18]
Eso sí, Landes (1938:96) afirmó que para un hombre no era
siempre fácil contener la ira de sus esposas: "Cuando una
mujer abandona un matrimonio poligínico es habitualmente
por celos y vergüenza." Y es que para Landes (1938:119) se
trataba de una sociedad en la que el divorcio era frecuente:
"en una sociedad altamente individualista como esta de los
ojibwa... no es sorprendente encontrar una preponderancia
de matrimonios tormentosos, frecuentes divorcios y peleas
violentas." Respecto al patrimonio, debe señalarse que Landes (1937:144) puso de manifiesto que la propiedad siempre
era respetada por la comunidad al margen de si se era hombre o mujer: "la escala de derechos de propiedad se establece
así: el propietario absoluto es el individuo, al margen de la
edad o el sexo."

---

[18] Respecto a la poliandria Landes (1938:75) había afirmado que "las mujeres no
pueden tener varios esposos simultáneamente, sólo sucesivamente. La poliandria no es
objeto de tabú, sólo es ridículo tomarla en consideración."

3.

Androcentrismos antropológicos

V. Stolcke (1996:335) mostró que muchos de los trabajos que se habían venido realizando en la Antropología habían sido desarrollados por hombres que filtraron ciertos prejuicios androcéntricos: "la mirada androcéntrica la compartía la gran mayoría de la profesión por lo menos hasta los años ochenta." I. Moreno (1991:620), por su parte, también lo había constatado:

"No es descubrir nada nuevo afirmar el carácter fuertemente androcéntrico de la Antropología, al igual que de la Sociología, la Historia... realmente la totalidad de las ciencias sociales hasta hace poco tiempo y, todavía hoy, de las orientaciones predominantes en ellas. Los hombres aparecen como únicos sujetos sociales que hacen la Historia o la sufren. Que actúan cambiando el mundo, o adaptándose a él, ejerciendo el poder o rebelándose contra él, teniendo estrategias económicas, protagonizando los rituales religiosos, emigrando, filosofando, creando arte..."[1]

---

[1] Así, lo habían señalado también las historiadoras Hafkin y Bay (1976:1), o Mc-Dowell y Pringle (1992), la primera desde la geografía, la segunda desde la sociología. Por su parte, la historiadora Nash (1984:17) afirmó, "la invisibilidad de la mujer en la historia deriva precisamente de la definición misma que se ha dado de la Historia... la ausencia, la invisibilidad de la mujer en los estudios históricos no se debe a una conspiración malvada de ciertos historiadores masculinos, sino al arraigo de una concepción androcéntrica de la historia."

M. Nash (1984:17) también había señalado que "la invisibilidad de la mujer en la historia deriva precisamente de la definición misma que se ha dado de la Historia... la ausencia, la invisibilidad de la mujer en los estudios históricos no se debe a una conspiración malvada de ciertos historiadores masculinos, sino al arraigo de una concepción androcéntrica de la historia."

Este hecho indiscutible influyó de manera determinante para que muchas investigaciones en los distintos campos del estudio antropológico carecieran de una perspectiva que tuviese en cuenta la construcción social de los sexos.

E. Ardener (1975:6), uno de los pioneros en la denuncia del androcentrismo en la Antropología, señalaba que los hombres tenían una mayor movilidad en el espacio social y geográfico que las mujeres, lo que les permitía capitalizar los discursos elaborados sobre otros hombres y mujeres. De hecho, E. Ardener (1986:100) creía que esta situación se debía a una dominación que era universal: "la teoría de la dominación no es a fin de cuentas una teoría comprometida sólo con las mujeres... es una teoría general de la antropología." El resultado era que las mujeres vivían inexorablemente en un mundo construido y expresado por hombres. También Burnham (1987:50) había denunciado que, en el caso africano, "las actividades independientes de las mujeres han permanecido frecuentemente invisibles a los teóricos cegados por las perspectivas androcéntricas."

Y es que como mostraron E. Ardener (1975) y S. Narotzki (1995) la otredad ha venido siendo mayoritariamente masculina[2] y, además, ha estado siendo influida por la *propia* construcción de género de los investigadores. Ello nos explica la distorsión de la mirada hacia la "otra" practicada por parte de la antropología europea y norteamericana fruto

---

[2] Bartra (1996) y Kilani (2000) añadirían que la otredad también es un constructo histórico.

de nuestra categorización sexual y extendida al análisis de las otras culturas: nosotros mismos hemos uniformizado el objeto de estudio desde la perspectiva de sexo. Tal como observamos en un apartado anterior, *E.* Ardener (1975) con su «*dominant code*» y, posteriormente, O. Harris (1998:93) señalaron la manera en que se vino produciendo una cierta universalización de la mirada antropológica europea sobre la manera en que se construían conceptos como naturaleza/cultura, hombre/mujer en otros contextos culturales. El resultado fue que nuestra propia visión del mundo imposibilitó oír el callado código existente en otros contextos culturales sobre las categorías masculino y femenino, naturaleza y cultura: nos cerramos a la posibilidad de observar diferentes maneras de construir la sociedad.

Al respecto, deben destacarse las afirmaciones de Paulme (1960:12) sobre la imposibilidad de muchos etnógrafos de mantener la neutralidad ante otras maneras de pensar los sexos distintas a las suyas:

"Los mismos autores que reprueban estos usos, priman la división del trabajo como la causa que lleva a asumir una pesada tarea a las mujeres, la actitud sumisa que una esposa debe observar hacia su marido, el derecho a menudo reconocido de golpear a su mujer y, en fin, el que el matrimonio no engendre con frecuencia demasiada intimidad entre los esposos. La conclusión habitual es que las mujeres son oprimidas y explotadas, carecen de libertad de acción y son objeto de menosprecio. Este razonamiento, emitido desde un punto de vista ajeno impone un sobrentendido: toda divergencia del ideal occidental implicará necesariamente una condición inferior para las mujeres."

Por su lado, M. Strathern (1998:177) había denunciado el uso esencialista que se estaba desarrollando de los conceptos naturaleza y cultura: "puede pensarse que la gente que aparentemente maneja nociones de este tipo traspasa sus propios problemas de control y definición cuando da contenido a estos términos." También Rosaldo (1979) constató que la misma universalización se había producido en la oposición doméstico/político, con una fuerte carga de género en sus contenidos: mujeres reducidas al ámbito doméstico y hombres garantes del funcionamiento político.

El siguiente anagrama, reproducido parcialmente de M. Strathern (1998:184) expresa las dicotomías establecidas entre lo masculino y femenino.[3] Tal como veremos, se trata de una mirada producto de la cultura europea, que puede haber distorsionado las perspectivas antropológicas:

Cultura-Naturaleza como símbolos para lo masculino-femenino

haciendo	siendo
público	doméstico
activo	pasivo
sujeto	objeto

A lo mencionado, debe sumarse la profunda convicción sostenida por muchos antropólogos de que "el parentesco", "lo político", "lo económico" y "lo religioso", estaban entrelazados indisociablemente con una noción de "lo público" que resultaba ser, la mayoría de las veces, eminentemente masculina. Sanday (1974:190) así lo había afirmado: "La distinción entre las esferas pública y privada, también dibujadas por Rosaldo y Sacks [ambas en este volumen], es importante desde que el estatus más elevado en uno de los dominios puede impedir, imaginariamente, el alto estatus del otro en algunas sociedades." También Sanday (1974), desde una perspectiva demográfica y ecológica, planteaba el reparto de actividades de los sexos (en reproducción, en defensa y en subsistencia),

---

[3] Esta clasificación ha sido criticada por autores como Gottlieb (1990:128).

aunque establecía la necesidad de que debiera analizarse el grado de participación de ambos sexos en la esfera pública y en la privada.

A ello se sumaba, tal como constató Aixelà (2003a), el hecho de que el androcentrismo se fundamentaba en un análisis desde parámetros erróneos ya que los antropólogos estaban trasladando a las comunidades estudiadas, la división de actividades según sexo (enunciados desde la complementariedad o desde la exclusión sexual) que habían determinado esferas de poder en las sociedades europeas y anglosajonas. H. Moore (1993:198) lo expresaba en estos términos: "El material etnográfico sugiere que las diferencias entre mujeres y hombres que otras culturas naturalizan y ubican en el cuerpo humano, y en características del contexto físico y cosmológico, no son necesariamente aquellas que corresponden a la constelación de rasgos sobre las que el discurso occidental basa sus categorizaciones."

Y es que tal como las historiadoras Hafkin y Bay (1976:1) habían afirmado en el caso africano, "la literatura sobre mujeres africanas ha sido escrita desde una perspectiva masculina; esto es, se ha descrito a las mujeres en términos de sus relaciones con los hombres."

Las mujeres aparecían como aquéllas que posibilitaban las relaciones matrimoniales a través del intercambio o simplemente como los pilares de la familia (madres, esposas, hijas, hermanas, tías...), pero ni acaparaban el centro de las investigaciones ni, salvo excepciones, se destacaron explícitamente sus aportaciones en las distintas esferas sociales hasta la importante influencia del movimiento feminista de los años sesenta y su contagio en la disciplina antropológica, tal como constató H. Moore (1991), y Aixelà (2000a:43-110) al elaborar un estado de la cuestión sobre parentesco y mujeres en el mundo árabe.

Por otro lado, es de suma importancia destacar que en las etnografías no se ponían de relieve las similitudes entre hombres y mujeres, tal como apuntó de manera certera H. Moore (1993:195):

"las similitudes entre mujeres y hombres raramente, si alguna vez, se discutían. Ello fue en parte por el aparente foco de los discursos indígenas sobre las diferencias de género y también por la permanente confusión en la teoría antropológica sobre si las similitudes implican igualdad, y sobre si la igualdad implica equidad."

80

Ahora bien, no todos los antropólogos se dejaron llevar de la perspectiva androcéntrica. Para ilustrar este hecho recuperamos a Clyde Kluckhohn. En opinión de Kluckhohn (1950:31) la cultura "se refiere a las formas de vida distintivas de cada grupo de personas." Para Kluckhohn (1974:28) era clara la influencia de la cultura sobre la construcción de género:

"a la mujer norteamericana un sistema poligámico le parece «instintivamente» horrible. No puede comprender cómo una mujer no puede estar celosa y sentirse incómoda si tiene que compartir el marido con otras. Cree que es «antinatural» aceptar una situación semejante. En cambio, a una mujer koryak de Siberia, por ejemplo, le sería difícil comprender que una mujer pudiera ser tan egoísta o desear tan poco la compañía femenina en el hogar al grado que quisiera limitar a su marido a sólo una esposa."

En ese mismo sentido, Kluckhohn (1974:214) también había afirmado, de manera similar a como posteriormente haría M. Strathern, que los hombres y las mujeres eran moldes vacíos que podrían contener diferentes maneras de pensar el sexo: "las direcciones fundamentales de la educación de la infancia no se derivan de la naturaleza congénita de un pueblo; tienen sus miras puestas en los papeles que han de desempeñar hombres y mujeres y son moldeados de acuerdo con los ideales dominantes en la sociedad."

Por último señalar, sin malicia,[4] que algunas definiciones del término "antropología" ya apuntaban un androcentrismo donde el "hombre" representaría al total de la humanidad. Para C. Lévi-Strauss "la antropología apunta a un conocimiento global del hombre y abarca el objeto en toda su extensión geográfica e histórica; aspira a un conocimiento aplicable al conjunto de la evolución del hombre, desde, digamos, los homínidos hasta las razas modernas y tiende a conclusiones, positivas o negativas, pero válidas para todas las sociedades humanas, desde la gran ciudad moderna hasta la más pequeña tribu melanesia."[5] Para Ward H. Goodenough (1975b:25) el campo de la Antropología, desde sus inicios como disciplina en el siglo pasado, había asumido como su tema "la historia natural del hombre."

Como afirmaba G. Baumann (2001:56) a través de un ocurrente juego de palabras en el que recurría al doble significado que puede tener el término *mankind* una vez se ha dividido (*man,* hombre, denota una clara construcción de género del que la palabra humanidad carece): "vista desde abajo, la mujer es el contrario del hombre. Visto desde arriba,

81

---

[4] Un texto que probablemente sí es intencionadamente malicioso es el que Sh. Ardener (1986:10-11) publicó sobre la ideología transcrita en las etnografías del parentesco, en la que afirmaba "si observamos los diagramas de parentesco, los antropólogos indicaban los nombres masculinos y los términos de parentesco casi siempre en letras mayúsculas o, por lo menos, con una letra inicial mayúscula, ello en contraste con los nombres, símbolos y términos femeninos los cuales se mostraban habitualmente en letra minúscula. Se pueden observar los diagramas de Edmund Leach, Robin Fox, Hocart...." Y añadía Sh. Ardener (1986:11) respecto a John Barnes: "su primera aseveración en un texto sobre genealogías decía «En muchos casos, la institución humana más distintiva y fundamental es la familia nuclear, fundada en los conceptos de matrimonio y parentesco, formados por un hombre, su esposa y sus hijos». Inocuo?...Por qué no dijo «hombre, mujer e hijos»?."

[5] Cita de *Antropología estructural* (1958:388) recuperada por Llobera (1975:374). La relación en Lévi-Strauss entre hombre y humanidad es especialmente relevante, tal como había afirmado Leach (1968:543) en un texto dedicado a su figura.

esto es, el nivel del hombre como término genérico, la mujer es parte de la humanidad."[6]

3.1. *Presupuestos clásicos de in/visibilización femenina: Teorías y métodos*

La escasa reflexión respecto a la construcción social de los sexos en los trabajos de la antropología clásica es el resultado de la influencia de muy diversos factores, algunos globales como el androcentrismo (al que nos referimos en el apartado anterior), y otros más estrechamente relacionados con las teorías, los métodos de investigación o los presupuestos establecidos en algunas de las ramas de la Antropología.

Como constató M. Mead (1994:42-43), era necesario que los científicos sociales marginasen los prejuicios culturales cuando se disponían a realizar el trabajo de campo:

"el enfoque antropológico consiste en introducirse en sociedades primitivas sin demasiadas teorías preconcebidas y estar abiertos a todo tipo de cuestiones. ¿Cómo aprenden los niños y las niñas sus roles sociales en sociedades diferentes?... Nosotros no preguntamos, en principio, si existen diferencias sistemáticas y particulares en la personalidad, ligadas al sexo e independientes de los condicionamientos culturales, tales como la pasividad, la iniciativa... Nosotros preguntamos cómo distintos pueblos esperan que se comporten los niños, cómo usan la diferencia de sexo para definir la diferencia de roles... Tal tipo de investigación tiene efectos diversos. En primer lugar, quita peso a nuestras ideas culturales

---

[6] Baumann decía en el original: "seen from below, woman is the opposite of man. Seen from above, that is, the level of man as the generic term, woman is but part of mankind." Proporciono la cita en inglés para que no pierda el sentido que Baumann quería darle.

preconcebidas acerca de los hombres y mujeres... Esto nos libera de emplear toda una suerte de argumentos que han sido invocados a favor y en contra del movimiento feminista... o los lamentables argumentos acerca de por qué entre las mujeres no hay grandes compositoras."

83

En un marco más amplió que Mead, se manifestaron Stoler y Moore. Stoler (1991:51) abordó el impacto de la concepción de la otredad occidental en distintas culturas, dado que, como afirmaba "habiendo estudiado cómo los colonizadores han visto al Otro indígena, estamos empezando a resolver cómo los europeos de las colonias se imaginaron a ellos mismos y cómo construyeron comunidades edificadas en asimetrías de raza, clase y género." Se preguntaba Stoler (1991:52) "¿de qué manera las desigualdades de género serían esenciales en la estructura del racismo colonial y de la autoridad imperialista?." También H. Moore (1993:195) reflexionó sobre el particular: "si el género establece una diferencia, entonces también lo hace la raza, la clase, la sexualidad, la religión y otras formas de diferencia. La cuestión que sigue es cómo se teorizan las intersecciones entre estas formas de diferencia y cómo actúan políticamente."

En general, uno de los problemas más acusados de las escasas aproximaciones a la construcción social de los sexos es la ausencia de una mirada etnográfica con un corpus teórico que combinase fielmente la enorme distancia existente entre las teorías y las prácticas sociales: P. Bourdieu (1972) señaló cómo las distancias entre las teorías y las prácticas habían colaborado de manera específica en la invisibilidad femenina en el caso argelino. El resultado de esa distancia era que ni se podían concretar las limitaciones del poder masculino, ni se podían establecer las estrategias de poder desarrolladas por las mujeres.

3.1.1. Las teorías y sus objetos de estudio: el evolucionismo

La presencia femenina ha sido relegada y filtrada por los propios objetivos de unas investigaciones que analizaban ciertas esferas de la sociedad en las que las mujeres, o no participaban directamente, o lo hacían con un poder poco visible, considerado irrelevante por muchos antropólogos. Ello se percibe en temas como la organización política tribal, las transformaciones de los sistemas segmentarios a los estatales, el liderazgo y la autoridad, el impacto del colonialismo en los sistemas de parentesco, etc.

No obstante, los temas escogidos no han sido los únicos que han provocado la invisibilidad femenina, ya que ésta también ha sido resultado de ciertos aspectos de las teorías que vertebraban dichas investigaciones: para un sector de los antropólogos, las mujeres eran sujetos que podían legitimar o cuestionar el sistema, pero no tanto por sus propias decisiones sino por las que otros tomaban por ellas.[7]

La consolidación de la Antropología como disciplina científica se va a materializar al mismo tiempo que emerge el interés por el análisis de la construcción social de los sexos: el evolucionismo, preocupado por explicar el distinto grado de desarrollo técnico e ideológico de las sociedades, abordó directamente el tema de las mujeres desde una perspectiva ciertamente peculiar que, sin embargo, era heredera de un prejuicio bien conocido:[8] en la medida en que las mujeres eran inferiores a los hombres, era "razonable" plantear que las sociedades más evolucionadas —las civilizaciones, en la tipología de Morgan— hubiesen primado una estructura patriarcal como máxima expresión de la cultura.

---

[7] Por ejemplo, Lévi-Strauss (1991).
[8] Sobre la influencia de ciertos sectores de la burguesía en la concreción del discurso matriarcal, se puede consultar Harris y Young (1979:15).

A continuación pasamos a abordar la corriente evolucionista, destacando que pese a todo se trató de una de las tendencias antropológicas que más visibilizó a las mujeres hasta los años setenta.[9] Evidentemente, a costa de establecer una jerarquización sexual en la que las mujeres representaban la variante más rudimentaria de las culturas.

El evolucionismo, tal como lo definió B. Malinowski (1975:89) "ha concebido el crecimiento de la cultura como una serie de metamorfosis espontáneas producidas según determinadas leyes y que han dado lugar a una secuencia fija de etapas sucesivas."[10]

La teorización de la mayoría de los evolucionistas, a excepción de Maine, puso de relieve que en los estadios evolutivos de la humanidad existía una primera fase en la que prevaleció el matriarcado o ginecocracia. Los evolucionistas acordaron que se trataba de un control de las mujeres desde el parentesco, de lo familiar y de lo social, pero disentían sobre el poder que la matrilinealidad otorgaba a las mujeres en las restantes esferas sociales.[11]

Los trabajos de Rivers respecto al supuesto orden evolutivo, matriarcado/patriarcado, y sobre todo los de B. Malinowski, acabaron limitando claramente la incidencia de la filiación

---

[9] Otra cosa serían las fuentes y el método que sostenían sus teorías, buena parte de las cuales fueron adecuadamente cuestionadas por no formar parte de un material etnográfico recopilado directamente sino, con suerte, por estar fundamentada en cuestionarios.

[10] Para una crítica del "evolucionismo unilineal", se puede consultar Steward (1968b). También Malinowski (1926).

[11] Al respecto de ese tema se puede consultar Harris y Young (1979:16). Por otro lado, es de interés señalar las opiniones de Durkheim (1996:165) sobre el matriarcado porque si bien disentía de su existencia ("no pensamos en modo alguno sostener con Bachofen y Morgan que, en el origen, cada pequeño grupo familiar tuvo por centro la mujer"), sí constató que "el tótem, en un principio, se transmitía por vía uterina." Al tiempo, rescatar a Ronhaar (1931:502) quien a pesar de conocer el debate abierto en torno a la existencia o no del matriarcado, continuaba pronunciándose a favor: "hemos admitido la existencia del matriarcado... No hay ninguna duda sobre su existencia."

matrilineal en lo social.[12] Malinowski afirmaría que, a pesar de la matrilinealidad, el poder de las mujeres en tales
grupos era ejercido por el hermano de la madre. Y es que,
como mostró M. Fortes (1970:166), "el libro de Malinowski
derrumbó las teorías sobre promiscuidad primitiva, grupo
matrimonial y prioridad clánica."[13] También Lévi-Strauss
(1964) especificó en su artículo "Les limites de la notion de
structure en ethnologie", recuperado por E. Leach y después
por M. Godelier (1976:316) que "los evolucionistas jamás
han discutido —y todavía menos observado— detallada-
mente, qué es lo que ha pasado cuando una sociedad en un
estadio A ha cambiado a una sociedad de estadio B; se han
limitado a afirmar que todas las sociedades en estadio B pro-
ceden de una u otra forma de las sociedades en estadio A."
Por ello, no hay aportaciones teóricas que expliquen por qué
razón se pasa del matriarcado al patriarcado. Quizás, la única
claramente estructurada es la de Robertson-Smith: gracias al
advenimiento del Islam (no se debe olvidar de que se trata
de una religión monoteísta), el poder de las mujeres se habría
visto sustituido por el de los hombres.

En cualquier caso, se debe destacar que las aportaciones
de los evolucionistas respecto a la construcción social de los
sexos, así como el intenso debate sobre el matriarcado original, fue de gran interés a la hora de analizar la articulación de
las mujeres con la organización de lo que calificaron como la
sociedad primitiva.[14]

---

[12] Cabe destacar que el primer trabajo comparativo sobre grupos matrilineales, el de
Ronhaar (1931), tenía bastantes deficiencias teóricas y metodológicas que posteriormente la importante obra de Schneider y Gough (1961) clarificarían. Para obtener una
valoración más extensa de la obra de Ronhaar, se puede consultar Schlegel (1972).

[13] Sobre la controversia que despertaron sus análisis en este campo, se puede consultar
el estupendo artículo de Fortes (1970).

[14] Al respecto, citar el trabajo marcadamente evolucionista de Briffault (1927:311,
vol. I), para quien "el malentendido general de que, cuando una mujer primitiva es vista
trabajando duro, ella debe estar en la situación opresora de un esclavo."

3.1.2. *Métodos y técnicas de investigación antropológica. Algunos ejemplos*

La etnografía como método ha sido largamente debatida en las últimas décadas.[15] Dentro del contexto etnográfico ha sido también abordada la inevitable influencia biográfica del antropólogo sobre su objeto de estudio, explicitándose el sesgo androcéntrico. Por ejemplo, Warren (1988:7) señaló como "el mito del etnógrafo que, como cualquier persona, sin género, personalidad o situación histórica, podría objetivamente (en una mínima intersubjetividad) producir los mismos hallazgos que cualquier otra persona ha cambiado mucho... El género es sólo una más de las características personales... la edad, la clase social, la raza o la etnicidad son otras influencias evidentes."[16] Por su parte, Reiter (1975:13) había considerado que "Todos los antropólogos sufren la ceguera de su propia civilización cuando se aproxima a otras culturas; nuestros ojos están condicionados igual que los de las gentes que estudiamos. Nuestra propia formación académica refleja, apoya y extiende las presunciones de la superioridad masculina que otras culturas suscriben."

Y es que las in/visibilidades etnográficas de las mujeres fueron en buena parte resultado del desinterés por el estudio de las "esferas femeninas", así como del hecho de que la producción etnográfica había sido históricamente realizada por hombres, imperando una perspectiva androcéntrica.

Sobre el particular, V. Stolcke (1996:336) desvinculó la invisibilidad femenina existente en gran parte de las etnografías del hecho de que se tratara de antropólogos mayoritariamen-

[87]

---

[15] Para aproximarnos a parte de la polémica se puede consultar Comaroff y Comaroff (1992:3-48).
[16] Por ejemplo, Stack (1996:96) creía que era imposible romper con los condicionamientos propios al hacer etnografía: "En el contexto de la política y la academia de esos tiempos, exploro los matices de hacer y escribir etnografía como mujer blanca de clase trabajadora... Yo intento vincular las culturas escritas con la práctica feminista."

te masculinos: lo importante, en su opinión, era la asunción general del un androcentrismo en el marco antropológico. Esta afirmación, si bien la compartimos en términos generales, creemos que debería matizarse, dado que, como constató S. Linton (1979:36), "hay un fuerte sesgo machista en las preguntas formuladas y en las interpretaciones dadas."[17]

88

Un ejemplo de ello se encuentra en uno de los trabajos editados por Evans-Pritchard (1974), donde se recogía una descripción de la mujer africana basada en los datos recopilados por investigadores masculinos a través de informantes africanos también masculinos.[18] Ello, sin desvirtuar la extraordinaria obra de Evans-Pritchard, dio como resultado que este análisis de la realidad de la mujer africana pudiese distar de su realidad cotidiana en tanto que era enunciada por los hombres de su grupo, tal como observamos en esta afirmación de Evans-Pritchard (1974:65): "Cuando un hombre toma una esposa él la quiere pulcra y que no vaya tras otros hombres. Si tiene visitas en su casa, ella tiene que preparar un buen ágape para todos. Estos son las cuestiones que un hombre espera de una mujer." En otro lugar, Evans-Pritchard (1974:60) también habían afirmado que "cuando un hombre toma una esposa su trabajo es preparar la comida, traer agua, recoger leña, recoger las cenizas de las cacerías, y poner agua templada a primera hora de la mañana para que su marido pueda lavarse. Además debe tener su patio limpio. Y cuando su marido construye un cobertizo ella debe cortar la hierba para cubrir el techo."

Y es que cuando el antropólogo sólo se relaciona con hombres y sólo se entrevista con ellos, está utilizando un mé-

---

[17] Ello al margen de las dificultades que supone recoger las múltiples versiones que los informantes pueden dar de sí mismos, tal como afirmaba Jahan Karim (1993:251): "El método antropológico reafirma las limitaciones de las experiencias indígenas; el proceso de «nativizar el ser» refuerza, además, los espacios vacíos y los silencios existentes entre el investigador y el investigado."

[18] De ello también se hacen eco Hafkin y Bay (1976:1).

todo y una técnica que pueden dar resultados erróneos si se pretenden analizar ciertos aspectos sociales globales. En esa línea se había manifestado la propia J. Fishburne Collier (1974) en su observación de los campos del parentesco y la política. Destacó cómo parecía que las mujeres quedaban reducidas a la esfera doméstica y familiar por la propia distorsión que transmitían los informantes masculinos.[19] Collier (1974:96) denunciaba que los antropólogos sólo explicaban lo normativo, mientras ignoraban la participación femenina en las diversas esferas de la vida social: "...nosotros debemos acomodar en nuestro análisis la conducta de todas las personas participantes." Ahora bien, debe matizarse que ello podía suceder no sólo porque el etnógrafo limitase el tipo de informantes, sino también porque, a veces, el propio contexto etnográfico dificultaba el acceso a otros colectivos.

Ese es el caso, por ejemplo, de algunas comunidades rurales marroquíes, donde existían dificultades para que antropólogos hombres pudieran acceder directamente a las mujeres, tal como constaté durante la elaboración de mi tesis doctoral. Al respecto destacamos el dudoso material recopilado por P. Pascon y Bentahar (1971) en el Atlas marroquí. La dificultad de entablar conversación con las mujeres, les llevó a recoger únicamente la versión masculina respecto a las actividades femeninas, concluyendo así que las mujeres del grupo sólo hacían aquello que podían realizar sentadas en sus casas. El resultado consistió en la invisibilidad del trabajo femenino: describieron una sociedad en la que sólo se manifestaba lo masculino, hecho que vendría a legitimar la propuesta de

---

[19] Sobre el particular Juliano (1998a:14) señalaba que "cuando se realizan investigaciones consultando a los hombres de una sociedad cualquiera, éstos tienden a desplegar un discurso que subraya sus privilegios de género, como una manera de afianzar su propia posición social. En el caso del mundo árabe, los hombres musulmanes entrevistados por hombres occidentales, suelen desarrollar un discurso autovalorativo, que es exactamente el que los investigadores están dispuestos a creer, porque se corresponde con sus propios estereotipos."

todos aquellos que, tanto desde dentro como desde fuera, defendían la existencia de un "patriarcado"[20] al que consideraban el enemigo a batir en el contexto marroquí.[21]

Y es que la dificultad del antropólogo para acceder a los informantes del otro sexo fue constatada por diferentes autores, tales como Warren y Hackney (2000:6): "Las mujeres pueden tener acceso a otras mujeres en el campo de estudio en virtud del género, del estatus marital o de la maternidad —y los hombres a otros hombres—, pero el acceso espacial no significa el acceso al significado de los mundos de los informantes. La sexualidad y la reproducción, por ejemplo, pueden ser tabúes estereotipados entre mujeres igual que entre mujeres y hombres."

De hecho, D. Paulme (1960:9) en su obra colectiva dedicada a hacer visibles a las mujeres africanas (con una bibliografía comentada sobre el tema extraordinaria), defendía que la homogeneización de estas sociedades desde lo masculino había sido en parte producto del difícil acceso a las mujeres:

"Sabemos la dificultad que todo viajero, hombre o mujer, tiene para aproximarse a las mujeres y conversar con ellas en un país extranjero... El que las mujeres africanas vean a una extranjera dirigirse directamente a los hombres de su pueblo provoca discusiones entre ellos..."[22]

---

[20] La vinculación entre patriarcado y sociedad árabe proviene de Robertson-Smith (1885).

[21] Al respecto de esta cuestión y de su relación con la política y los movimientos sociales protagonizados por mujeres, tanto los feministas emancipatorios como los feministas islamizantes, se puede consultar, Aixelà (2000a).

[22] Incluso L. Bohannan (1957:49) explicó sus dificultades para obtener información de las mujeres durante en su trabajo de campo, tal como ejemplificó con esta anécdota: "He tenido muchas dificultades con las mujeres. No puedo comprender porqué el hecho de pedir su nombre a una mujer provocaba la risa en ella y un embarazo general entre quienes nos rodeaban. Un día, un niño que me llevaba los regalos que había recibido... me confió que fue su madre quien sintió vergüenza y me desveló su nombre. Durante algún tiempo, aprendí el nombre de las mujeres a través de los niños."

Ahora bien, debe añadirse que las dificultades en el acceso de los antropólogos a personas del sexo contrario durante su trabajo de campo no sólo sucedió a los antropólogos hombres, también fueron problemas que tuvieron diferentes mujeres etnógrafas al investigar algunas esferas mayoritariamente masculinas. Este hecho lo ejemplificó bien L. Bohannan en *Le rire et les songes* (escrito bajo el seudónimo de Elenore Smith Bowen), relato en el que de forma amena narraba su trabajo de campo en África. En este texto, L. Bohannan (1957:80) mostraba su impotencia inicial para introducirse en el entorno masculino que ella deseaba investigar —la organización sociopolítica de los tiv de Nigeria—, al tiempo que pondría de manifiesto algunos de los prejuicios que también había mostrado Evans-Pritchard sobre la influencia de las mujeres en la sociedad:

"Yo debería estar satisfecha... Lo que me enoja es el rol que me han asignado. Cada vez más, se me encasilla en el mundo de las mujeres y los niños... La magia, la fe, la política son patrimonio de los hombres —y esto representa mas de la mitad de cosas que, desde el punto de vista profesional, son importantes para mi... Por lo tanto, hasta el presente, ningún hombre ha consentido en abordar estos temas conmigo, ninguno me ha propuesto que le acompañara a reuniones de ancianos, que yo sé, tienen lugar a menudo. La asamblea es suya... Yo estoy en una reunión de «desherbaje». Ellos me clasifican en el rango de las mujeres; si no me esfuerzo en escapar a esta clasificación, abandonaré la tribu dando múltiples informaciones sobre la organización de la vida doméstica, pero eso será todo."

En cualquier caso, es por todo ello que en los métodos y técnicas de investigación antropológica, cabe destacar la importancia de que los fundamentos de la práctica etnográfica se basen en la aplicación de un método fiable —como la observación participante—, y en la fiabilidad de los hechos sociales,[23] todo ello como afirmó González Echevarría (1996:11) "controlando el (inevitable) sesgo etnocéntrico ("cultural-bond») para tratar de comprender otras culturas." Por último, mencionar que el trabajo etnográfico (salvando las problemáticas intrínsecas que pueden surgir al aplicarlo)[24] es imprescindible para confirmar o desmentir ciertos presupuestos que pueden ser considerados por los investigadores a priori como válidos: con él, se deben poder enfocar desde nuevas perspectivas, aspectos aceptados por muchos investigadores como ejes sociales estructurales indiscutibles. Un ejemplo de la falta de revisión de ciertas premisas de la realidad social, también observado durante mi trabajo de campo, lo constituye la llamada "patriarcalidad": la equívoca interpretación de las sociedades arabo-beréberes norteafricanas no sólo no se cuestionó en buena parte de las etnografías que se han desarrollado durante el siglo XX,[25] sino que incluso se reafirmó, constituyéndose, en parte, en responsable de la invisibilidad femenina. Para mostrar la continuidad del análisis patriarcal en los trabajos de campo, voy a recuperar a dos antropólogos, R. Montagne y M. E. Combs-Shilling, entre los que media más de medio siglo.

R. Montagne (1989) —capitán de la armada cuando Mauss lo conoció, en 1930, momento en que ya se empezaban a conocer sus trabajos sobre Marruecos— en la extensa

---

[23] González Echevarría (1996), San Román (1996), Llobera (1999) y Larrea en *Técnicas de Investigación Antropológica* (2002, inédito).

[24] Respecto a los problemas de la investigación de los hechos sociales, González Echevarría (1987:203-204) ya había afirmado que se constituían en "la imposibilidad de aplicar métodos cuantitativos; la complejidad de los hecho sociales: su carácter global; su naturaleza subjetiva, que exigiría un método específico, la comprensión empática (verstehen); la imposibilidad de repetición y, por tanto, de experimentación; la dificultad para hacer predicciones, ya que el conocimiento de las teorías de los científicos puede modificar el comportamiento de los actores; y, por último, el sesgo valorativo que introduce el experimentador, vitalmente implicado tantas veces en el análisis y la interpretación de los datos."

[25] Algunos de las etnografías que rompieron con la perspectiva patriarcal fueron, por ejemplo, Abu-Lughod (1987) y Bonte (1991, 1994).

y minuciosa etnografía, fuente de inspiración de segmentaristas,[26] que escribió sobre Marruecos en el período colonial,
describía las tribus que ocupaban el país mencionando que
entre sus características tribales se hallaba la patriarcalidad,
afirmación probablemente influida por la obra de Robertson-
Smith, quien vinculaba al Islam y lo árabe con el patriarcado | 93
(ello a pesar de que Montagne desarrolló su estudio sobre los
beréberes). En opinión de Montagne (1989:63), la distancia
social existente entre hombres y mujeres era muy grande, y
se debía a que ellas se movían en la otra cultura, en el pasado,
en lo preislámico: "Los hombres y las mujeres, por otro lado,
forman dos sociedades distintas que tienen sus tradiciones,
sus creencias y un vocabulario diferente. Los hombres se es-
fuerzan en observar las leyes del Islam; las mujeres, por el
contrario, siguen vinculadas a las prácticas mágicas que son
una supervivencia de las creencias más antiguas." Por otro
lado, M. E. Combs-Shilling (1989:60) consideró que la patrilinealidad y el patriarcado eran parte de los fundamentos
del Islam porque el parentesco "define una afiliación socio-
biológica a través de la línea masculina (patrilinealidad) al
tiempo que enviste la autoridad última en los hombres (patriarcado)." Combs-Shilling también destacó la función que
asumían las mujeres dentro del parentesco: su matrimonio
con la hija del hermano del padre reforzaría al grupo patrilineal, mientras que su enlace con alguien externo iba a permitir crear nuevas alianzas. Combs-Shilling (1989:98) explicó
la construcción de la política y las relaciones que se establecían en ella desde lo sexual: "Las construcciones culturales
del poder están claramente contenidas en las construcciones
de sexo."

---

[26] Para más información, Aixelà (2000a:60-70). Por ejemplo, destaca la definición de
tribu de Montagne (1989:180): "grupo de sectores... que posee un territorio definido,
un nombre, algunas tradiciones comunes, y que se encuentra al mismo tiempo despro-
visto de toda institución política precisa..."

4

La Antropología Social clásica frente a la construcción social de los sexos: in/visibilidades femeninas

El objetivo de este capítulo consiste en recuperar algunas de las reflexiones que los diversos antropólogos han realizado sobre la construcción social de los sexos. No se trata de plantear la construcción androcéntrica del "otro" antropológico desde una perspectiva que incluya también a las mujeres porque ese análisis ya lo realizó S. Narotzki (1995). Se pretende, más bien, revisar las aportaciones antropológicas sobre las mujeres para hacer visible sus cotas y estrategias de poder. Para ello, se ha rechazado el esencialismo biológico que algunos especialistas relacionaron con el género[1] (o la categorización socio-cultural que se había edificado sobre las distinciones biológicas), para reconocer la influencia de lo social en su construcción. Se renuncia, así, a la interpretación naturaleza/femenino — cultura/masculino de Ortner (1979:112) que, extrapolada de la reproducción sexual (y asociando mujeres con un proceso reproductivo relacionado con la naturaleza que estaba devaluada respecto a la cultura) explicaba por qué la subordinación femenina era universal: la perspectiva que seguiremos, tomada de M. Strathern (1995), reconoce que cada contexto reproduce su propia manera de pensar los sexos.

Por ello, este capítulo expone algunas de las causas de esa cierta invisibilidad femenina al tiempo que pretende revisar las aportaciones que implícita o explícitamente numerosos

---

[1] Ortner (1979). También Delaney (1991).

antropólogos, ya clásicos, manifestaron sobre la conceptualización de los sexos.

4.1. *Género y parentesco*

4.1.1. *La construcción social de los sexos*

La relación entre género y familia ha sido estudiada, mayoritariamente, mediante el análisis de la influencia de los roles padre/madre y marido/esposa en la construcción social de los sexos [entre otros, T. del Valle (1985) y D. Comas *et al.* (1990)]. También hubo quienes tendieron a relacionar "género" y "familia", con un improcedente "patriarcado"[2] [por ejemplo, C. Lacoste (1993) o G. Tillion (1967)] y otros que destacaron cómo el control de la sexualidad se ejercería en el interior del ámbito familiar[3] a través de la idea del honor [por ejemplo, J. Schneider (1971), P. Bourdieu (1972), O. Harris (1998:78) o Hildred Geertz (1979)], y aún otros investigadores analizaron la relación entre sexos y modelos de procreación como Frigolé (1998).

Ahora bien, la relación entre género y parentesco no ha sido tan extensamente analizada.. Algunos de los trabajos que destacan, tras el importante precedente que supuso la obra de Fox (1985), fueron en el marco africano los de Nsug-

---

[2] Calificamos de improcedente el concepto "patriarcado" porque si bien algunas estructuras de parentesco (por ejemplo, la árabe) se han venido definiendo como patriarcales, esa patriarcalidad, al implicar una completa jerarquización y relaciones de poder entre los sexos, suponía la total subordinación de las mujeres a los hombres. Su uso ha venido dificultando la visibilidad de las aportaciones de las mujeres al parentesco (cognatismo práctico evidenciado en la endogamia preferencial, matrimonios concertados por mujeres...), así como los reconocimientos sociales que éstas recibían por su participación de la propia estructura familiar (derecho a dote, derecho a herencia, etc.). Sobre el particular, se puede consultar Aixelà (2000a, 2000b, 2003b). Un claro ejemplo de la reificación del concepto lo proporciona la socióloga Walby (1994).

[3] Sea porque tanto en el celibato como en el matrimonio se restringe o se libera la sexualidad femenina.

be (1974), Sh. Ardener (1978), Poewe (1980), Yanagisako (1987), Yanagisako y Collier (1987), Holy (1986), Scheffler (1991), Bonte (1991, 1994), Abu-Lughod (1987, 1993), Claudot-Hawad (1993), Goodwin (1996), y en contexto español Stolcke (1992a), Narotzki (1988, 1995) o Aixelà (2000), entre otros. Ello es debido a que las variables necesarias para analizar dicha relación eran distintas a las utilizadas desde la perspectiva "familia": descansaban sobre aspectos tales como la filiación, la alianza, la tribu, las formas matrimoniales, las normas de residencia, la propiedad, la transmisión de bienes, etc., aspectos que traspasaban ampliamente las fronteras de "lo familiar".

Si en este capítulo se plantea profundizar en la relación género y parentesco, es, en primer lugar, porque algunos de los aspectos mencionados —filiación, formas matrimoniales, etc.— son determinantes para analizar la construcción social de los sexos en distintas culturas, tal como M. Strathern (1987:300) postuló al plantear que, por ejemplo, la noción de "prestigio" incorporaba una perspectiva de género: "la idea de que el prestigio está separado del parentesco se genera desde la ubicación de los sexos en el parentesco." En segundo lugar porque, sea cierto o no lo anterior, muchos de los antropólogos que revisaremos así lo creyeron: "la distinción de los sexos se inscribe en las estructuras del parentesco y —quizás— las determine de manera muy fundamental, aunque no se reduzca a éste. La distinción constituye el pilar de las representaciones que van a tender a organizar toda una parte de la sociedad."[4]

Observaremos que una parte de los trabajos antropológicos estudiados en este capítulo van a plantear que las mujeres desarrollaron su identidad en el ámbito de la estructura familiar y que es ésta la que, por tanto, contribuyó a definir

---

[4] Afirmaciones de Bonte (1986:26) para el caso mauritano.

la construcción de los sexos.[5] Al mismo tiempo, muchos de ellos constataron que los derechos y deberes de las mujeres venían estipulados desde la esfera familiar.[6]

98 | Así, al partir de la base de que el género no es el resultado de un universal biológico sino de una realidad social y cultural concreta e histórica, el parentesco se manifiesta como la institución que, en diversas culturas, ha proporcionado identidad y legitimado las relaciones entre hombres y mujeres. Es por ello que estudiar el género es analizar la influencia que el parentesco ha ejercido sobre él y la manera en que éste ha determinado su construcción.

La influencia del parentesco sobre el género y sobre las prácticas sociales, tal como constaté en otro trabajo (Aixelà, 2000a) podría relacionarse con lo que P. Bourdieu (1972:175) denominó, con contenidos y objetivos mucho más amplios que los propuestos en esta investigación, *habitus*. Éstos son

"...sistemas de disposiciones duraderas, estructuras estructuradas predispuestas a funcionar como estructuras estructurantes, es decir, en tanto que principio de generación y de estructuración de prácticas y de representaciones que pueden ser objetivamente «regulados» y «regulares» sin ser en modo alguno producto de la obediencia a reglas, objetivamente adaptadas a su objetivo sin suponer la intención consciente de fines y el dominio expreso para alcanzarlos y, así las cosas, colectivamente orquestadas sin ser el producto de la acción organizativa de un jefe de orquesta."

Nuestro interés en el *habitus* de P. Bourdieu (1972:184) reside precisamente en que la acción humana, en apariencia libre e indeterminada, se haya en realidad condicionada por un conjunto de normas culturales:

5 De entre ellos, Evans-Pritchard (1977).
6 Por ejemplo, Murdock (1945).

"hablar de habitus de clase (o de «cultura», en el sentido de competencia cultural adquirida en un grupo homogéneo), es entonces volver a llamar y volver a traer directamente las prácticas a sus propiedades inscritas en la situación, que las relaciones «interpersonales» no son nunca más que en apariencia relaciones de individuo a individuo, y que la verdad de la interacción no reside nunca solamente en la interacción....."

99

Por ello, las prácticas de las mujeres están afectadas por esa dialéctica que P. Bourdieu (1972:178) explicitó entre el *habitus* y una situación: "la práctica es a fin de cuentas necesaria y relativamente autónoma con relación a la situación considerada en su inmediatez puntual porque ella es el producto de la relación dialéctica entre una situación y un habitus..."
Estas aportaciones de P. Bourdieu nos van a permitir aproximarnos, por un lado, al modo de funcionamiento de esa construcción de género que se desprende del parentesco y, por otro, a cómo incide en las prácticas sociales: el género es un principio de generación de reglas que puede condicionar y estructurar las prácticas sociales en una situación concreta.
En definitiva, el objetivo principal de este capítulo radicará, por un lado, en mostrar cómo la construcción social de los sexos procede del parentesco, sobre todo, desde la filiación unilineal, y, por otro, consistirá en redescubrir al colectivo femenino dentro de la estructura familiar.
Los autores que destacamos son Lewis H. Morgan, Franz Boas, William H. Rivers, Robert Lowie, Branislaw Malinowski, George P. Murdock, Edward E. Evans-Pritchard, Meyer Fortes, Claude Lévi-Strauss, Edmund Leach, Louis Dumont, Jack Goody, Ward Goodenough, Fredrik Barth y Pierre Bourdieu.

Yolanda Aixelà Cabré

4.1.2. Antecedentes

L.H. Morgan (1818-1882) en su obra *Systems of Consanguinity and Affinity of the Human Family* (1871), largamente elogiada como fundadora de los estudios de parentesco, partió de la base (desde la perspectiva evolucionista) de que había una serie de etapas en el desarrollo de la familia que iban desde una completa promiscuidad al matrimonio monógamo.[7] Para Morgan, como afirmó Godelier (1977:18), el sistema clasificatorio de los parientes variaba desde las sociedades menos complejas hasta las industriales, si bien en el funcionamiento de las relaciones de parentesco, las relaciones de consanguinidad cambiaban más lentamente que las relaciones de alianza. Lo interesante del sistema clasificatorio era que a las personas se las clasificaba de acuerdo con aquellas con las que mantenían lazos de sangre, por lo que se podían utilizar los mismos términos tanto para los parientes por línea directa (consanguíneos) como para los parientes colaterales (afines).[8] Es reseñable que en sus minuciosas descripciones sobre la familia y en sus cuidadas tablas (fuese cual fuese el contexto cultural escogido), Morgan (1970:51) siempre tuvo presente que era necesario diferenciar el "lado paterno" del "lado materno", lo que practicó incluso en su descripción de un sistema árabe en el que prevalecía la línea paterna. Posteriormente, este hecho resultaría de notable importancia para hacer visibles a las mujeres desde el ámbito del parentesco. Por otro lado, se debe destacar que Morgan (1971:116) antes de abordar la manera en que las sociedades se desarrollaban estableció que "la organización en «gens» a

[7] Ese fue uno de los puntos en los que polemizó Lowie (1972), dado que mostraba ejemplos de matrimonio entre hermanos —tales como el antiguo Egipto o Perú— que ponían en entredicho las conclusiones de primitivismo que Morgan relacionó en Hawaii.
[8] Este hecho, Morgan (1970:12) lo ejemplificaba con los turanian, los indios americanos y los malayos.

base de afinidad de parentesco parece indicarse naturalmente como esqueleto arcaico de la antigua sociedad; pero existe todavía una organización más vieja y arcaica, la de categorías a base de sexo..." Tal como afirmaba, por encima de cómo se desenvolvía el parentesco existía una manera de construir la sociedad que se establecía sobre criterios de sexo.

Franz Boas (1858-1942), en contra del evolucionismo,[9] defendió que las semejanzas entre las culturas podían ser el resultado de factores históricos, ambientales y psicológicos; por ello, propuso una visión histórica especial de la cultura: "la visión boasiana de la historia lo conduce a uno a ver cada cultura como el producto de circunstancias y de procesos más o menos únicos."[10] Desarrolló su trabajo entre los esquimales entre 1883-1884 y después entre los kwakiutl de la isla de Vancouver. A partir de entonces, se generalizó la necesidad de que los antropólogos realizaran trabajo de campo para obtener datos de primera mano, ya que defendía que el método de estudio debía ser inductivo. Por otro lado, como bien destacó M. Harris (1983:228), Boas había afirmado el gran interés que un fenómeno único tenía en sí mismo. Al respecto del desarrollo de la familia y de la supuesta filiación unilateral materna propugnada por los evolucionistas, Boas (1982:368) había constatado que entre los kwakiutl "la filiación materna fue posterior que la paterna." Por ello Boas (1964:188) había afirmado que

> "si la evolución de la cultura hubiera procedido en una línea única las formas más simples de la familia estarían asociadas con los tipos más simples de cultura. Pero no ocurre siempre así, pues un estudio comparativo revela una distribución más irregular. Algunas tribus muy primitivas, como los es-

---

[9] Norteamericano representante del particularismo histórico.
[10] Kaplan y Manners (1979:129).

quimales y las tribus indígenas de las mesetas noroccidenta-
les de Norte América, cuentan el parentesco bilateralmente,
por parte de padre o de madre; otras tribus de cultura altamente desarrollada, reconocen la línea materna solamente,
mientras otras, cuya vida económica e industrial es de tipo
más simple, reconocen la línea paterna."

Por otro lado, Boas (1964:190) añadió que "las familias
paternas han dado origen en algunos casos a instituciones
maternales, y en otros casos a la inversa." Boas (1982:362)
ejemplificó estas cuestiones en el caso de los kwakiutl dado
que, al contrario de lo propugnado por el paradigma evolucionista, habían pasado de una filiación patrilineal a una
matrilineal:

"podemos decir que los numaym se basan en una filiación
que prefiere la línea paterna; las posiciones más altas entre
los numaym formadas por la nobleza son las líneas más antiguas en la jefatura de las cuales se mantiene la línea primera...
Ordinariamente el nombre y la posición pasan de un hombre a los hijos de su yerno. Esto no acarrea ninguna dificultad cuando la mujer es la primogénita y la noble, respecto a
su marido, o cuando el hijo más joven está implicado."

Y añadía Boas (1982:367) más adelante

"la línea de filiación que prevalece entre las tribus kwakiutl
del norte es matrilineal, por lo que me parece plausible asumir que en los matrimonios entre los hombres de estas tribus
y las mujeres tsmhian o haida, los privilegios que importan
las mujeres nacidas en el exterior pueden ser transmitidos de
acuerdo con las costumbres de sus propias tribus, pero sólo
a sus propios hijos, de las hermanas a los nietos, pero no de
los hijos a sus hijos."

Boas (1966:10) también destacó algunas de las labores que realizaban las mujeres kwakiutl "recogen pasto, bayas y raíces." Y añadía Boas (1966:23): "el trabajo en madera es una labor esencialmente masculina, pero podemos observar que la destreza de las mujeres... tiene el mismo grado de control." | 103

4.1.3. Teóricos de la Antropología del Parentesco

William Halse R. Rivers[11] (1864-1922) desarrolló sus estudios entre los toda de la India y entre los melanesios. Su trabajo vertebró una teoría que afirmaba que la sociedad melanesia estaba constituida por una mezcla de culturas indígenas e invasoras (aunque su área de desarrollo del difusionismo sólo abarcaría Oceanía). A Rivers se le deben aportaciones fundamentales al estudio científico del parentesco gracias a su método genealógico, consistente en la elaboración de genealogías que permitiesen verificar las informaciones de los informantes, aumentando así el rigor y la profundidad del estudio empírico. En la presentación de su obra *Kinship and social organization*,[12] Rivers afirmaba que (1914a:1):

"El objetivo de estos textos es demostrar la estrecha conexión existente entre los métodos que indican una relación o parentesco y las formas de organización social, incluidas aquellas

---

[11] Fue representante del difusionismo británico.

[12] Firth (1968:24) había destacado en la introducción a una de las reediciones de la obra de Rivers que "Desde este método de observación del matrimonio como manipulación de las relaciones en términos de categoría se ha producido un vasto desarrollo de proposiciones analíticas rigurosas." En otra reedición de la obra, esta vez es Schneider (1968:15) quien afirma que Rivers demuestra que "con la fidedigna información recopilada en el campo por un trabajador cualificado con algunas herramientas intelectuales de los problemas, los sistemas de parentesco fueron entonces más complejos de lo que habían sido apreciados... Su historia de la sociedad melanesia y su sistemática etnografía sobre los toda son los primeros estudios de campo cuidadosos sobre el parentesco."

basadas en las diferentes formas de institución matrimonial. En otras palabras, mi propósito será mostrar que la terminología de las relaciones está rigurosamente determinada por las condiciones sociales y que, si esta posición ha sido establecida y aceptada, los sistemas de relaciones nos provén de un valioso instrumento para el estudio de la historia de las instituciones sociales."

104

Por otro lado, Rivers (1975a:94) había explicado que una de las ventajas del método genealógico era que "proporciona los medios de comprobar la exactitud de los propios testigos." También se le debe Rivers (1975a) la acuñación moderna del concepto de "descent", filiación, término que hacía referencia a la pertenencia al grupo de la madre o del padre, y distinguió entre sucesión (transmisión del rango) y herencia (transmisión de la propiedad). Para Rivers, el parentesco era el reconocimiento social de los lazos biológicos. Su método genealógico pondría de manifiesto el parentesco real y el «adoptivo», dado que no todos aquéllos que parecían estrechamente emparentados en las genealogías, lo estaban biológicamente. Por ejemplo, Rivers (1922:88) mostraba las diferentes percepciones que podían acaecer respecto al matrimonio entre primos cruzados con el de paralelos: "este es un matrimonio entre los hijos de un hermano y una hermana que tiene lugar habitualmente, mientras el matrimonio entre los hijos de dos hermanos o dos hermanas está estrictamente prohibido. Este matrimonio es ortodoxo en diferentes partes de Melanesia y es especialmente frecuente e importante en las Fiji." Rivers (1975a:89) había constatado que habitualmente se diferenciaba en la terminología genealógica si se era hombre o mujer: "en muchas partes del mundo, se utilizan distintos términos de parentesco para las personas de distinto sexo..." De hecho, Murdock (1945:114), en base a la lectura del trabajo de Rivers sobre los toda, afirmó: "la mujer ocupa una condición definidamente subordinada en la sociedad toda... Se las excluye rígidamente de todas las actividades políticas, religiosas o mágicas y de la mayor parte de los ceremoniales."

En su trabajo en la isla de Guadalcanal (en las islas Salomón), Rivers constató que era matrilineal, si bien puso de manifiesto ciertas interferencias patrilineales mostradas por la importancia asumida por la hermana del padre en la toma de decisiones respecto a su sobrino, considerando así desde tres principios independientes (la filiación, la herencia y la sucesión) que la patrilinealidad y la matrilinealidad más que antitéticas eran complementarias. En cualquier caso, es de gran interés destacar que Rivers (1975b:167) acotó claramente los límites de la autoridad e influencia femeninas: "se ha supuesto muchas veces que el derecho materno implica el gobierno de la madre, pero en la gran mayoría de sociedades que nos proporcionan los ejemplos de derecho materno la autoridad recae claramente en el hombre: en el padre o en el varón de mayor edad como cabeza de familia y en el jefe como cabeza de tribu o del correspondiente grupo social." Incluso Rivers (1975b:167) consideraba que en el caso de los grupos matrilineales "el padre suele ser el cabeza de familia."

Robert H. Lowie[13] (1883-1957) estudió distintos indios americanos entre los que destacaron los crow y los iroqueses, aunque Lowie (1957) también profundizó en el estudio de los hopi. Le interesó analizar especialmente las implicaciones existentes entre filiación y residencia. Una de las afirmaciones de Lowie (1972:63) más importantes fue el reconocimiento simultáneo de la línea materna y paterna: "la familia bilateral es, pese a todo, una cédula absolutamente universal de la sociedad humana." Lowie ejemplificó con diversos casos lo que establecía como dos formas de adquirir mujeres, «por permuta» y «por compra». Para Lowie (1972:22-23), "en

---

[13] Norteamericano seguidor de la escuela boasiana y del particularismo histórico.

ambas la mujer es un capital que su familia no cede sin recibir compensación", y añadía "resulta importante distinguir entre diversas variedades de compra... En ciertas regiones la mujer es, en todo sentido y para cualquier propósito, una especie de bien mueble transferible y heredable; en otras hallará sólo la apariencia de compra, ya que el precio ofrecido es equilibrado o incluso sobrepasado por un regalo o dote equivalente." También desmitificó Lowie (1984:79-80), a partir de las prácticas, que la poliginia implicase inferioridad femenina, dado que podía ocurrir que una segunda esposa hubiera sido reclamada por la primera para poder compartir sus responsabilidades, al mismo tiempo que destacó los casos dónde se había practicado la poliandria. El mismo ejercicio realizó con la patrilocalidad, al citar a las tribus hupa, y la matrilocalidad, ilustrada en el caso de los indios pueblo. Respecto a estos últimos y a los jasi de Assam y a los iroqueses, Lowie (1972) afirmaba que eran las únicas excepciones de grupos matrilineales donde las mujeres habían tenido derechos especiales o habían jugado un papel destacado en la vida pública.[14] En el caso crow Lowie (1984:81) afirmaba que "el reconocimiento institucional del estatus de la esposa se evidencia en el hecho de que entre los crow ella comúnmente toma parte con su marido en los rituales sagrados." En otro texto, Lowie (1963:61) también había señalado que "las mujeres crow tienen un lugar seguro en la vida tribal y una parte equitativa en sus compensaciones." Esa participación pública y reconocimiento social de las mujeres coincidía,[15]

---

[14] También se hace eco de ello Buxó (1978:17).

[15] La sensibilidad de Lowie hacia la participación social de las mujeres se puede seguir en buena parte de sus trabajos. Cabe destacar las interesantes informaciones que aporta en el marco de la religión dado que a través de él, Lowie (1983:193-194) constata que hay mujeres magas igual que hombres magos lo que le permite cuestionar que las mujeres estén realmente excluidas de las manifestaciones religiosas, llevando su razonamiento hasta la oposición naturaleza/cultura: "¿hasta qué punto esa incapacidad [religiosa] está basada en una peculiaridad innata, hasta qué límites es debida a su entorno cultural específico?."

en el caso de los iroqueses y de los pueblo, con el hecho de que, además de matrilineales, se trataba de grupos matrilocales. De hecho, Para Lowie (1984:80) "la posición de las mujeres era decididamente alta respecto a lo que a menudo se asumía."

Branislaw Malinowski[16] (1884-1942), de origen polaco, desarrolló su trabajo en las islas Trobriand. Malinowski realizó un ejercicio de combinación entre la Antropología y el psicoanálisis.[17] La perspectiva de Malinowski (1975:89,90) destacaba las funciones que tenían en el presente todos los aspectos de las culturas: "hasta que se comprendan y describan con más exactitud la naturaleza de los distintos fenómenos culturales, su función y su forma, parece prematuro especular sobre los posibles orígenes y etapas" y añade "la antropología funcionalista se interesa fundamentalmente por la función de las instituciones, las costumbres, las herramientas y las ideas." De acuerdo con los trabajos de Lowie, Malinowski (1974:244,246) creía que "la organización de la familia era bilateral. La organización del clan se relaciona con el reconocimiento unilateral del parentesco" y añadía "el parentesco unilateral... es la única manera posible de abordar los problemas de la transmisión de bienes, las dignidades y los privilegios sociales."

En diversas obras, Malinowski mostró cómo la sociedad trobriandesa era matrilineal: el parentesco sólo se transmitía por línea materna, al tiempo que la sucesión y la herencia se transmitían por línea femenina. Los hijos eran de la familia de la madre y ocupaban su lugar en la sociedad en función

---

[16] Uno de los fundadores de la escuela funcionalista.
[17] A diferencia de Freud, opinaba que el incesto no estaba condicionado sólo biológicamente, sino también socioculturalmente, tal como destacó Ortiz-Osés (1987:273): "lo biológico y lo sociocultural aparecen en el hombre inextricablemente unidos, y la familia representa paradigmáticamente este nexo específicamente humano biosocial." Para él, la prohibición del incesto señalaba la transición de la "naturaleza" a la "cultura".

del hermano de la madre y heredando de éste.[18] Al respecto, Malinowski (1986:69) había afirmado "los trobriandeses son matrilineales, es decir, establecen la filiación y la herencia por línea materna. Un niño pertenece al clan y a la comunidad de aldea de su madre y ni la fortuna ni la posición social se transmiten de padres a hijos, sino de tíos maternos a sobrinos"; en otro texto Malinowski (1974:246) había constatado que "en el derecho materno [lo utiliza como sinónimo de matrilineal] no es la madre la que ejerce poderes coercitivos sino su hermano y la sucesión no introduce antagonismos ni celos entre la madre y su hijo porque éste hereda sólo del hermano de ella." En opinión de Malinowski, el matriarcado tenía mayor armonía que el patriarcado, hecho que ilustró a partir de la norma de la exogamia, dado que consideraba que su función consistía en eliminar la rivalidad sexual de un grupo en el que se esperaba que existiese cooperación. Además Malinowski (1963:18) creía que existían distintos tipos de relación marido-mujer en relación con la patrilinealidad y la matrilinealidad:

"los deberes de la esposa hacia su marido se imponen, aparentemente en muchas comunidades, por su fuerza personal, su brutalidad y por la autoridad que la costumbre le reconoce a él. En otras, sin embargo, el marido y la esposa tienen casi un estatus igualitario... A menudo se defiende que el derecho materno y la importancia económica del trabajo femenino,

---

[18] Fortes (1970:164) ya había mencionado la manera, en su opinión errónea, que Malinowski tenía de analizar el parentesco: "en suma, lo que es inadecuadamente enfatizado por Malinowski es que las relaciones de parentesco tienen que ser vistas como un sistema dentro del entramado del total de la estructura social." Esta perspectiva había llevado a Fortes (1970:164) a enfatizar una realidad descriptiva de la vida social primitiva, que en este caso se percibiría en la estrecha relación observada entre los motivos sexuales y la costumbre, desarrollada desde aspectos tales como el noviazgo, matrimonio, pactos familiares, asentamiento grupal, trabajo, magia y liderazgo. Ello era criticable porque para Fortes (1970:172) aspectos como maternidad, paternidad o matrimonio se enlazaban mucho más con el parentesco que con la costumbre, las creencias o el sentimiento.

especialmente en las comunidades agricultoras, acarrea un estatus social alto de la esposa, mientras en las tribus recolectoras, nómadas y pastoras su estatus es uno de los más bajos."

Al mismo tiempo, Malinowski (1975:100) pensaba que "la exogamia elimina el sexo de todo un conjunto de relaciones sociales, aquellas que se producen entre los miembros masculinos y femeninos del mismo clan."[19] Encontramos distintas vinculaciones en sus estudios respecto al papel de las mujeres del grupo, si bien en general Malinowski (1975:98) aducía que "la procreación se convierte en un vasto esquema cultural... compuesto de varias instituciones componentes: la corte normativizada, el matrimonio, la paternidad, el parentesco y la pertenencia al clan."[20] También debe ponerse de relieve, la extrema importancia que otorgaba Malinowski (1971a:39) a la paternidad, a pesar de que los trobriandeses eran matrilineales: "la norma moral y jurídica más importante relacionada con la vertiente fisiológica del parentesco es que ningún niño puede venir al mundo sin un hombre que asuma el rol de padre sociológico, esto es, de guardián y protector, el vínculo masculino entre el pequeño y el resto de la «comunidad»."

| 109

George Peter Murdock[21] (1897-1985) proponía que la Antropología sólo podía llegar a sus teorizaciones desde la

---

[19] Tal vez, deba citarse otro apartado dónde Malinowski (1974:247) expone aún más claramente porqué es menos armónico el patriarcado: "la exogamia patrilineal no incluye precisamente a la persona con la que el incesto debería ser más rigurosamente evitado, es decir, la madre."

[20] Malinowski (1971b:43) también señaló cómo en Melanesia la educación convertía a la madre en la referente de sus hijos "la mujer que se ocupa de él representa la influencia familiar más cercana, la ternura doméstica, la ayuda, el descanso y el consuelo al que acude siempre el niño. Los aspectos masculinos se convierten gradualmente en el principio de fuerza, distancia, ambición y autoridad."

[21] Antropólogo norteamericano que desarrolló el método comparativo.

abstracción y la comparación. Para él "los únicos procesos culturales son los históricos."[22] Fue uno de los máximos exponentes de la técnica estadística aplicada en Antropología. Murdock (1949:166-167) realizó una muestra de cincuenta sociedades con filiación exclusivamente matrilineal y exogámica, a través de etnografías y datos de otros antropólogos, de la cual concluyó que sólo el 42% se ajustaba a la pauta esperada y alegó que esta correlación tendía a ocurrir.[23] Otra muestra de Murdock (1975), elaborada en 1957, también le llevó a especular con ciertas comparaciones, pudiendo distinguir las diferencias entre culturas desde aspectos como el trabajo, el parentesco, el matrimonio, la estratificación social o las sucesiones políticas. Por ejemplo y según la muestra de Murdock (1975:228), sólo un 1% de las sociedades eran poliándricas. También destacó el lugar que en las distintas sociedades se reservaba a las mujeres. Así, Murdock (1945:25) destacó cómo entre los tasmanos "la mujer ocupaba una posición relativamente baja. Los maridos maltrataban a menudo a sus esposas, se apropiaban los bocados más exquisitos y podían prestar o disponer como quisieran de sus mujeres. Se permitía el divorcio, que dependía, principalmente de la voluntad del marido, y algunos hombres tenían varias esposas sucesivas." Respecto a los samoanos, Murdock (1945:77) puso de manifiesto las escasas inquietudes para un colectivo femenino que dependía del marido:

> "una vez casada, la mujer tiene ante sí una vida relativamente monótona. Su rango depende del de su marido y fluctúa con las posibilidades de éste. Carece, pues, del estímulo de la ambición, aunque es posible que ejerza una influencia considerable tras de las bambalinas. Aunque teóricamente subordinada a su marido, en la práctica se le consulta en todos los

---

[22] Sahlins (1968:240).
[23] Leach (1975:170).

asuntos de la familia, y puede incluso ejercer indirectamente una gran influencia en la comunidad... La influencia de las ancianas en la familia es muy grande. Las hermanas y tías paternas tienen derecho a voto...."

Murdock (1945:92) también destacó cómo entre los semang de la península malaya "no existe especialización económica aparte de la división de trabajo entre los sexos." Entre los haida de la Columbia Británica, Murdock (1945:207) nos mostró cómo "la jefatura se hereda por línea materna, tanto en la familia como en el clan. Los bienes, los privilegios y la autoridad descienden en conjunto al pariente más cercano —un hermano más joven o a falta de él el hijo mayor de la hermana de más edad—. La mujer hereda la jefatura únicamente si no hay herederos varones."

111

Edward Evans-Pritchard[24] (1902-1974) consideraba que "los lazos de parentesco desempeñan un papel importante en la vida de los individuos, aunque su relación con el sistema político es de orden secundario."[25] Ello era debido a que para Evans-Pritchard (1968:152) era necesario distinguir entre filiación y parentesco ya que los dos ámbitos implicaban perspectivas diferentes de relaciones, tal como ejemplificó con una de las tribus a la que más estudios dedicó, los nuer: "los nuer elaboraron una clara distinción entre una relación de linaje agnático y una relación de parentesco agnático... Ellos usan la palabra «buth» para describir el parentesco agnático entre linajes colaterales, o sea, el parentesco entre grupos e individuos sólo en virtud de su pertenencia a esos grupos. Por otro lado, ellos usan la palabra «mar» para describir cualquier relación de parentesco entre personas." Evans-Pritchard par-

---

[24] Fue uno de los fundadores de la escuela británica de antropología social y representante del estructural-funcionalismo.
[25] Evans-Pritchard y Fortes (1979:88).

tía de la base de que la influencia femenina se circunscribía al ámbito familiar por lo que consideraba que la única manera de comparar a las mujeres de la sociedad primitiva y las de la actual, pasaba por un análisis de sus relaciones familiares. Ello explica que Evans-Pritchard (1997:40) sostuviera que las mujeres estaban subordinadas a los hombres en aquellas sociedades que estudió como, por ejemplo, los azande: "la vida familiar se caracteriza por la inferioridad de la mujer y la autoridad de los ancianos."[26] Partía de la base de que todo hombre tiene derecho a casarse y a fundar su propia línea de filiación. Por ello, analizó entre los nuer el "matrimonio en espíritu o fantasma", según el cual el pariente más cercano de un hombre joven que muere antes de que se hayan ultimado los tratos de su matrimonio o bien un hombre que solamente tiene hijas, o que sus hijos mueran antes de llegar a adultos, tiene la obligación de casarse con una mujer en su nombre. Es interesante el caso que destaca de las mujeres estériles: mujeres que van a intentar ahorrar ejerciendo a menudo de adivinadoras, para poder pagar el precio de la novia y así tener derecho a considerar los hijos de otra mujer como propios: la mujer-marido nombra a un hombre para que cohabite con "su" esposa, poseyendo así los mismos derechos legales que cualquier otro marido y pudiendo reclamar una compensación si el hombre comete adulterio.

Meyer Fortes[27] (1906-1983) estudió en profundidad a los tallensi (Ghana) y centró sus esfuerzos en analizar la formación de los grupos de filiación unilineal y los mecanismos por los que se formaban redes de alianzas nacidas de intercambios matrimoniales, que suscitaban y comportaban relacio-

---

[26] Destacar, a nivel anecdótico, algunas apreciaciones sobre las mujeres que pupilos de Evans-Pritchard (1974:120) sostuvieron sobre los azande: "Las mujeres son estúpidas, ellas son como los locos y los niños. No piensan profundamente." Y añadían (1974:121) "un hombre dice a su mujer «haz esto, haz lo otro» y ella lo hace."

[27] Fue seguidor junto a Evans-Pritchard del estructural-funcionalismo.

nes políticas. Pensaba que la filiación, tanto patrilineal como matrilineal, condicionaba las relaciones entre las personas y entre los grupos,[28] lo que ejemplificó con los ashanti:

"entre los modernos ashanti, como en toda África, los vínculos sociales basados en el reconocimiento de conexiones genealógicas tiene una función dual en la ordenación de las relaciones sociales. Por un lado, la filiación matrilineal determina exclusivamente la pertenencia al linaje. Ésta se localiza en grupos corporados que forman la base de todas las instituciones políticas, jurídicas y ceremoniales. La pertenencia al matrilinaje implica de inmediato la pertenencia a un clan muy disperso y exógamo. El linaje y el clan dependen para su existencia de la continuidad en el tiempo. Por otro lado, sin embargo, el vínculo de parentesco, matrimonio y afinidad regula la estructura de los grupos domésticos y familiares los cuales no tienen una existencia permanente en el tiempo. Cada grupo doméstico llega a ser, crece y se expande hasta disolverse finalmente. Pero las instituciones que contiene y el modo de organización que exhibe son aspectos esenciales de la estructura social."[29]

Además, Fortes (1975b:188) consideraba que la filiación siempre era bilateral: "supongo que en la actualidad todos damos por sentado que la filiación —en contraste con la filiación— es universalmente bilateral", aunque añadía, "esto

| 113

---

[28] En otro contexto de cosas, Fortes (1938) había analizado el condicionamiento sexual que ejercía la familia a través de la educación para influir sobre los niños y las niñas de entre diez y quince años.

[29] Sobre la influencia femenina en la filiación patrilineal, cabe destacar un comentario de Leach (1973:57) a su obra: "fue Fortes quien explicó primero de manera efectiva porqué los patrilinajes de todo el mundo tendían a partir de una ancestra más que en el de un ancestro." Leach ponía como ejemplo a su propia familia, donde la fundadora de la fortuna familiar había sido una mujer. Y es Leach (1973:58) decía: "he mantenido extensamente que, hasta donde alcanza el análisis de los sistemas sociales, las ideas son tan importantes como los hechos empíricos." Sin embargo, Fortes también tenía detractores. En esa línea debe posicionarse la crítica que M. Bloch (1973) realizó a la supuesta irreductibilidad que éste confería al parentesco.

no implica igualdad de peso social para ambos lados de la conexión del parentesco. Expuesto correctamente, la regla debería ser que la filiación es siempre complementaria..."[30]

Para Fortes, los linajes estaban adscritos y situados dentro de un mismo marco genealógico a un único tronco unilineal y estaba compuesto de segmentos. Desde un punto de vista de su función, formaban grupos corporados con símbolos comunes a todos sus miembros. Como explicitó Balandier (1976:63) "los modos de conciliación de los litigios, los tipos de enfrentamiento y de conflicto, los sistemas de alianza y la organización territorial están en correlación con la ordenación general de los segmentos por linajes y de los linajes mismos." Sobre la importancia social del matrimonio cabe destacar cómo Fortes (1972:9) había explicado que su incidencia iba más allá del ámbito doméstico: "mi argumento implica que la relación conyugal deriva del estatus marital de las esposas, de sus derechos y deberes, de las reclamaciones y capacidades que les han sido conferidas desde el exterior, para ser más explícito, desde el dominio político-jural. Lo enfatizo porque es fácil caer en el error de considerar el matrimonio como una cuestión puramente doméstica." Y es por ello que emergía con gran interés un comentario que Fortes (1972:11) realizó a un texto sobre la sociedad trobriandesa respecto a la influencia paterna en grupos matrilineales:

"la srta. Robinson demuestra que el consentimiento y aquiescencia del padre (especialmente del padre de la chica) es esencial para casarse en las islas Trobriand. Esto resulta curioso, en un primer momento, en una estructura social matrilineal. Pero lo mismo se mantiene para los sistemas matrilineales en

---

[30] Al respecto, Leach (1973:53) criticó que Fortes destacara que entre los tallensi "la filiación complementaria sólo tiene un valor analítico dentro de un marco general de un sistema de filiación unilineal." Y añadía Leach (1973:53) "Las estructuras de parentesco bilateral son incompatibles con la existencia empírica y real de grupos de filiación unilineales" (salvo si se asociaban a nociones de propiedad individual o herencia).

114

otras partes del mundo... En los sistemas matrilineales, como es bien conocido, el marido de la esposa no adquiere un control jural completo sobre ella y sus hijos. No obstante, tiene reclamaciones morales respaldadas por sanciones rituales, en su cariño y fidelidad, en reconocimiento a la responsabilidad que ejerce en su educación."

115

Cabe tener presente que Fortes (1963:65) se refirió, en numerosas ocasiones, a los ashanti (también matrilineales) en términos de equidad, tal como podemos observar en la siguiente afirmación sobre su funcionamiento de la unidad doméstica: "el análisis genealógico muestra que la posición de jefe de la familia (fie panin) es clave para la mayor parte de las características más importantes de la estructura doméstica. Ambos, hombres y mujeres, ocupan esta posición y los ashanti defienden que existe una completa igualdad entre ellos a este respecto." Y es que se debe tener presente que como Fortes observó, entre los ashanti cada jefe de poblado tomaba una mujer de cierta edad que era designada por el consejo de notables para dirigir la comunidad.

Claude Lévi-Strauss[31] (n.1908) desarrolló la idea de reciprocidad, de alianza, como principio fundamental de la estructura social. Para Lévi-Strauss (1969:44) existían tres relaciones constitutivas de parentesco y las tres expresaban la influencia que los hombres mantenían sobre las mujeres a través del hermano, el marido o el padre: "para que exista una estructura de parentesco es necesario que se hallen presentes los tres tipos de relaciones familiares dadas siempre en la sociedad humana, es decir, una relación de consanguinidad, una de alianza y una de filiación; dicho de otra manera, una relación de hermano a hermana, una relación de esposo a esposa, y una relación de progenitor a hijo." Lévi-Strauss,

---

[31] Antropólogo que inauguró el estructuralismo francés.

consideró la prohibición del matrimonio en el seno del grupo familiar como el criterio esencial de la vida cultural, dado que era el comienzo de ese intercambio —específicamente el intercambio de mujeres entre grupos de filiación— lo que se constituía en la base de la estructura social. Para él,

"el intercambio de mujeres es el último término del proceso ininterrumpido de dones recíprocos. En realidad, cuando dos grupos entran en relación, no buscan intercambiar mujeres: lo que quieren es la alianza político-militar y el mejor medio de lograrla es intercambiar mujeres. Es sin duda por esto que si el campo del intercambio matrimonial puede ser mucho más restringido que el de la alianza política, no puede, en todo caso, desbordarlo: la alianza permite el intercambio y lo interrumpe, es su límite, el intercambio no va más allá de la alianza."[32]

Para Lévi-Strauss, la relación entre cuñados mostraba la solidaridad orgánica: a través de las mujeres, que eran para unos hermanas y para otros esposas, quedaban vinculados grupos de filiación que de otra manera podrían haber sido enemigos. Con el estructuralismo de Lévi-Strauss queda representada una de las máximas expresiones del reduccionismo sobre la aportación de las mujeres al parentesco: en su perspectiva, y tal como analizó la teoría de la alianza matrimonial, Lévi-Strauss (1991:101) las consideraba sólo como un mero objeto de intercambio "...el intercambio, fenómeno total, es en primer lugar un intercambio integral que incluye alimento, objetos fabricados, y esa categoría de los bienes más preciosos: las mujeres." De ello, Lévi-Strauss (1969:46) desprendía

[32] Recuperado por Clastres (1981c:208). En esa línea, se manifestó Van Baal (1975:97) quien afirmó que "el regalo de una mujer es un regalo de carácter distinto a otros valiosos, sin embargo, preciosos. Una mujer no se da como un objeto entre otros objetos, ella es una parte de la familia y un símbolo de su honor y su presencia."

que los hombres eran activos y las mujeres pasivas, que los hombres eran poseedores y las mujeres poseídas: "en la sociedad humana son los hombres los que intercambian a las mujeres y no a la inversa."

Edmund Leach[33] (1910-1989) analizó el matrimonio entre primos cruzados, especialmente entre los kachin y los purum.[34] Leach (1976:97) observó que entre los kachin prevalecía un sistema de matrimonios cruzados matrilaterales y que, en muchas ocasiones, la prima cruzada lo era únicamente en términos clasificatorios, siguiendo así la teoría del "intercambio generalizado" de Lévi-Strauss. La norma consistía en que un varón tomase su esposa del linaje de su madre, no siendo necesario que fuese prima carnal. El efecto era que todo linaje tenía que mantener una relación permanente con otros dos, recibiendo mujeres de uno y dándolas al otro. Los linajes que entregaban mujeres eran superiores a los linajes que las recibían, y esto establecía los principios por los cuales un individuo cualquiera sabía si podía exigir respeto de otras personas con las que estaba en tratos o si, por el contrario, se debía respeto a sí misma. En la sociedad kachin, los linajes estaban ordenados por rangos y los receptores de mujeres eran vasallos de los dadores. Ello ponía de manifiesto que, a pesar de casarse con primos carnales matrilineales, en el matrimonio con la prima cruzada la prohibición del incesto no se cumplía, salvo para la rama patrilineal. Por otro lado, Lea-

---

[33] Antropólogo británico fuertemente influido por el estructuralismo francés de Lévi-Strauss.

[34] También analizó el matrimonio en otros contextos como Ceilán (en 1954). Ello condujo a Leach (1971b:160) a plantear que podían establecerse dos tipos de matrimonio poligínico: "por un lado, tenemos un pacto formal y legal por el que, en Ceilán, una mujer sólo puede casarse con un hombre cada vez... Por otro lado, tenemos otra institución «matrimonial» que participa de manera algo informal pero que a pesar de ello y por virtud de su reconocimiento público, sirve para proporcionar a los hijos con reclamaciones sobre la propiedad patrimonial de los hombres con los que la mujer cohabita y reside públicamente...."

ch (1976:98) constató que las mujeres no perdían honor en el caso de adulterio dado que "la culpa por las ofensas sexuales suele recaer en el hombre." También analizó los tabúes en la sociedad trobriandesa estudiada por Malinowski; Leach (1971a:122) le corrigió en lo referente a su influencia: "la categoría de tabú, considerada como término de parentesco, se usa por miembros de los dos sexos y, en cada caso, incluye tanto hombres como mujeres."

Louis Dumont[35] (n.1911), alumno de Marcel Mauss, volcó buena parte de sus esfuerzos en el estudio de la India, y proporcionó valiosas aportaciones sobre el principio jerárquico. Introdujo la noción de *relación jerárquica* a través de la cual explicaba que todo sistema social se basaba en un principio que le era externo. En sus aportaciones al parentesco, y en la línea de Lévi-Strauss, consideró que la regla matrimonial era un instrumento para diferenciar una categoría secundaria (un matrimonio) de una primaria (una relación de consanguinidad). Para L. Dumont (1971:184)

> "el matrimonio no puede ser considerado, en general, como un producto secundario de otras instituciones como la filiación, que se considera como primaria... Todavía menos es posible reducir el contenido de la regulación matrimonial a la codificación de un asunto individual ya que el matrimonio no lo es. Consecuentemente, la regulación no podría ser considerada como una relación entre vínculos consanguíneos y de afinidad, aunque sí como un rasgo de afinidad en sí mismo."

Gracias a esta regla creía Dumont (1975:247) que "el matrimonio adquiere una dimensión diacrónica, se convierte

---

[35] Francés, nacido en Grecia, que concilió las teorías estructuralistas y las de la tradición empirista británica.

en una institución que se mantiene de generación en generación y que, por lo tanto, voy a llamar «alianza matrimonial» o, simplemente, «alianza».'' Para L. Dumont (1971:186) "la distinción de sexo y la distinción de alianza van conjuntas" lo que después definió como sistema de *asimilación por bifurcación*.[36] Dumont (1975:251-252) mostró, al igual que otros antropólogos, que en el caso de sociedades patrilineales y patrilocales "mientras que la parte paterna es acentuada hasta el punto que se convierte casi en el equivalente del conjunto entero, la parte materna aparece, excepto en algunos casos especiales, como temporal, subsidiaria y convencional."

Jack Goody[37] (n.1919) relacionó el control de las mujeres con las formas de producción y transmisión de bienes. Goody (1990) defendió que la filiación unilineal era la base de unos grupos corporativos distinguidos como tales porque en su interior se heredaba la propiedad. Goody (1990:366) proporcionó una perspectiva distinta al reconocimiento de las mujeres dentro del parentesco al constatar que en el sistema árabe ellas también heredaban porque el reparto patrimonial de la herencia era divergente: "mientras el sistema de filiación... es unilineal, el sistema de devolución (la transmisión de propiedad) es divergente."[38] Pero, a pesar de que colaboró abiertamente en promover la visibilidad femenina dentro del marco del parentesco, los porcentajes que Goody (1975:215) recogió para uno de sus textos del Ethnographic Atlas mostraban que había una importante predominancia de los gru-

---

[36] Dumont (1975:249).
[37] Británico de carácter heterodoxo que destacó, entre otros, por sus trabajos de antropología comparada en la esfera del parentesco.
[38] Para Goody (1986:39-42) sería la modalidad directa con transmisión divergente. Una concepción completamente distinta de "dote", la proporciona Friedl (1971:134), quien observa que es un mecanismo de herencia entre los granjeros de Vasilika (Grecia): "la dote es una parte de un sistema en el que los hijos reciben propiedad a través de los padres de sus padres y de sus madres. La propiedad de las dos fuentes se efectúa en cada generación y se redistribuye para la siguiente."

pos de filiación unilineal patrilineales sobre los matrilineales que iban del 40,4% al 15,7%: "desde muchos puntos de vista la transmisión agnaticia es más directa que la transmisión uterina, puesto que coinciden los roles de sexo dominante y de vínculos de filiación. Para el sexo dominante (es decir, para los hombres), los vínculos son directos, yendo de padres a hijos(as). Las hijas se van al casarse, pues la residencia virilocal predomina abrumadoramente donde se presentan los grupos de filiación unilineal patrilineales." Y añadía Goody (1975:215-216) "por otra parte, en los sistemas matrilineales el sexo que cuenta para la estimación de la pertenencia al grupo es, sin embargo, el inferior en la mayor parte de situaciones sociales. Son los hombres los que ocupan las posiciones de autoridad importantes en las actividades domésticas y políticas..." También debe mencionarse el interés de Goody (1973:175) por investigar la relación entre el matrimonio poligínico y la posición de la mujer en la economía. Goody (1973:183) criticó la generalización de Boserup sobre el trabajo femenino en sociedades rurales ya que creía que "en África la hipótesis muestra dificultades",[39] y apoyándose en la no universalidad defendida por Herskovits sobre la participación de la mujer en el ámbito económico,[40] Goody (1973:189) afirmó que "la hipótesis de que el cultivo femenino está directamente relacionado con la acumulación de mujeres no parece corresponderse con los hechos derivados de las comparaciones realizadas dentro de Ghana o de África.

---

[39] Boserup (1989: 16), a su vez había criticado la obra *Male and Female* de Mead cuando ésta afirmaba que prácticamente en todo el mundo se podía observar cómo los hombres traían la comida y las mujeres la preparaban, ya que para ella "ella es correcta al describir la preparación de la comida como un monopolio femenino en la práctica totalidad de las comunidades, pero erra cuando afirma que la provisión de comida es una prerrogativa masculina."

[40] Goody (1973:183) recuperó a Herskovits ["Preface" en *Markets in Africa*, P. Bohanan y Dalton, eds., Evanston, 1962, p. xi] cuando destacaba que "la importancia de las mujeres en los mercados de la costa de Guinea ha sido largamente reconocido..." aunque, matizaba, "...este rol no es universal."

Las justificaciones a la poliginia son sexuales y reproductivas más que económicas y productoras."

Ward H. Goodenough (n.1919) a través de su trabajo de campo entre los truk de Micronesia, publicado en 1951, profundizó en la articulación entre el contenido cultural de las relaciones sociales (con sus diferentes tipos y formas de los vocabularios) y la sintaxis o grupo de reglas que la componen y le dan sentido.[41] También desarrollaría los conceptos "estatus" y "rol". Para Goodenough (1965:12) la diferencia de sexo se debía al estatus, tal como había analizado en su trabajo de campo:

> "otra dimensión en la que las distinciones de estatus emergen entre los truk es la de la distancia sexual. La amplitud del deber en esta dimensión... forma parte de las relaciones masculino-femenino (no se ha trabajado exhaustivamente para todas las relaciones identitarias). Obviamente, cuando algún hombre o mujer truk interaccionan, las identidades en los términos que ellos ajustan su actitud, clama por una ubicación mutua simultánea en las escalas de deferencia y distancia sexual (en dos sistemas de estatus diferentes al mismo tiempo)."

Goodenough (1968:200) estudió como había sociedades malayo-polinésicas entre las que existía una bilateralidad (cognatismo) en el parentesco y una bilocalidad en la residencia que se observaba en el hecho de que las mujeres traspasaban pertenencia de grupo y bienes "las mujeres pasan estos derechos a sus hijos igual que hacen los hombres." De hecho, Goodenough (1968:203) recupera en este trabajo al-

---

[41] Googenough (1968) trabajaría nuevamente sus materiales sobre los truk para profundizar en el análisis de la terminología del parentesco desde una perspectiva más lingüística.

gunas de las afirmaciones de Murdock, como por ejemplo su constatación de que en los grupos de filiación unilineal de Polinesia, era la filiación la que señalaba el estatus: "todos los especialistas enfatizan la relevancia de la línea de filiación, tanto a través de los hombres como de las mujeres, en relación con el rango social y los derechos de tierra."

Fredrik Barth[42] (1954:165-166) afirmó que la organización tribal kurda era una organización de linaje segmentario de tipo simple, con el linaje máximo como unidad de parentesco más extenso divisible en segmentos de acuerdo con la filiación patrilineal, cuya unión con otros linajes máximos podía, aunque no necesariamente, crear una confederación política. De hecho, Barth (1973:18) estaba interesado en articular la manera en que se concebía el parentesco con las prácticas sociales:

"el extensísimo debate sobre descendencia y filiación... no ha producido unas generalizaciones adecuadas o una comprensión comparativa de los sistemas de filiación... En un mundo en el que la vida actual confunde las dicotomías lógicas, falsifica las premisas ideológicas y elabora una imposibilidad conductual de obligaciones adoptadas, es inadecuado. Nosotros debemos construir modelos que capturen más de la relación dialéctica entre conceptos, normas y realidad social."

Barth (1954) analizó la relación que guardaba el linaje segmentario con el matrimonio con la hija del hermano del padre, matrimonio preferencial que marcaría una tendencia endógama y que, en opinión de Barth (1973:11), venía protegido por normas explícitas tales como la opinión de los primos paternos, el bajo precio de la novia establecido entre

---

[42] Barth (n.1928) fue un antropólogo que destacó por sus estudios sobre nómadas y sedentarios, por los de etnicidad y por su adscripción a la ecología cultural.

primos y una frecuencia estadística alta aunque oscilante en las cifras que proporcionaban los investigadores:

"el derecho positivo de casarse con la hija del hermano del padre ha sido recogido en bastantes áreas; no obstante, desde que se refiere a una relación genealógica específica podría considerarse como una regla matrimonial positiva. Aunque el derecho explícito se formule o no, la frecuencia verdadera de los matrimonios, como una subcategoría del grupo de filiación y de la endogamia familiar, es alta. Las cifras brutas varían de alrededor de un 10% (Ayoub 1959, Khuri 1970) a un 20% (Patai 1965), en algunas comunidades más del 30% (Barth 1954, Pherson 1966)."

123

Respecto a la pregunta de cuáles eran las ventajas de un sistema que compensaba poco al padre de la novia, respondía que las alianzas políticas que se consolidaban tras el enlace eran claves para el padre de la novia ya que promovía una solidaridad amenazada por conflictos, si bien añadía que podía suponer un interés por respetar las leyes coránicas de herencia según las cuales la mujer recibía parte del patrimonio. En cualquier caso, contempló el matrimonio como una solución para los complejos problemas ecológicos,[43] económicos o políticos que los individuos debían resolver y, sobre todo, como el elemento que facilitaba la cohesión del grupo. Por lo que hace al sistema patrilineal, Barth (1954:164) consideró a los lazos matrilineales como irrelevantes en las relaciones políticas de los segmentos y de la totalidad de los linajes, mientras la participación de las mujeres en la esfera económica era palpable pero relativa en la unidad familiar dado que decía Barth (1974:162) "la esposa debe prestar los servicios propios de su sexo, y atender la cocina y elaboración

---

[43] Barth introducirá la orientación ecológica en su siguiente trabajo (1965), al considerar que clarificaba los datos recogidos entre los basseri.

de cerveza", a pesar de que Barth (1974:160) afirmaba "las mujeres, especialmente las que tienen hijos pequeños, concentran la mayor parte de su esfuerzo en el mijo."

Pierre Bourdieu abordó cuestiones relativas al parentesco, el cognatismo, el honor, el espacio y el estrato social. Bourdieu destacó la importancia que tenían las diferencias que existían entre las teorías y las prácticas sociales, entre el parentesco oficial (patrilineal) y el parentesco práctico (cognático). Así se refirió a la sociedad kabila como de filiación patrilineal a pesar de que en posteriores trabajos propuso el posible cognatismo al que otros investigadores se sumaron. Para Bourdieu (1980:31), el matrimonio con la prima paralela, más que una norma era un juego de estrategias contenido en la realidad social, planteamiento que cuestionaba la afirmación algo reduccionista de H. Granqvist (1931, 1935), según la cual este matrimonio interesaba sólo porque evitaba que el patrimonio familiar se dispersara tras el reparto impuesto por las leyes coránicas de herencia.[44]

Para Bourdieu (1972:14-69), las genealogías patrilineales respondían a la necesidad de dar una versión oficial a una situación determinada. En su opinión, el honor permitía clasificar y ordenar la sociedad tribal, y se expresaba bajo una ritualización que partiría de la reciprocidad, del intercambio, siendo mucho más que un simple acto de comunicación. Según Bourdieu (1972:35) los agnados debían defender a las mujeres por su propia condición "la mujer es débil, impura, maléfica." De hecho, para Bourdieu (1972:37) ellas carecían de honor por sí mismas: "la mujer es siempre «la hija de alguien» o «la esposa de alguien», su honor se reduce al honor del grupo de agnados al que está adscrita. Así ella debe velar de no alterar en nada por su conducta el prestigio y la reputación de su grupo." La división sexual del trabajo era, para

---

44 Bourdieu (1972:74).

Bourdieu (1972:39), una cuestión de honor: para los hombres era deshonroso realizar actividades atribuidas a las mujeres (la casa, el transporte del agua, de la leña, etc.). Su funcionamiento según Bourdieu (1972:48) era el mismo que el del reparto espacial. Bourdieu (1972:36), describía la polaridad de los sexos desde la bipartición del sistema de representaciones y valores de dos principios complementarios y antagonistas, reparto que supondría a su vez una división espacial: "la oposición entre el dentro y el fuera... se observa concretamente en la distinción partida entre el espacio femenino, la casa y su jardín, lugar por excelencia del harén, espacio cerrado, secreto, protegido, al abrigo de intrusiones, y el espacio masculino, la thajma'th, lugar de reunión, la mezquita, el café, los campos o el mercado." El mundo exterior era una esfera propiamente masculina, y ellos desarrollarían la vida pública; la casa, en cambio sería el espacio de las mujeres.[45]

| 125

4.1.4. Conclusiones

La revisión de esta serie de estudios sobre el parentesco (en el punto en que se encuentra en la actualidad la investigación) nos permite extraer algunas conclusiones sobre la manera en que buena parte de ellos analizaron los sexos.

Entre los antropólogos revisados, sólo Morgan y Rivers partieron explícitamente de la base de que sobre cualquier clasificación social existían siempre unas categorías de sexo. Para el resto, el parentesco, y sobre todo la familia, se ha mostrado como una de las esferas que permitía abordar el papel de las mujeres en la sociedad. No obstante, se ha hecho invisible la capacidad de decisión y el papel femenino en el parentesco por su supuesta dependencia de las decisiones de

---

[45] No por eso, ellos dejan de estar excluidos del espacio femenino: los hombres no estarán en la casa, por lo menos, durante el día (Bourdieu, 1972:50).

los hombres, en tanto su matrimonio siempre parecía depender de los intereses del grupo. Y, es que, tal como constataron antropólogos como Rivers, Murdock, Malinowski, Evans-Pritchard, Fortes, Leach, Lévi-Strauss, Dumont, Barth, Goodenough y Goody, ni la matrilinealidad ni la patrilocalidad daban poder a las mujeres porque el poder siempre recaía en una figura masculina: los hombres administraban los bienes y propiedades tanto en sociedades patrilineales como matrilineales. Para estos antropólogos, las mujeres siempre estaban sometidas a la custodia masculina.

Lévi-Strauss y Leach, y en menor medida Lowie, corroboraron esa presunción al plantear que las mujeres eran puros objetos de intercambio, premisa con la que se reduciría, ya a la mínima expresión, la posibilidad de hacer visible la capacidad de acción y transformación de las mujeres.

Todo esto les habría permitido proponer, de manera implícita o explícita, que la subordinación femenina era universal. De hecho, sólo Murdock, Bourdieu y F. Héritier matizarían algo esa premisa ya que ambos, cada cual a su manera, reconocerían la capacidad de influencia y los poderes marginales que las mujeres desarrollaban. Respecto a Boas, Malinowski, Barth y Goody, cabría destacar que reconocieron que las mujeres podían transmitir derechos y que, por tanto, tenían una cierta influencia social, aunque fuese pequeña. De todos ellos, sólo Lowie mostró abiertamente que, en los casos en que existían grupos matrilineales y matrilocales, las mujeres tenían autoridad pública, ejerciendo un poder que cuestionaba, desde sus bases, la propuesta de que la subordinación femenina tenía que ser, por fuerza, universal.

Desde una óptica distinta, cabe destacar que tanto Lowie como Malinowski, Evans-Pritchard, Fortes, Radcliffe-Brown, Goody y, especialmente, Bourdieu, mostraron su acuerdo en que era desde el ámbito de la familia, y especialmente, desde su bilateralidad, que se podía observar con cierta nitidez la existencia de una construcción social de los sexos, ello al margen de las distintas corrientes teóricas con las que comulgaran. Recordamos que, para ellos, era perfectamente compatible la coexistencia de la filiación unilineal con la familia bilateral.[46] Estos autores, a diferencia de sus opiniones sobre la visibilidad de la participación social masculina, pensaban que las aportaciones de las mujeres sólo podían ser observadas desde las relaciones familiares, desde su estatus de madres y esposas, dado que su incidencia fuera de ese ámbito pasaba desapercibida. Para algunos de ellos, como Fortes, era ese el lugar desde el que se podrían establecer comparaciones en las que confluyesen distintas culturas. Esta categorización de los sexos en que las mujeres quedaban reducidas al ámbito familiar, supondría una limitación de la incidencia de las mujeres en el ámbito público, dado que a partir de esas premisas se las iba relacionar con la esfera doméstica.

Desde el punto de vista de la teoría, cabría destacar que tanto la teoría de la alianza como la de la filiación manifestaron una notoria invisibilidad de la naturaleza y participación femenina: la de la alianza porque consideraba que las mujeres eran las que facilitaban con su disponibilidad la ampliación a nuevos grupos; la de la filiación porque se reafirmaba sobre un grupo dado que era mayoritariamente patrilineal y que, por tanto, daba mayor relieve a las aportaciones al parentesco masculinas.

En cualquier caso, cabe destacar la aportación que a ambas teorías ha significado la figura de Pierre Bonte. Bonte (1991:16) propondría, de un lado, que la relación que establecían algunos antropólogos (mayoritariamente segmentaristas) entre tribu y *qabila* había sido simplista y reduccionista porque un mismo término podía referirse a la parte o al

| 127

---

[46] De todos, el que llevaría el razonamiento más al extremo fue Bourdieu, quien defendería la existencia, más que de una familia bilateral, de un parentesco práctico cognático.

todo, al grupo de filiación o a la facción en su conjunto: "el orden genealógico en sí mismo aparece como un modo de clasificar que desborda largamente el hecho tribal..." De otro lado, Bonte creía que prevalecía el cognatismo en los grupos de apariencia patrilineal e intentaba anular la noción de reciprocidad así como la diferencia entre tomadores y dadores de mujeres (paternos y maternos).

Es por todo ello, que podemos afirmar que las contadas excepciones que pusieron de relieve las estrategias femeninas para acceder a ámbitos de influencia social no fueron suficientes para contrarrestar una construcción de género que ha venido repitiéndose desde la gestación y consolidación de nuestra disciplina científica.

4.2. Género y política

4.2.1. Poder y sexos

La relación existente entre género y política requiere ser estudiada desde cuatro perspectivas que conjuntamente han facilitado una lectura androcéntrica de las sociedades: "lo político", el "poder", "lo comunitario" y "lo público".[47] Estos aspectos han sido utilizados por buena parte de los antropólogos que revisaremos en este apartado y han constituido la base de esa relativa invisibilidad social femenina perceptible de manera clara en las teorías y de manera más relativa en las monografías. Así, va a ser de gran interés a lo largo de este capítulo, la observación de "lo político" a partir del impacto que produce la construcción de género y la jerarquía sexual en el funcionamiento de las sociedades.[48]

---

[47] Sanday (1974), entre otros.
[48] Otra cosa será la dependencia de "lo coercitivo" sobre el poder y la eficacia práctica del mismo.

Históricamente se han venido manifestando unas idealizaciones de "lo político", del "poder", de "lo comunitario" y de "lo público", tanto en el análisis de las sociedades sin estado como en el de las sociedades estatales, que han llevado a dar mayor relevancia y visibilidad a la capacidad de decisión y transformación social de los hombres que a la de las mujeres, tal como manifestó Lebeuf (1960) en su análisis sobre las sociedades africanas. Ello tuvo como efecto que se viniera negando, sistemáticamente, la posible participación que éstas tenían en cualquiera de estos ámbitos. Es más, ese androcentrismo implícito conllevó un total desinterés, durante largas décadas, por el análisis de los poderes y estrategias sociales de las mujeres[49] tal como hemos observado en el estado de la cuestión dedicado al concepto género, sobre todo cuando se podría haber establecido tal como señaló Lebeuf (1960:93) que "el rol de las mujeres en la organización política puede ser definido por su participación directa o indirecta en la actividad de gobierno y, en las sociedades no estáticas, por los grupos y subgrupos que detentan la autoridad."

Si se entiende "lo político" como el conjunto de acciones por medio de las cuales se dirigen y administran los asuntos públicos,[50] se estudia la política desde una perspectiva histórica —"el estudio antropológico de la política es, en sí mismo, un proceso histórico"—,[51] y se parte de que el poder "es la capacidad de influir efectivamente sobre las personas y las cosas, recurriendo a una gama de medios que se extiende desde la persuasión hasta la coerción",[52] entonces podemos analizar "lo político" como un proceso en el que se ha venido

| 129

---

[49] El caso que conozco en mayor profundidad es el las sociedades árabo-musulmanas, dónde el discurso imperante émic y étic, negaba sistemáticamente la participación social femenina en las esferas política, familiar y económica. Sobre el tema, Aixelà (2000b, 2001).

[50] A través de los trabajos de M. G. Smith (1956, 1962).

[51] J. Vincent (1990:1).

[52] Definición de M. G. Smith recuperada por Balandier (1976:43).

manifestando un uso diferencial del "poder" por parte del colectivo (masculino) que lo ha acaparado. De esta manera, se puede explicar la invisibilidad social femenina: "política" y "poder" son elementos históricamente vinculados a los hombres, a través de los cuales éstos han venido ejerciendo mecanismos de dominación que han afectado recurrentemente, desde el discurso y ciertas prácticas sociales, al colectivo femenino. Como ejemplo tenemos el que, en algunas sociedades, las funciones políticas se hayan venido distribuyendo únicamente entre la población masculina. Se ha tratado de un reparto en el que las mujeres han venido siendo permanentemente excluidas de la posibilidad de asumir responsabilidades públicas y comunitarias.

Ahora bien, algunos antropólogos constataron que, en algunas sociedades, las mujeres tenían o responsabilidades políticas, o una notable influencia sobre esta esfera social.[53] Sin embargo, esta cuestión no la desarrollaron probablemente por la dificultad de articular esa realidad con ciertos discursos androcéntricos imperantes. Con el objetivo de recuperarla, se propone introducir en este trabajo una de las propuestas teóricas de Bourdieu (1972), específicamente la que se refiere a la no correspondencia entre las teorías y las prácticas sociales: ¿es qué acaso se podría proponer que en muchas sociedades ha coexistido una esfera política pública androcéntrica con una praxis política isogenérica?

Por otro lado, cabe incorporar a esta propuesta la articulación existente entre "lo político" y "el poder", y "lo comunitario" y "lo público".

Respecto a "lo comunitario", entendido como el sentimiento recíproco que las personas tienen de pertenencia a un

---

[53] Por ejemplo, Lebeuf (1960:98) se hace eco del caso de los lovedu del Transvaal (Sudáfrica), donde las mujeres tienen la posibilidad de ejercer la más alta autoridad desde el siglo XIX; entre los swazi (Sudáfrica) las madres de los reyes están junto con sus hijos a la cabeza de la monarquía, etc.

todo,[54] se debe destacar la asunción, en algunas sociedades, de que eran los hombres los únicos capaces de mantener una perspectiva amplia sobre cuáles eran los intereses del grupo,[55] [hecho que ilustró claramente M. Strathern (1998:208) al afirmar que "se asume que los hombres tiene intereses sociales mientras las mujeres son propensas a perseguir pequeños fines personales"], lo que llevaría a presuponer que ellos eran los únicos que debían asumir las responsabilidades de "lo comunitario", ostentando así la atribución de un poder representativo a partir de una base sexual.[56] Esta realidad puso nuevamente de manifiesto cómo el bienestar del grupo estaba siendo pensado en términos masculinos y no femeninos.

Relacionado también con lo anterior, es notorio cómo en muchas sociedades la resolución de conflictos para garantizar la supervivencia de lo colectivo se vinculó estrechamente a la esfera masculina, tal como constataría el propio P. Clastres (1981d:248): "la relación estructural que une la guerra a la sociedad primitiva determina, al menos en parte, la relación entre los sexos... O sea que todo hombre es, por definición un guerrero y la división sexual del trabajo hace de la actividad guerrera una función masculina."

Por último, y en relación a "lo público", hay que poner de manifiesto cómo se ha venido generando, o una subsunción de lo público en lo privado, o una clara diversificación que se reflejaría en la construcción de género. La primera propuesta partía de la base de que no había diferencias entre ambas esferas, dado que se entendía que se trataba de sociedades simples en cuanto a organización y demasiado pequeñas para

131

---

[54] Definición elaborada a partir de la de "comunidad" de Weber (1987:33-39), esta última inspirada en la de F. Tönnies en su obra *Comunidad y sociedad*.
[55] Por ejemplo, Nadel (1974:51) había afirmado: "por lo general, los hombres tienen un conocimiento más profundo de su sociedad que las mujeres, pues en la mayor parte de los grupos los hombres vigilan a la familia, son en cierta medida responsables de ella y habitualmente dirigen su vida."
[56] Weber (1987:38) lo constata desde criterios de edad.

garantizar la separación; la segunda partía de la asunción de que "lo público" y "lo político" eran ámbitos masculinos, mientras que "lo privado" y "lo familiar" eran ámbitos femeninos. Al respecto Krader y Rossi (1982:9) nos proporcionan una clara definición de "lo público" y manifiestan las relaciones de éste con lo doméstico:

> "los procesos políticos [son] como mecanismos colectivos mediante los cuales se definen los derechos y obligaciones públicos y se resuelven los conflictos. Se sostiene que estos mecanismos de control constituyen el «colectivo» que regula las acciones dirigidas a la consecución de «objetivos públicos», siendo un objetivo «público» el que afecta al bienestar de grupo en cuanto conjunto y sólo puede alcanzarse mediante el consenso y la cooperación de todo el grupo. Desde el punto de vista de estos antropólogos, la naturaleza «pública» de las actividades, derechos, obligaciones y objetivos distingue a las «actividades domésticas», puesto que las últimas se refieren a los derechos, obligaciones y conflictos que afectan a las relaciones entre los individuos dentro de las unidades de parentesco. No obstante, otros antropólogos sostienen que en las sociedades cazadoras-recolectoras, como las de los aborígenes australianos o los bosquimanos de África, no existe diferencia entre las esferas privada y pública de las actividades sociales. Algunos de estos antropólogos sostienen, como el antropólogo social británico Isaac Schapera (1956), que en tales sociedades la política es simplemente un aspecto de lo social, puesto que las actividades sociales tienen lugar dentro de las estructuras de parentesco o de cuasiparentesco."

En cualquier caso, estas cuatro perspectivas —lo político, el poder, lo comunitario y lo público— han sido clave en una construcción social de los sexos que, bajo un distorsionante androcentrismo, ha hecho invisibles las aportaciones de las mujeres en estos ámbitos sociales.

A continuación, este apartado se aproxima a las diferentes maneras que los teóricos han tenido de aproximarse a "lo político", observando cómo definían la construcción social de los sexos. Los autores que destacaremos serán Lewis H. Morgan, Henry S. Maine, Edward B. Tylor, Emile Durkheim, Robert Lowie, Arnold R. Radcliffe-Brown, Raymond Firth, Edward E. Evans-Pritchard, Meyer Fortes, Edmund Leach, Elman Service, Georges Balandier, Michael G. Smith, Lucy Mair y Pierre Clastres.

133

4.2.2. Antecedentes

Lewis H. Morgan fue uno de los primeros evolucionistas.[57] Para Morgan (1971:82-84), que había llevado a cabo diversas investigaciones entre las que destacaron sus estudios sobre los iroqueses, se podían distinguir tres estadios en los seres humanos que mostrarían el grado de progreso de las sociedades: el salvajismo, la barbarie (ambos contemplarían tres subestadios, inferior, medio y superior) y la civilización. A su entender, el Estado era el gobierno que mantenía una *autoridad* sobre un territorio, aunque señalaba que no todas las sociedades tenían gobierno, tal como recordaron Krader y Rossi (1982:11). Al respecto, Morgan, en consonancia con los estudios de sociología decimonónicos, había manifestado la existencia de sociedades basadas en las relaciones personales (*societas*) y de sociedades fundamentadas en el territorio y la propiedad (*civitas*). No obstante, sí afirmaría que la organización de la sociedad se basaba en el sexo,[58] probablemente

---

[57] La obra por la que se le ha calificado de evolucionista fue *Ancient Society*. No obstante, una obra anterior (Morgan, 1871) recuperada por Lévi-Strauss como una de las grandes precursoras de la antropología estructural, llevó a Terray (1971:19-91) a realizar un estudio que destacó en el brusco giro teórico emprendido por Morgan.
[58] Terray (1971:24).

influido por su conocimiento de una sociedad iroquesa en la que Morgan (1967:22) destacaba que:

> "con la filiación en la línea femenina, como entre los iroqueses, el gens se compone de un ancestro supuestamente femenino y sus hijos, los hijos de los descendientes femeninos en perpetuidad... los hijos de los descendientes masculinos están excluidos. Los últimos pertenecen al gens de sus respectivas madres."

Al mismo tiempo, Morgan (1971:362-368) defendía que en un período anterior, la filiación había sido por línea femenina dado que el matrimonio por parejas era desconocido y eso hacía dudosa la paternidad. En su opinión, la línea femenina dejaría paso a la línea masculina, gracias a las transformaciones incorporadas en la herencia.

Henry Sumner Maine[59] (1822-1888) centró sus investigaciones en dos ámbitos: el paso de las sociedades basadas en el estatus a las asentadas sobre el contrato, y a la transición de las organizaciones sociales basadas en el parentesco a las que se sujetan a otro principio que establecerá «la acción política mancomunada», tal como señaló Balandier (1976:15). Defendió que el fundamento de las organizaciones sociales primitivas era el parentesco, sociedades que además habían sido originalmente patrilineales y patriarcales, extendiendo así al total de la humanidad una teoría que sólo era válida para Europa y la India. Y es que Maine (1976a:52) había afirmado que "tenemos todos los motivos para pensar que en un tiempo la propiedad no pertenecía a los individuos, ni siquiera a las familias aisladas, sino a las sociedades más amplias organizadas según el modelo patriarcal." También debe destacarse su análisis de la India, donde Maine (1976b:60) consideraba

---

[59] Estudioso de jurisprudencia comparada.

que la presencia británica podía ser muy beneficiosa ya que podría trasmitirle el *progreso*: "aunque es virtualmente imposible reconciliar a la gran mayoría de los indígenas de la India con el triunfo de las ideas, máximas y prácticas occidentales, lo cual sin embargo, es inevitable, en cualquier caso podemos influir sobre los mejores y más inteligentes de ellos; nosotros no innovamos y destruimos por simple arrogancia. Más bien cambiamos porque no podemos hacer otra cosa."

135

Edward B. Tylor (1832-1912) es considerado el fundador del método comparativo dentro de la corriente evolucionista. Su metodología, muy criticada posteriormente, consistía en analizar el estado de las culturas a partir de las sociedades contemporáneas.[60] Tylor (1973:520) creía que se podía aprender de los errores del pasado "el conocimiento del curso de la vida del hombre desde el remoto pasado hasta el presente, no sólo nos auxiliará para prever el futuro, sino que nos guiará y nos fortalecerá en nuestro deber de dejar al mundo mejor que lo encontramos." Para Tylor (1973:28-29) la vida humana

"puede clasificarse toscamente en tres grandes estados, Salvaje, Bárbaro y Civilizado... El estado inferior o salvaje es aquel en que el hombre se alimenta sólo de plantas y animales silvestres, sin cultivar la tierra ni criar en domesticidad animales... Los hombres pueden considerarse elevados al estado siguiente o bárbaro cuando empiezan a cultivar los campos... Por último, el estado civilizado puede considerarse que comienza con el arte de la escritura, la cual, archivando la historia, la ley, los conocimientos y la religión para el servicio de edades venideras, enlaza lo pasado a lo por venir en una no interrumpida cadena de progreso intelectual y moral."

---

[60] Otro de los grandes discípulos de Tylor fue Herbert Spencer, que desarrollaría sus trabajos desde una perspectiva evolutiva que abarcaría tanto la religión como la familia, siendo considerado por Harris (1983:188) un materialista cultural.

Inicialmente, Tylor (1973:477) rechazó definirse abiertamente sobre el paso de la matrilinealidad a la patrilinealidad, rechazando los términos patriarcal y matriarcal, dudas manifestadas con un ejemplo que había proporcionado: "es un interesante problema en la historia del derecho cómo el dinero, pagado en otro tiempo como precio de la novia, pasa a ser regalo o dote para ella." Sin embargo, posteriormente, en un artículo publicado en la revista *Nineteenth Century*,[61] se sumaría a las tesis de Morgan y Bachofen, estableciendo la periodificación siguiente: sistema matrilineal, sistema matrilineal-patrilineal, y sistema patrilineal. Al mismo tiempo, resulta de gran interés cómo Tylor (1973:481-482) mostró las estrategias de las mujeres ante la supuesta imposibilidad de evitar un conflicto decidido y protagonizado por los hombres, dado que teóricamente no podían intervenir en una decisión política y masculina: "a menudo, en la más ardiente furia de la cólera, la espada ha sido envainada por aquel ante cuya inteligencia ha pasado como un relámpago el profético cuadro de mujeres que lloran en torno a un cadáver tinto de sangre." Tylor continuaba con un ejemplo a la inversa: "los viajeros han tenido ocasión de observar que las mujeres, aunque desatendidas saben el modo de influir grandemente en este sentido; más de un guerrero cuyo corazón desfallecía a la vista del enemigo, dejó de huir y volvió al combate cuando pensó en la burla que le harían las muchachas al verle entrar escapado en el pueblo, sano y salvo, pero sin honra." A Tylor le debemos la acuñación del término «matrimonio entre primos cruzados» dado que constató que era un tipo de matrimonio muy practicado. Al respecto, cabe destacar la recuperación que de él hizo L. Mair (1970:34) como antecedente de los trabajos posteriores de Fortes y Evans-Pritchard

---

[61] Este artículo se titulaba "The matriarchal family system" y se publicó en 1986, tal como da cuenta Lowie (1972).

136

sobre a los beneficios de la exogamia, dado que Tylor había comentado cómo

"unas poblaciones incultas... formando naciones capaces de vivir unidas en paz... hasta que alcanzan el período de organización militar y política superiores; y al unir a toda una comunidad con vínculos de parentesco y afinidad, y sobre todo gracias al efecto pacificador de las mujeres que pertenecen a un clan como hermanas y a otro como esposas, tiende a evitar las enemistades y a solventarlas cuando surgen, así como a mantener unida en momentos críticos a una tribu que, en condiciones endogámicas, se habría dividido."

Emile Durkheim (1858-1917), fundador de la sociología francesa y de gran influencia en la antropología funcionalista,[62] distinguió entre solidaridad mecánica y solidaridad orgánica. En la mecánica, los grupos se necesitaban mutuamente para la reproducción. Durkheim (1985:124) la definía así: "solidaridad sui generis que, nacida de semejanzas, liga directamente al individuo a la sociedad." En la solidaridad orgánica, en cambio, cada grupo reproducía lo que hacía el inmediato ya que para Durkheim (1985:216) las estructuras "están constituidas, no por una repetición de segmentos similares y homogéneos, sino por un sistema de órganos di-

---

[62] Por ejemplo, respecto a la sociedad clánica y a la segmentaria, Durkheim (1985:208-9) había afirmado que "damos el nombre de clan a la horda que ha dejado de ser independiente para devenir elemento de un grupo más extenso; y el de sociedades segmentarias a base de clanes a los pueblos constituidos por una asociación de clanes. Decimos de estas sociedades que son segmentarias, para indicar que están formadas por la repetición de agregados semejantes entre sí, análogos a los anillos de los anélidos; y de este agregado elemental que es un clan, porque ese nombre expresa mejor la naturaleza mixta, a la vez familiar y política." Dukheim (1985:210) añade que la solidaridad de las sociedades segmentarias "deriva de sus semejanzas, puesto que la sociedad está compuesta de segmentos similares y que éstos, a su vez, no encierran más que elementos homogéneos... Para que la organización segmentaria sea posible, es preciso, a la vez, que los segmentos se parezcan, sin lo cual no estarían unidos, y que se diferencien, sin lo cual se confundirían unos con otros y se destruirían."

ferentes, cada uno con su función especial y formados, ellos mismos, de partes diferenciadas."

Durkheim (1985:144) abordó las responsabilidades de los sexos al referirse al derecho familiar, y puso de relieve la complementariedad sexual desde la perspectiva de las actividades y responsabilidades que hombres y mujeres tenían dentro de la familia, desde sus "diferencias funcionales", formulándose las siguientes preguntas:

> "1º. ¿Quién está encargado de las diferentes funciones domésticas? ¿Quién es el esposo, quién el padre, quién el hijo legítimo, quién el tutor, etc.?, 2º. ¿Cuál es el tipo normal de esas funciones y de sus relaciones?... La segunda cuestión es la que resuelve los capítulos sobre derechos y deberes respectivos de los esposos... Esta parte del derecho civil tiene, pues, por objeto determinar la manera como se distribuyen las diferentes funciones familiares y lo que deban ser ellas en sus mutuas relaciones, es decir, pone de relieve la solidaridad particular que une entre sí a los miembros de la familia como consecuencia de la división del trabajo doméstico."

En Durkheim (1985:288) se observa la relación naturaleza/femenino y cultura/masculino, que posteriormente desarrolló C. Lévi-Strauss: "la mujer hállase menos metida que el hombre en el movimiento civilizador; participa menos y saca menos provecho; recuerda ciertos rasgos de la naturaleza primitiva."

4.2.3. *Teóricos de la Antropología Política*

Robert Lowie denunció un cierto etnocentrismo de la mayoría de las teorías políticas: "advierte en ellas una reflexión centrada principalmente sobre el Estado que recurre a un concepto unilateral del Gobierno de las sociedades humanas."[63] Estudió la manera en que pueden determinar la formación de los Estados los factores internos (los que provocan diferenciación social) y los externos (los resultantes de la conquista). Lowie (1972:133) criticó la uniformización de la sociedad primitiva de Morgan y cuestionó en parte el método comparativo porque ocultaba el hecho de que hasta las sociedades más primitivas pudieran tener una larga historia: "la historia social de un pueblo en particular no puede ser reconstruida sobre la base de ningún esquema de evolución de validez general, sino sólo a la luz de sus relaciones culturales, conocidas y probables, con los pueblos vecinos." También afirmó Lowie (1972:180) que las tribus primitivas se estratificaban según distinciones de edad, diferencias de sexo y de estado civil. Por otro lado, la oposición de Lowie (1972:9) al matriarcado propuesto por Bachofen y Morgan fue frontal: "el viejo argumento según el cual la matrilinealidad debe de haber precedido a la patrilinealidad porque en los primeros tiempos la paternidad era incierta, ha quedado invalidado a medida que se conocieron, una tras otra, tribus totalmente indiferentes a la paternidad fisiológica. Por último, todavía no hay pruebas de algo que se asemeje, siquiera de modo remoto, a un verdadero matriarcado." Además, en su opinión, no tenía por qué producirse una secuencia que siempre llevara el mismo orden, en tanto que los principales causantes de la unilinealidad (la transmisión de derechos de propiedad y el modo de residencia marital) podían originar indistintamente un linaje patrilineal o uno matrilineal. También es importante su labor desmitificadora respecto a que las mujeres fueran esclavas del trabajo en las sociedades primitivas ya que Lowie (1972:61) decía que "la distribución de tareas es bastante igualitaria." Y tan importante como la anterior, es la explicitación de Lowie (1972:62) sobre la segregación sexual en tanto que afirmaba que se producía

---

[63] Balandier (1976:29).

"una exclusión de las mujeres de aquellas formas de actividad pública que ocupan de manera especial la atención de los hombres." Lo cierto es que Lowie intentaba diferenciar el trato que recibían las mujeres, sus derechos legales y las oportunidades que tenían de actuar en las actividades públicas.

140

En su opinión, existía una gran diversidad de situaciones de las mujeres en las sociedades primitivas. Por ejemplo, Lowie (1972:134-135) cita a las mujeres toda, que a pesar de ser bien tratadas, eran consideradas inferiores y excluidas de los rituales; a las de Andamán, que a pesar de estar en igualdad de condiciones, tenían más trabajo que los hombres; o a las kirguises, que eran tratadas con gran severidad , en opinión de Lowie (1972:135) a causa de la influencia del Islam. De hecho, para él, era necesario distinguir la teoría de la práctica, porque si bien "el kirguís mahometano puede divorciarse de su esposa cuando quiere; en la práctica raramente lo hace." Lowie se preguntó, con escasa convicción, si la causa que provocaba la inferioridad de la mujer en distintas culturas y momentos históricos sería el factor económico (o sea la nula colaboración en la actividad económica del grupo) o el religioso (su exclusión de los rituales), y llegó Lowie (1972:141) a una conclusión, cercana al difusionismo, que radicaba en defender que aquellas culturas en las que se había manifestado la inferioridad de la mujer, habían tenido un contacto previo: "este enfoque explica enseguida por qué tribus muy distintas en sus medios de sustento han llegado a compartir idéntico punto de vista sobre la mujer, un hecho que desconcierta en la teoría económica."

Para **A.R. Radcliffe-Brown**[64] (1881-1955) un sistema político era "esa parte de la organización total [de una sociedad] que se preocupa del mantenimiento o el establecimiento

---

[64] Representante del funcionalismo británico, maestro de Fortes y antecesor de Evans-Pritchard en Oxford.

del orden social dentro de un marco territorial mediante el ejercicio organizado de la autoridad coactiva a través del uso, o de la posibilidad del uso, de la fuerza física."[65] Respecto a la influencia del parentesco en lo social, Radcliffe-Brown (1971b:308) había afirmando en su análisis sobre las tribus australianas que "la terminología del parentesco tribal es una parte integral y esencial de la organización social." Al respecto de las leyes y costumbres consideraba que las primeras eran mantenidas por la autoridad políticamente organizada mediante el uso de la fuerza, mientras que la costumbre eran el resto de sanciones sociales que no se ejercen desde la autoridad política.[66] Radcliffe-Brown, que investigó en las islas Andamán, le preocupaba cómo funcionaba el sistema, no cómo había llegado a ser lo que era. En sus trabajos, explicaba la existencia y persistencia de las ceremonias religiosas de los andamaneses en términos de su contribución a la cohesión social. Afirmaba que en un grupo patrilineal toda persona estaba relacionada a través de las mujeres con un número de linajes diferentes.

De hecho, para Radcliffe-Brown (1971a:132) el matrimonio,[67] del tipo que fuese, debía enunciarse en términos masculinos "esta institución, que es el medio por el que un marido obtiene aquellos derechos que caracterizan el matrimonio legal (derechos que varían en diferentes sociedades), puede ser establecida de distintas maneras." Y es que Radcliffe-Brown (1971a:126) señalaba la dependencia familiar de las mujeres "en África una mujer soltera está en posición de dependencia. Ella vive bajo el control y la autoridad de su parentela y son ellos los que deben proporcionarle protección... En el matrimonio ella pasa en mayor o menor grado, pero de forma

---

[65] Mair (1970:137).

[66] Krader y Rossi (1982:19).

[67] Para Radcliffe-Brown (1971b:119) "un matrimonio es esencialmente una reordenación de la estructura social».

bastante considerable, a estar bajo el control de su esposo...."
El análisis de Radcliffe-Brown (1971b:129) del matrimonio
africano pasaba por considerarlo "no una simple unión de un
hombre con una mujer; es una alianza entre dos familias o
grupos de parentelas." Tal vez por esa razón Radcliffe-Brown
(1971b:309) entendió el levirato entre los australianos como
una institución que expresaba la solidaridad fraternal: "[el
levirato] es en sí mismo una expresión o resultado de la solidaridad familiar, eso es algo muy obvio para cualquiera que
estudia los aborígenes de primera mano... El levirato es, en
mi opinión, universal en las tribus australianas." Introdujo
los conceptos patrilateral y matrilateral para hacer referencia
a los matrimonios con la hija de la hermana del padre o con
la hija del hermano de la madre.

Lucy Mair (n.1901-1986)[68] distinguía tres tipos de gobierno. De menor a mayor eran: el *minimal*, el difuso (que
descansaba de manera clara de la población masculina) y el
estatal. A Mair (1970:12) le interesaban

> "no meramente las cosas que se ve hacer a la gente todos los
> días, sino, por detrás de ese comportamiento cotidiano, el
> modo en que están los hombres organizados de forma que
> constituyen una sociedad y no un mero conjunto de seres
> humanos que casualmente se encuentran en el mismo lugar
> del mundo. Las normas de comportamiento en que consiste
> esta organización, los hechos sociales, constituyen la materia
> a la que se aplica el estudioso de la sociedad."

Respecto a la diferenciación entre los sexos, Mair (1970:69-
70) opinaba, en oposición a un Lowie que ya había cuestio-
nado tal fundamento unicausal en 1920, que "la división de

---

[68] Antropóloga británica, partícipe del estructural-funcionalismo.

los seres humanos en varón y hembra constituye la base para
la clasificación social más elemental que pueda encontrarse
en cualquier sitio... En aquellas sociedades en las que existe
una economía de producción de subsistencia... una gran parte del trabajo agrícola recae sobre las mujeres", y continuaba

"los cometidos de los hombres son aquellos que requieren
fuerza y agilidad física mayores y que les alejan del hogar,
tales como la guerra, la caza, el apacentamiento del ganado,
la pesca en el mar y el desplazamiento en canoa con fines de
intercambio. También corresponde a los hombres las tareas
de gobierno. Los hombres ejercen la autoridad jurídica, es
decir, la autoridad en cuestiones relativas a los derechos y las
obligaciones. Los hogares, heredades, grupos de parientes y
comunidades políticas están normalmente encabezadas por
un varón; y suele contarse con que la mujer tenga a un guardián masculino —un pariente si no está casada o un marido
si lo está— que protege sus intereses y se hace responsable
de las transgresiones que la mujer puede cometer. Esto es lo
que quiere expresarse al decir que, en las sociedades de tecnología sencilla... las mujeres son siempre menores de edad.
Corresponden asimismo a los hombres los papeles rituales
más importantes; son ellos quienes pueden comunicarse con
los antepasados y con otros espíritus que se cree pueden influir en los destinos humanos."

Mair (1970:73) añadió respecto a hombres y mujeres "hay
sociedades en las cuales los papeles políticos y rituales se asig-
nan a la población masculina en conjunto en virtud de su
edad social." Por otro lado, Mair (1970:73) afirmaba que
"una mujer tiene que estar siempre sometida a la custodia
de un hombre; y cuando contrae matrimonio, su anterior
custodio transmite al marido una parte o la totalidad de la
responsabilidad en relación con ella." En otro texto, y en la
misma línea, Mair (1971:9) había afirmado que "en la mayoría de las sociedades humanas que conocemos, las madres

y los hijos son dependientes de los hombres en más que una mera protección física." Mair (1970:117) también estudió los matrimonios poliándricos y matrilineales de los nayar de la India meridional estudiados por Gough. Para Mair (1970:136) las mujeres que se casaban con un miembro de la banda aceptaban la autoridad de su jefe al incorporarse a ella, y las mujeres que salían de la banda para casarse dejaban de estar sometidas a la autoridad del jefe de la misma. De hecho, Mair (1971:135)[69] había puesto de manifiesto, igual que hicieron otros colegas suyos, las diferencias que suponía para un hombre vivir en un grupo matrilineal frente a uno patrilineal:

"la posición del marido como extranjero es más complicada que la de la esposa. Una mujer puede esperar acabar sus días en un matriarcado dominante (en el sentido popular de la expresión) de una comunidad extensa, pero la autoridad permanece en lo doméstico. Un hombre espera ejercer su autoridad doméstica pero puede también requerir ejercer la autoridad en esferas más amplias sobre los miembros jóvenes de su linaje y sus esposas. En una sociedad patrilineal éstos se agrupan alrededor suyo; en una sociedad matrilineal, ¿es él quién vive en casa de su hermana o de su esposa? El problema se ha descrito como un conflicto entre principios familiares y filiación."

Raymond Firth[70] (n.1901-2002) a través de su estudio de la sociedad Tikopia, observó cómo los clanes no mantenían relaciones de igualdad entre sí y menos aún los linajes. Afirmaba que por debajo del grupo restringido de los jefes de

---

[69] Los ejemplos que proporcionaba de grupos matrilineales eran los de los bemba y los ndembu de Zambia, los yao, los cewa y los tonga de Malawi.
[70] Antropólogo social británico de difícil clasificación que ha ofrecido una de las obras etnográficas más completas de la disciplina.

clan, aparecían dos series de preeminencias sobre las que descansaba la estructura de autoridad: la primera era la pure, los mayores, que gozaban del poder político gracias a su posición religiosa (encabezada por linajes principales con una función básicamente ritual); la segunda era la de los maru que preservaban la paz y la seguridad y poseían una autoridad delegada y laica (de rango ya que resultaba de los vínculos de parentesco).

Firth ahondó sobre el problema de la aceptación y de las incidencias de la opinión pública dentro del marco del poder, ya que este poder busca y recibe una parte variable de la adhesión de los gobernados. Es por ello que para él, "el poder tiende a desarrollarse en tanto que relación de dominación, pero el consentimiento que lo vuelve legítimo tiende a reducir su imperio."[71] Firth quiso relativizar la supuesta lectura peyorativa que se originaba desde Occidente ante ciertas realidades sociales. Firth (1961:7) lo ejemplificó con las mujeres musulmanas veladas o las africanas semidesnudas: "las diferencias en las relaciones fundamentales entre uno y otro sexo nos provocan profundas reacciones." Firth (1961:128-129) puso ejemplos matrilineales y matrilocales como los bemba de Zimbabwe, donde las mujeres, hijas y nietas podían ser jefas tribales. Para Firth (1961:139) el estatus social de una persona "es su posición en el sistema social, representada por los derechos y privilegios de los que disfruta y las obligaciones o deberes que le es menester cumplir. El estatus puede ser adquirido mediante el esfuerzo personal o adscripto (es decir, otorgado) por la sociedad a los individuos, según la situación heredada dentro de un grupo especial de parentesco o según otros derechos previos de reconocimiento."

E.E. Evans-Pritchard (1977:19) mostró su definición de tribu en *Los Nuer*:

145

---

[71] Balandier (1976:49).

"entre los Nuer, el segmento político más amplio es la tribu. No existe grupo mayor cuyos miembros, además de reconocerse a sí mismos como una comunidad local distinta, afirmen su obligación de unirse para combatir a extranjeros y reconozcan los derechos de sus miembros a recibir una compensación en caso de resultar heridos. Una tribu se divide en una serie de segmentos territoriales y éstos son algo más que meras divisiones geográficas, pues los miembros de cada uno de ellos se consideran comunidades independientes y a veces actúan como tales."[72]

Referente a los clanes y linajes, E.E. Evans-Pritchard (1977: 20) añadió que

"los linajes nuer son agnaticios, es decir, que constan de personas que trazan su ascendencia a un antepasado común a través de los varones exclusivamente. El clan es el grupo de linajes más amplio que se puede definir en función de las reglas de la exogamia, a pesar de que se reconoce la relación agnaticia entre varios clanes. Un clan está dividido en linajes, que son ramas divergentes de filiación a partir de un antepasado común."

---

[72] Middleton y Tait (1958:3-4) explican con claridad el sistema segmentario en *Tribe without rules. Studies in African Segmentary Systems*: "Un linaje es un grupo corporado de parentesco unilineal con un sistema formalizado de autoridad... Un linaje puede ser subdividido o segmentado en grupos más pequeños... Cada segmento es, así, una unidad en un sistema de segmentos, formando todos grupos corporados...." Para Middleton y Tait (1958:5), el parentesco se expresa en la práctica cotidiana como una ideología: "en las sociedades que analizamos existe una ideología por la que ciertas relaciones sociales se expresan en términos de parentesco...." Debe mencionarse que Cohen y Middleton (1967:xii-xiii) en su compilación comparativa de sistemas políticos, habían explicitado que existían cuatro tipos de sociedades tribales: "aquellas cuyos sistemas políticos se basan en grupos de filiación y cuyas jefaturas políticas se reclutan de entre los miembros de estos grupos en virtud del estatus que mantienen en ellos... Otra categoría incluye aquellos sistemas políticos basados un único grupo de filiación unilineal en virtud del estatus que tiene en ellos... Una tercera categoría comprende aquellas sociedades cuyos sistemas políticos se basan en concilios o asociaciones de ciudades, guerras con otros grupos territoriales... Y una cuarta comprende aquellas sociedades en las que los roles políticos importantes son ocupados en un sistema de edad."

Para Evans-Pritchard y Fortes (1979:88), existían dos tipos
de sociedades, las que tenían Estado y las que carecían de él:

"uno de los grupos… está compuesto por sociedades en las que
existe una autoridad centralizada, maquinaria administrativa
e instituciones jurídicas, en otras palabras, gobierno. En dichas sociedades las divisiones de riqueza, privilegio y estatus
corresponden a la distribución de poder y de autoridad… El
otro grupo… está compuesto por sociedades que carecen de
autoridad centralizada, de maquinaria administrativa y de
instituciones jurídicas constituidas, en pocas palabras, que
carecen de gobierno; en dichas sociedades no existen marca-
das divisiones de rango, estatus o riqueza."

147

Respecto a quién tiene el poder en la tribu, a la *oposición
complementaria*, y a la *estabilidad estructural*, Evans-Pritchard
(1949:59) afirmó en su obra sobre los sanussiya de la Cire-
naica que "el sistema tribal, característico de las estructuras
segmentarias, en todas partes, consiste en un sistema de oposición complementaria entre tribus y secciones tribales, de
la más extensa a la más pequeña; no puede haber, en consecuencia, una única autoridad tribal." En lo referente a las
mujeres, E.E. Evans-Pritchard (1971a:32) puso de manifiesto, como Bachofen o Morgan, que la evolución biológica del
hombre debía conllevar una evolución social y cultural de
las mujeres en la que "el estatus de la mujer, de una manera
u otra, deba integrarse de manera más amplia." No obstante,
había constatado que este presupuesto, ya contradicho por
Lowie, no se correspondía con los datos etnográficos. Es más,
para E.E. Evans-Pritchard (1971a:35), la distancia entre las
teorías y las prácticas era la que verdaderamente contrarres-
taba ciertos discursos sobre las mujeres. A pesar de todo ello,
E.E. Evans-Pritchard (1977:21) reconoció la diferenciación
social existente entre los nuer en función del sexo, pero no se
detuvo en el tema porque "esta dicotomía tiene una impor-

tancia muy limitada y negativa para las relaciones estructurales que constituyen el tema de este libro. Su importancia es
más doméstica que política." En otro lugar, Evans-Pritchard
(1971a:39) ya había afirmado que "la mujer primitiva adulta
es ante todo una esposa que concentra su vida en su casa y
su familia."

Meyer **Fortes** procedió en una línea similar a la de Evans-
Pritchard: le interesaba conocer cómo funcionaban conjuntamente las partes que constituían las sociedades acéfalas. Cabe
destacar la férrea defensa que Fortes (1979:ix) realizó del trabajo de Evans-Pritchard, y del suyo propio, en el prefacio del
Segmentary Lineage Systems Reconsidered, en donde afirmaba
que una de las virtudes de su análisis es que se aproximaban
a su objeto de estudio en términos de una estructura social
en la que los procesos eran perpetuados por la interconexión
de las partes constituyentes del sistema, en una estructura
de oposiciones e integraciones complementarias, que las su-
mergían en un funcionamiento dinámico. De hecho para
él, "el estudio de las relaciones y de los grupos, considerados tradicionalmente en el aspecto del parentesco, es más
«fructífero» si se examinan «desde la perspectiva de la organización política»."[73] Al mismo tiempo, Fortes (1975a:65)
estaba interesado por la relación de lo político y lo ritual,
cuestión que analizó entre los tallensi: "la cohesión política
y moral que emerge entre ellos proviene de las instituciones públicas rituales." Ello se muestra en la gran importancia
que Fortes (1975a:54) concedía a los roles y a los estatus
que las personas poseían en la vida social: "ellos tienen un
estatus en doméstico, local, político, religioso, etc., en grupos, asociaciones, clases; ejercen sus roles en sus relaciones
económicas, legales, rituales, militares, conyugales, etc.." La
relación que Fortes (1975a:85) establecía era la siguiente: "el

---

[73] Balandier (1976:62).

hecho del nacimiento es sólo una condición necesaria, pero no suficiente, para establecer el parentesco y el estatus de filiación. Hay un proceder para establecer este estatus como una relación con la sociedad y los ancestros que se focaliza en el simbolismo ritual y en la observancia." Respecto al deber de las personas de reproducirse y aumentar su grupo, Fortes (1975a:87) afirmaba que en los ritos de paso se ponía de manifiesto el abandono de una sexualidad soltera pueril, para asumir una adulta matrimonial, sobre todo, en el caso de las mujeres: "es una intención de los ritos de iniciación y, por esta razón, el objetivo más importante en la iniciación femenina es conferirle este derecho...."

Edmund Leach intentó dar mayor relieve al hecho político en los fenómenos sociales desde su particular posición estructuralista. Para Leach (1975:170), "la realidad social, pues, podía ser descrita como un sistema de relaciones entre características individualidades que se repetían en distintos contextos culturales, exactamente igual que los átomos individuales de los elementos concretos se repiten en distintos contextos químicos." No obstante, consideraba que las comparaciones se tenían que hacer con gran cautela dado que podían llevar a resultados equívocos. Al respecto, recuperado por Kaplan y Manners (1979:29) explicó:

"el caso de la pequeña isla polinesia de Tikopia cuyos habitantes admiten que su sistema social está compuesto por grupos sociales llamados patio, los nubios del Sudán reconocen grupos llamados thok dwiel,... los chinos a grupos tsung-tsu. En la terminología de la antropología social contemporánea éstos serían clasificados como grupos de filiación patrilineal; y son ejemplos de una 'misma cosa'. Tales proposiciones dan lugar a mucho escepticismo; el afirmar que los habitantes de Tikopia y los chinos tienen 'el mismo tipo de estructura social' requiere de cuidado."

En su estudio de los kachin de Birmania observó que existía una asociación entre un «sistema de clases» y un «sistema de linajes». Por otro lado, Leach (1976:306-7) intentó alejarse de ciertos "sistemas modelo", lo que no siempre consiguió: "los sistemas modelo de todos los primeros antropólogos, tanto si se expresaban en términos culturales como si lo hacían en términos estructurales... eran vastos y vagos. De hecho, hombres preparados todavía escriben grandes volúmenes sobre los pueblos matriarcales del pasado sin proporcionar una detallada explicación de cómo podría funcionar una sociedad matriarcal", y añadía "en este libro, mis descripciones de las pautas de organización... son en gran medida descripciones «como si», se refieren a modelos ideales más bien que a sociedades reales, y lo que he estado tratando de hacer es presentar un modelo lo bastante convincente de lo que ocurre cuando tales sistemas «como si» interaccionan."

Elman Service (n.1915) consideró que podían distinguirse varios niveles evolutivos de creciente complejidad estructural dentro de los estadios sociales: la banda, la tribu, la jefatura, el Estado primitivo y la civilización arcaica. Service (1984:12) afirmó que "tanto los «estados primitivos» históricamente conocidos como las seis principales civilizaciones arcaicas, aunque diferentes en sus resultados, fueron evoluciones de sociedades de jefatura («jerárquicas») que, a su vez, se habían desarrollado a partir de sociedades segmentarias («igualitarias»)." En el caso de la banda, afirmó que sólo podemos referirnos a ella "cuando un grupo de familias están unidas por normas de exogamia y de residencia matrimonial."[74] Para Service (1984:26), el liderazgo tenía un papel clave dentro de la consolidación de las estructuras políticas y dentro de la preponderancia de aspectos como el poder y la autoridad: "el liderazgo, al desarrollar sus funciones administrativas nece-

---

[74] Service (1962, 1971) citado por Krader y Rossi (1982:25).

sarias para el mantenimiento de la sociedad, se convirtió en una aristocracia hereditaria... El poder político organizó la economía y no al contrario." Su percepción de las relaciones entre los sexos, pasaba por su análisis del poder de la autoridad, la cual descansaba, en la costumbre, el hábito, las ideas sobre la propiedad, los privilegios, u otras consideraciones que reforzasen y legitimasen el poder tal como afirmó Service (1984:90): "en todos los grupos humanos existen relaciones reales o potenciales basadas en las diferencias de poder. Todas las familias, por supuesto, tienen relaciones de dominación-subordinación internas, basadas fundamentalmente en las diferencias de edad y sexo." Así, Service (1984:67), probablemente influido por Evans-Pritchard, afirmó que las relaciones jerárquicas entre los sexos eran una cuestión familiar y no política, por lo que restó importancia a su influencia:

151

"la mayoría de los estatus jerárquicos normales se encuentran también en la institución familiar. Existen diversas series de estatus padre-hijo, viejo-joven, varón-mujer; y son, desde luego, profundamente desiguales, porque básicamente constituyen sistemas de autoridad. Pero no son sistemas de autoridad y jerarquía políticos; son sistemas familiares. Todas las sociedades tienen tales estatus jerárquicos basados en la edad y el sexo... pero los problemas políticos no son problemas familiares."

Georges Balandier[75] (n.1920) negaba la pertinencia de un análisis unilateral en antropología política, dado que desde su perspectiva esa opción implicaba lecturas reduccionistas. Por un lado, Balandier (1976:90) consideraba que "en el caso de sociedades segmentarias, la reducción del factor político a las estructuras regidas por la filiación y la alianza deja esca-

---

[75] Francés que inauguró la cátedra de sociología africana en la Sorbona y con importantes aportaciones desde la óptica del "poder."

par algunos de sus aspectos más específicos, mientras que la
búsqueda de lo político «fuera del parentesco» aparece, por
otra parte, pobre en resultados... El poder y el «parentesco»
tienen en aquéllas una relación dialéctica...." Por otro lado,
para Balandier (1976:46) el poder se reforzaba con la acen-
tuación de las desigualdades:

152

> "así, pues, el ejemplo de las sociedades «primitivas» que pu-
> dieron ser calificadas de igualitarias demuestra, a un tiempo,
> la generalidad del hecho y su forma atenuada. A raíz del
> sexo, la edad, la situación genealógica, la especialización y
> las cualidades personales, unas preeminencias y unas subor-
> dinaciones se establecen en ellas... No deja de ser dentro de
> las sociedades donde las desigualdades y las jerarquías des-
> cuellan claramente... en las que se capta con toda nitidez
> la relación entre el poder y las disimetrías que afectan las
> relaciones sociales."

Ahondando en esa idea, Balandier (1976:76) afirmó que
las sociedades primitivas "convierten el desequilibrio y el enfrentamiento... en un agente productor de cohesión social y
de orden; para esta finalidad, lo político es ya, y necesariamente, su instrumento." La constante búsqueda de factores
que expliquen las desigualdades llevó a Balandier (1976:92)
a exponer con claridad su opinión respecto a las jerarquías
sexuales:[76] "las llamadas desigualdades naturales, basadas en
las diferencias de sexo y de edad, pero «tratadas» por el medio cultural dentro del cual se expresan, se manifiestan a través de una jerarquía de posiciones individuales que sitúa a los
hombres en relación con las mujeres, y cada uno de éstos en
su grupo según edad."

---

[76] En otro texto, Balandier (1948) había analizado la categorización sexual en las ceremonias de iniciación.

Michael G. Smith (n.1921) profundizó no tanto sobre las funciones de la acción política como sobre los aspectos que la conformaban.[77] Smith distinguía entre acción política, que se expresaba por medio de grupos y personas en competición, y la acción administrativa, que era jerárquica porque organizaba la dirección de los asuntos públicos. Como afirmó Balandier (1976:37) respecto a Smith "los sistemas políticos sólo se distinguen en la medida en que varían en el grado de diferenciación y el modo de asociación de esos dos tipos de acción." Para Smith, la autoridad era el derecho a establecer una decisión particular obteniendo obediencia: la autoridad era reconocida y legitimada por el poder. Tal como constataba Sanday (1974:190-191), Rosaldo había utilizado la teoría de Smith en sus estudios:

> "aunque muchos etnógrafos tienen poco o nada que decir explícitamente sobre el poder femenino en la esfera pública, la definición de Smith provee de un indicador operacional para hacer inferencias. Más aún, es importante reconocer, sobre la cuestión del estatus femenino, que a pesar de que la autoridad femenina implica poder... el poder femenino no necesariamente implica autoridad. Consecuentemente, uno debe hacer inferencias sobre el grado de poder femenino al valorar el estatus femenino."

Pierre Clastres (n. 1934) consideraba que las sociedades primitivas eran las sociedades sin Estado, las sociedades cuyo cuerpo no poseía un órgano de poder político separado o lo que es lo mismo, aquellas que eran homogéneas, indivisas, que carecían de un orden de gobierno separado de la sociedad; así señaló Clastres (1981a:112) que eran "aquellas de las

---

[77] Smith (1953, 1969). Balandier (1976:36) diría: "para él, la vida política es un aspecto de la vida social, un sistema de acción, como lo atestigua su definición general: «un sistema político es sencillamente un sistema de acción política»."

que no se puede aislar una esfera política distinta de la esfera social." Clastres (1981a:111) se preguntó hasta qué punto la antropología política abandonó la jerarquía de valores inherente a su concepción de las sociedades primitivas con la perspectiva particular de un relativismo cultural que "admite en adelante, absteniéndose de juzgar, la coexistencia de diferencias socioculturales." En opinión de Clastres (1981a:115), las sociedades primitivas no eran embriones de la sociedades con Estado, "si carecen de Estado es porque se niegan a ello, porque rechazan la división del cuerpo social en dominadores y dominados." Por otro lado, y referente a los atributos del jefe en tales sociedades, Clastres (1981a:114) destacó que, como carece de poder, no formula órdenes, ya que sabe que nadie le obedecería: su función es más bien la de apaciguar los conflictos cuando sea necesario a través "del discurso de la propia sociedad sobre ella misma, discurso a través del cual se proclama comunidad indivisa y voluntad de perseverar en este ser indiviso." P. Clastres (1981a:113) consideró que ésta es una de las actividades más importantes de los líderes primitivos:

> "el líder primitivo es principalmente el hombre que habla en nombre de la sociedad cuando circunstancias y acontecimientos la ponen en relación con otras sociedades. Estas últimas siempre se dividen, para toda comunidad primitiva, en dos clases: amigos y enemigos. Con los primeros se trata de anudar o reforzar las relaciones de alianza, con los otros de llevar a buen término, cuando el caso se presente, las operaciones guerreras... Las cualidades apropiadas a este tipo de actividad... coraje, disposiciones guerreras para asegurar una defensa eficaz contra los ataques de los enemigos o, si es posible, la victoria en caso de expedición contra ellos... La intención de hacer la guerra no se proclama hasta que la comunidad así lo quiere."

Clastres (1981c:201) destacó la división sexual del trabajo existente en las sociedades primitivas, si bien renunció a establecer jerarquías entre los sexos: "fuera de la sexual, en la sociedad primitiva no hay ninguna división del trabajo: cada individuo es, de alguna manera, polivalente; todos los hombres saben hacer aquello que los hombres deben saber hacer y todas las mujeres saben cumplir las tareas que debe llevar a cabo una mujer." En otro texto, Clastres (1981d:219) afirmaba: "el hombre primitivo es, en tanto hombre, un guerrero." Debe destacarse que Clastres (1981d:249) otorgaba una singular relevancia al papel político de las mujeres, ya que a pesar de considerar que la obligación de las mujeres "es asegurar la reproducción biológica y, aún más social, de la comunidad: las mujeres traen los niños al mundo… La feminidad es la maternidad, en principio como función biológica, pero sobre todo como dominio sociológico ejercido sobre la producción de niños: depende exclusivamente de las mujeres que haya o no haya niños", añadiría "es esto lo que asegura el dominio de las mujeres sobre la sociedad." Para Clastres (1981d:248)

> "la vida social interna de la comunidad reposa en lo esencial no tanto sobre las relaciones entre hombres y mujeres —perogrullada sin interés— sino más bien en el modo muy particular según el cual estas culturas aprehenden y piensan la diferencia sexual en sus mitos, y todavía mejor, en sus ritos… Dicho de otra manera, los hombres… están en una posición defensiva frente a las mujeres, porque reconocen —mitos, ritos y vida cotidiana lo prueban suficientemente— la superioridad femenina."

4.2.4. Conclusiones

La antropología política ha venido analizado las formas que podía tomar "lo político" en las sociedades con o sin Estado.

Vinculado a este objeto de estudio, se plantearon toda una serie de cuestiones[78] que delimitaron los campos de investigación. En la práctica totalidad de dichos campos, con la clara excepción de algunos antropólogos que estudiaron las sociedades primitivas como "sociedades igualitarias", debe constatarse la marcada lectura de género implícita, existente en los trabajos. Para la mayoría de antropólogos reseñados, habían sido los hombres los únicos que habían dirigido, intervenido o participado en la esfera política.

156

Esta lectura de género vino propiciada por la construcción de los sexos que determinó el parentesco y, especialmente, la familia. Así, encontramos que la mayoría de esos investigadores practicaron una notable masculinización de "lo político", desarrollando un fuerte discurso androcentrista. Esta perspectiva fue defendida por la práctica totalidad de los antropólogos revisados: Durkheim, Evans-Pritchard, Fortes, Radcliffe-Brown, Leach, Mair, Balandier, Clastres y Service. Para éstos, las mujeres desarrollaban sus actividades en el ámbito familiar y en la esfera privada, mientras que los hombres participaban del ámbito político desde la esfera pública. Este enunciado sería defendido por buena parte de ellos desde la supuesta complementariedad sexual de actividades.

Ahora bien, ¿qué antropólogos disintieron y quiénes matizaron este discurso androcéntrico?

Firth fue el único que se opuso abiertamente a este enunciado sexualmente jerarquizante, dejando entrever un discurso más igualitario. Para él, la categoría de sexo era la primera diferencia que se manifestaba en cualquier clasificación social. Nos mostró cómo, en el caso de los bemba de Zimbawe (grupo matrilineal y matrilocal), las mujeres podían liderar

---

[78] Algunas de las preguntas que se formularon eran ¿tienen todas las sociedades sistema político? ¿cómo se organizan las relaciones entre sociedad política, gobierno y Estado? ¿cuál es la forma de control político de las sociedades sin Estado? ¿funcionan a través de otros paradigmas como las estructuras de parentesco?

jefaturas y tener un papel determinante en la esfera política. Firth había partido de la misma premisa que Morgan y Tylor, si bien sus teorizaciones les habían llevado por caminos diferentes: para Morgan y Tylor, la clasificación de las sociedades desde el sexo se interpretaba desde la conversión del matriarcado en patriarcado. Probablemente, en común | 157
sólo tenían un cierto discurso evolucionista que, tanto en el caso de Firth como en el de Evans-Prtichard, se manifestaba al afirmar que la evolución de las sociedades debía conllevar mejoras femeninas.

Clastres fue ciertamente el que mantuvo la postura más peculiar respecto al resto de antropólogos, al considerar que las mujeres eran las que ostentaban el poder en la sociedad gracias a su función de reproductoras; en este caso, era la biología la que permitía el dominio femenino.

Otros, como Lowie, Balandier y Service, afirmaron que la razón por la que se había producido una construcción de género en la que los hombres ostentaban mayor relieve y poder social que las mujeres, en las sociedades primitivas, residía en que se trataba de sociedades que manifestaban sus *estratificaciones, disimetrías* o *desigualdades* en clave de sexo y edad. Balandier además especificaría que no se trataría de una diferencia fundamentada en el binomio naturaleza/cultura, tal como sí propondrían Mair y, especialmente, Dukheim, en referencia a su defensa de la *naturaleza primitiva* de las mujeres, claramente influida por los evolucionistas. En estos dos casos, la inferioridad femenina provenía de la convicción de que éstas representaban la versión más "rudimentaria" de las culturas. Smith, por su parte, alejado de esa categorización, había manifestado que si bien la subordinación femenina era universal, las mujeres habían desarrollado ciertas estrategias de poder.

En cualquier caso, debe afirmarse que, en general, todos los trabajos adolecieron de una clara exclusión femenina de la política y de "lo político", siendo Lowie quien más reflexionaría al respecto, al preguntarse por qué estaban ausentes de ella y por qué tenían que ser forzosamente inferiores. La esfera política, tal como la describen y analizan la mayoría de estos antropólogos, ha sido masculina. El mantenimiento de esta jerarquización sexual ha sido posible gracias a que los hombres articularon su discurso a través del interés comunitario y del bienestar del grupo, además de que aseguraron la perpetuación de su dominio a través de un poder acaparado desde el ámbito público, poder que puso de relieve la clara vinculación existente entre éste y los sexos.

4.3. Género y economía

4.3.1. La complementariedad de los sexos

La relación entre género y economía está estrechamente vinculada a una noción biológica de los sexos que ha esencializado la construcción de género. El género, a pesar de tener cómo máxima virtud la capacidad de explicar la construcción de los sexos de los diferentes contextos culturales a partir de sus propios discursos, sería utilizado por muchos antropólogos como método de análisis de las relaciones entre hombres y mujeres de manera unívoca.[79] Ello tuvo como resultado la asunción de que los hombres eran los responsables del sustento económico de la familia, mientras las mujeres debían permanecer en la esfera doméstica y familiar desarrollando su actividad reproductiva, y teniendo presente la célebre complementariedad sexual.[80]

---

[79] Tal como hemos enunciado en la introducción, esa esencialización de los sexos no sería fuertemente cuestionada hasta el trabajo de Ortner (1979).

[80] A este hecho se había referido Lévi-Strauss (1984:72) al establecer un paralelismo que pretendía poner de relieve los aspectos positivos y negativos existentes entre "división del trabajo" y "prohibición del incesto": "Y lo mismo ocurre con la división del trabajo: constatar que un sexo se encarga de ciertos cometidos es igual a constatar que

Como había afirmado M. Nash (1994:193) "la comprensión del proceso según el cual las distinciones biológicas y anatómicas se trasladan a categorías sociales y culturales de diferenciación sexual representa uno de los ejes clave de comprensión de la trayectoria histórica de las mujeres."

Así, el sexo interpretado desde una perspectiva biologicista que definiría a las mujeres en función de la maternidad —tal como constataría el propio Malinowski (1975)— se convirtió en el factor legitimador que permitió recluir a la totalidad del colectivo femenino en el ámbito doméstico, aún cuando las mujeres estuviesen desarrollando otras actividades extra-familiares, relacionadas con la supervivencia del grupo. Al respecto de las numerosas incorrecciones que se han venido produciendo en referencia a la participación de las mujeres en la esfera económica, cuando no a la negación total de su participación en el ámbito de la economía, mostramos el ejemplo recogido por Di Lionardo (1991:7); ésta nos recuerda ciertas premisas que se han venido dando como ciertas y que han colaborado en la invisibilidad femenina: "las feministas también han señalado que sobrevalorando la caza masculina como la primera actividad humana por excelencia, los teóricos sobre el «hombre-cazador» ignoraron la evidencia clave de las sociedades contemporáneas cazadoras, recolectoras o forrajeras: las mujeres cazan mucho y la alimentación que recogen sobrepasa la mitad de lo recolectado y en algunas temporadas casi la totalidad de lo consumido."[81]

---

están prohibidos para el otro. Desde semejante perspectiva, la división del trabajo instituye un estado de dependencia recíproca entre ambos sexos."

[81] Por ejemplo, Gough (1975:53) había afirmado que "los hombres y las mujeres de una familia cooperan a través de una división de trabajo basada en el género." Al respecto, Peacock (1991:344) que había hecho su trabajo de campo entre los pigmeos de Zaire consideraba que, observando el trabajo de los hombres, había una parte sustancial de sus actividades que hacían las mujeres "estas actividades se identifican específicamente como caza, agricultura y comercio." También, entre muchos otros, Mencher (1988:100) quien había desarrollado sus investigaciones en Kerala y Tamil Nadu, al sur de la India, estudiando la participación femenina en el cultivo del arroz, quien había destacado que

Ahora bien, esta premisa a excepción clara de los marxistas M. Godelier, E. Terray y C. Meillassoux, no fue del todo defendida por los antropólogos aquí revisados. Muchos excluyeron la perspectiva jerárquica de la construcción social de los sexos que percibía a los hombres como abastecedores de la familia y a las mujeres como las reproductoras del grupo; más bien ocurriría lo contrario: buen número de autores destacarían el hecho de que cada sexo disfrutaba de su propia esfera de influencia.[82] Por tanto, cabría plantear si ese presupuesto no se habría extendido mucho más entre los antropólogos que trabajaban más directamente otros campos de la disciplina, como el parentesco o la política.

Otros dos factores que, unidos a la biologización de los sexos, serían claves en esa cierta invisibilidad femenina en la esfera económica provendrían, por un lado, de la propia concepción de "trabajo" mantenida por los antropólogos (definición estrechamente vinculada a los hombres) y, por otro, de las versiones que podían proporcionar los propios informantes (en algunos casos, se podía dificultar la constatación de las aportaciones de las mujeres al ámbito económico a causa de las versiones "masculinas" de la realidad).

Respecto al concepto "trabajo" definido históricamente como esfera masculina y supeditado a un reparto de actividades económicas entre los sexos que llevaría a una supuesta división sexual del mismo en el que nuevamente la maternidad se convertiría en el factor que reduciría a las mujeres al ámbito familiar, cabe decir que, tal como afirmó A. García (1995) entre otros, las actividades que realizan las mujeres cotidianamente en el hogar también son "trabajo": son trabajo doméstico.[83] Incluso, se puede afirmar, de acuerdo a la concepción

---

"las ganancias de las mujeres juegan un importante papel en el sostenimiento y supervivencia de la familia, en algunos hogares las mujeres parecen tomar el mantenimiento del hogar más en serio que los hombres."

[82] Malinowski (1986).

[83] Las definiciones de trabajo han sido extraídas de Aixelà (2000a:203-204).

de S. Narotzki,[84] que "trabajo" también es la "producción de personas" o "procreación", tal y como lo prueba, por ejemplo, la existencia de la dote (entendida como reconocimiento social a la participación de la mujer en la consolidación de un nuevo grupo familiar).[85] Por otro lado, también coexisten el trabajo contractual o asalariado, el trabajo remunerado y el trabajo no remunerado. El trabajo contractual o asalariado es aquel que se realiza bajo contrato laboral; el trabajo remunerado es aquel que percibe una contraprestación económica, pactada verbalmente o no; y el trabajo no remunerado es aquel que no recibe compensación económica por tratarse de una aportación desarrollada, mayoritariamente, en el seno del grupo familiar. Si se recuperase esa clasificación en relación a lo que es "trabajo", se observaría claramente cómo las mujeres nunca han quedado excluidas de él, y que, por tanto, siempre han participado de las esferas económicas. Otra cosa será la relación entre "el poder ejecutivo y el acceso a las actividades económicas" que destacaba T. del Valle et al. (1985:19) en el caso vasco.

El segundo factor, vinculado a la propia distorsión que los informantes masculinos filtraban en sus versiones de la realidad, puede ser perfectamente ejemplificado con el caso de Marruecos. Allí, la percepción nula que históricamente se ha tenido de las actividades femeninas condujo a recopilar datos etnográficos erróneos a Paul Pascon y M. Bentahar (1971)

| 161

---

[84] Narotzki (1995:69). Ella se fundamenta en el trabajo de Tabet "Fertilité naturelle, reproduction forcée", en Mathieu (ed.): *L'arroisonnement des femmes. Essais en anthropologie des sexes*, París, Editions de l'Ecole des Hautes Etudes en Sciences Sociales, 1985.

[85] Sin desear entrar en el debate sobre la dote entendida como compraventa femenina (Lévi-Strauss, 1991) o como adelanto por sus "servicios sexuales" (Mauss, 1925), destacar las aportaciones de M. Strathern (1987:272) al respecto, dado que para ella el investigador no debía dejarse llevar por una interpretación cercana a la manipulación de las mujeres como actores pasivos ya que "las nociones asociadas al poder descansan en una jerarquía occidental de este tipo... Es importante no prejuzgar su significación en la simbolización femenino y masculino. Por otro lado, bloqueamos la posibilidad de formarnos una idea crucial en el proceso socio-histórico."

Yolanda Aixelà Cabré

en la década de los años 70.[86] En sus entrevistas en las comunidades rurales marroquíes, siempre que hablaban con sus informantes y les preguntaban si sus mujeres trabajaban, éstos les respondían que no. Esa interpretación del trabajo femenino que recogieron Pascon y Bentahar también se filtró en las cifras oficiales aportadas por la Direction de la Statistique de Rabat, donde se corroboraba que apenas un 13% de las mujeres marroquíes en sociedades rurales trabajaban. Esta visión del trabajo femenino se esfumó en los años 80, tanto para muchos antropólogos como para el propio Estado alauí. En esa década, los funcionarios que se desplazaban a los distintos territorios dejaron de preguntar a los maridos si sus esposas e hijas trabajaban para preguntarles directamente a ellas cómo gastaban su tiempo [Schaefer (1996:187)]. El resultado fue que recogían la leña, traían agua, cuidaban de las gallinas y los animales de la granja, se ocupaban del rebaño, e incluso esquilaban las ovejas, manipulando la lana de principio a fin hasta tejer con ella ropas y tejidos para la casa; a todo ello se sumaba las tareas del hogar, el cuidado de la familia y la atención a los enfermos. En la medida en que las estadísticas marroquíes contemplaban como "trabajo" el trabajo masculino de autosubsistencia, tuvieron que incluir también el femenino: las cifras pasaron a mostrar que trabajaba el 84% de las mujeres residentes en esos contextos.

Estos tres factores, la biologización de la diferencia sexual, el concepto de trabajo y las versiones "masculinas" de la realidad, colaboraron en la presunción de una diversificación de actividades según sexo que al amparo de una supuesta complementariedad,[87] acabaría por traducirse en el paso de una diferenciación sexual a una jerarquización de los sexos.

---

[86] Este ejemplo ha sido parcialmente utilizado previamente en el apartado de métodos y técnicas de investigación antropológica.
[87] La complementariedad de los sexos falla en el caso de los hombres y mujeres solteros dada que la complementariedad necesita del matrimonio o de una unidad familiar sólida. O. Harris (1998).

Los autores que destacaremos son Marcel Mauss, Bronislaw Malinowski, Karl Polanyi, Melville J. Herskovits, Leslie. A White, Raymond Firth, Julian Steward, Morton Fried, Eric Wolf, Marvin Harris, Marshall Sahlins, Maurice Godelier, Emmanuel Terray y Claude Meillassoux.

4.3.2. Antecedentes

Marcel Mauss[88] (1872-1950) estudiaría el intercambio de dones en las sociedades primitivas o *arcaicas* bajo la propuesta de que éstos eran "teóricamente voluntarios, pero, en realidad, hechos y devueltos obligatoriamente" y añadía Mauss (1979b:157) respecto a esos fenómenos sociales «totales»: "éstos expresan a la vez y de golpe todo tipo de instituciones: las religiosas, jurídicas, morales —en éstas tanto las políticas como las familiares— y económicas, las cuales adoptan formas especiales de producción y consumo, o mejor de prestación y de distribución." A Mauss le interesaba el principio de reciprocidad basado en la triple obligación de donar, recibir y devolver el bien recibido. Una de sus principales preocupaciones consistió en analizar los principios de derecho y de interés que exigían, en las sociedades primitivas, que el don recibido debiera retribuirse. Mauss (1979b:170-171) entendía el don como una alianza y a la mujer como un bien: "todo, alimentos, mujeres, niños, bienes, talismanes, tierra, trabajo, servicios, oficios, oficios sacerdotales y rangos son materia de transmisión y devolución": para Mauss, se contraían alianzas por medio de las mujeres, propuesta que, como vimos en otros apartados, fue recuperada por grandes antropólogos como C. Lévi-Strauss.

---

[88] Sociólogo y antropólogo francés.

Branislaw Malinowski también tuvo una gran ascendencia en el ámbito de la economía. Al respecto de su importancia el propio Malinowski había escrito "creo que en todo el mundo encontraríamos que las relaciones entre la economía y la política son de tipo idéntico. Por doquier el jefe actúa como banquero tribal, acumulando comida, almacenándola y protegiéndola, para utilizarla luego en beneficio de toda la comunidad."[89] Tal como explicita Frakenberger (1974:56) entre otros, "Malinowski demostró que las leyes de la oferta y la demanda en el intercambio sufrían modificación por las relaciones sociales. Mostró la interrelación existente entre las relaciones sociales y las relaciones económicas en el Kula y entre los caciques de las Trobriand." Malinowski (1986:279) desvinculó a las mujeres del anillo Kula, y destacó que en esas tribus "la posición que en ellas ocupan las mujeres no se caracteriza por la opresión ni por su falta de peso social. Tienen su propia esfera de influencia, que en ciertos casos y en determinadas tribus es de gran importancia", aunque añadió "pero no llevan a cabo el intercambio kula[90] marítimo, ni entre ellas ni con los hombres." Y al margen de que pudieran o no participar del *kula*, debe mencionarse que Weiner, recuperado por L. Sass y a su vez por C. A. B. Warren y J. K. Hackney (2000:46), "describió un intercambio ritual femenino que ella representaba como eje de la vida social y cultural trobriandesa."

Malinowski (1986:69) también puso de manifiesto el poder femenino cuando expuso cómo en la vida marital las mujeres mantenían una gran independencia del marido siendo bien

---

[89] "Anthropology as the Basis of Social Sciences", en Cattel, Cohen & Travers (eds), *Human Affairs*, Mcmillan, Londres, 1937, p.232. Recuperado por M. Sahlins (1977:126).

[90] El *Kula* era un tipo de intercambio intertribal de largos collares de concha roja, *soulava*, y de brazaletes de concha blanca, *mwali*. Para más información se puede consultar su trabajo *Los argonautas de Pacífico occidental*.

consideradas,[91] y asimismo en la vida tribal, donde "el estatus de las mujeres es muy elevado. En general no participan en los consejos de los hombres, pero tienen sus propias reuniones para muchos asuntos y controlan determinados aspectos de la vida tribal. Así, por ejemplo, parte del trabajo hortícola está bajo su control, y esto se considera más bien un privilegio que un deber; también se cuidan de ciertas secuencias de las grandes reparticiones ceremoniales... Determinadas formas de magia... también son monopolio femenino. La mayoría de mujeres de rango tienen derecho a los privilegios propios de su condición y los hombres de castas bajas deben inclinarse ante ellas... Una mujer con rango de jefe que se casa con un hombre común, conserva su estatus incluso respecto a su marido, y tiene que ser tratada de acuerdo con él."

Malinowski consideraba que, en tanto que siempre eran los hombres los que administraban los bienes tanto en grupos matrilineales como en los patrilineales, cuando se distribuía la herencia de manera desigual era porque el padre estaba faltando a las normas del grupo matrilineal (a diferencia de Goody, que decía que ello era el resultado del «derecho residual»). Respecto a la maternidad, Malinowski (1975:102) destacó que "en las ideas, costumbres y dispositivos sociales referentes a la concepción, embarazo y el alumbramiento, el hecho de la maternidad está culturalmente determinado sobre todo por su naturaleza biológica." En cualquier caso, Malinowski (1974:249) expresó con gran claridad por qué creía que el derecho materno presentaba más ventajas que el paterno: "el valor que posee el derecho materno al eliminar las fuertes represiones del afecto paterno y al ubicar a la madre en una posición más coherente y mejor adaptada dentro del esquema de las prohibiciones sexuales de la co-

---

[91] Respecto al relativo valor que Malinowski otorgó a las mujeres trobriandesas, cabe mencionar el trabajo de Annette B. Weiner, *Women of value, men of renown. New perspectives on trobriand exchange*, Texas, University of Texas Press, 1976.

munidad." A todo ello, Malinowski (1974:126) sumaba el carácter matrilineal de la cultura: "el carácter matrilineal de la cultura se nos aparece... en los mitos sobre el origen del hombre, del orden social, y especialmente de los liderazgos y las divisiones totémicas, y de los distintos clanes y subclanes." También nos ofreció distintos ejemplos de la relación entre hermanos y de cómo las obligaciones de reciprocidad benefician al polígamo. En uno de sus textos sobre las islas Trobriand, Malinowski (1976:93) explicó la redistribución del siguiente modo: "la regla principal es que un hombre está obligado a distribuir casi todo el producto de su huerto entre sus hermanas; en realidad, a mantener a sus hermanas y a sus familias" y añadió que había que estudiar "qué parte de la renta tribal es asignada al jefe. A través de diversas vías, por obligaciones y tributos, y en especial a través de los efectos de la poligamia, con las obligaciones que resultan de ella para los parientes políticos, cerca del 30% de todo el producto alimenticio del distrito (ñames en gran medida) va a parar a las espaciosas casas, bellamente decoradas, del jefe."

4.3.3. *Teóricos de la Antropología Económica*

Karl Polanyi (1886-1964) propuso una definición substantivista de la economía que rechazaba la vía formalista y el determinismo económico, defendiendo la economía empírica "como una actividad institucionalizada de interacción entre el hombre y su entorno que da lugar a un suministro continuo de medios materiales de satisfacción de necesidades."[92] Polanyi (1976a:162) analizó la clasificación de las economías: "encontramos que las principales pautas son la reciprocidad, la redistribución y el intercambio." Estos tres aspectos eran diversas formas de integración de los grupos

---

[92] Polanyi (1976b:293).

a todos los niveles, si bien consideraba que el orden en la producción y la distribución en las sociedades primitivas se basaba sobre dos principios de comportamiento: la reciprocidad y la redistribución (que dependerían de tendencias individuales). Su clasificación de las economías[93] en la que la reciprocidad sería la forma más rudimentaria, seguida de la redistribución y, finalmente, de la economía de mercado, fue aprovechado por distintas antropólogas (Sacks, Boserup, Stoler, entre otras)[94] para plantear que había sido el Estado y, sobre todo, el impacto colonial el que había generado las diferencias de sexo.[95]

Melville J. Herskovits (1895-1963), partidario del formalismo en antropología económica, creía que el antropólogo "tiene que comprender la reacción de aquellos [un pueblo] a su hábitat, es decir, que el hecho de que habiten una isla, un valle montañoso, o una selva tropical repercute ampliamente en su peculiar modo de vida, de suerte que el antropólogo tropieza con un tipo de problemas propios de la geografía humana."[96] En general, partía de la premisa de que existía una división de actividades según sexo en las sociedades primitivas —"los tipos de trabajo que realizan los miembros de cada sexo pueden ser y, de hecho, son siempre diferentes"—[97] aunque Herskovits (1940:102) especificaba que

---

[93] Aunque la clasificación tenía una cierta correlación evolucionista, la propuesta de Polanyi no parecía contener la idea de progreso.

[94] Ese presupuesto también se percibió en historiadoras como Ralston (1988:80), quien consideró que el impacto de Occidente fue negativo para las mujeres: "en tiempos previos al contacto, la importancia del parentesco en las sociedades polinésicas tenía un énfasis particular en el rol de las mujeres como hijas, hermanas y tías, mientras como esposas y madres eran menos influyentes... En general, las mujeres no eran pensadas como débiles, dependientes, pasivas o con necesidad de protección."

[95] Vincent (1990:408-9). La autora también lo pone de manifiesto para el uso que estas mismas antropólogas hicieron de los trabajos de Fried.

[96] Herskovits (1952:20).

[97] Herskovits (1940:100-2) también había afirmado que "así, en las sociedades que viven en un nivel económico bajo la única división del trabajo aparece en el sexo."

cada sociedad podía crear su propia especialización: "todavía en otras sociedades primitivas, algunos hombres y mujeres se especializan no sólo en una técnica sino también en un cierto tipo de producto." En opinión de Herskovits (1940:103) "ningún aspecto de la vida económica primitiva ha atraído más atención que la división sexual del trabajo," división que para él era universal.

168

Sus reflexiones sobre el relativismo cultural fueron de gran interés porque en cierto modo coincidían con la denuncia de los prejuicios implícitos de los antropólogos.[98] Para rechazar estos juicios de valor, Herskovits (1952:75-76) puso el ejemplo de la poliginia en Dahomey, que debía contrarrestar las supuestas excelencias de la monogamia para las mujeres, al tiempo que destacó la importante participación de las mujeres en la esfera social y doméstica e, incluso, su independencia económica:

"la unidad es un hombre y varias mujeres. El hombre tiene su propia casa, como la tiene cada una de las mujeres... La unidad compuesta resultante es una unidad cooperativa. Las mujeres, que venden mercancías en el mercado o hacen cacharros o cuidan las huertas, contribuyen a su sostén. Pero este aspecto, aunque de gran importancia económica, es secundario si se le compara con el prestigio que da a la unidad, prestigio del que participan todos sus miembros. Por esto vemos a menudo que una esposa no sólo pide insistentemente a su marido que adquiera una segunda esposa, sino incluso le ayuda con préstamos o donativos para hacerlo. Como las ganancias de una mujer son suyas y puede disponer de ellas, y como las mujeres, como comerciantes en el mercado, gozan de elevada posición económica dentro de las posibilidades de esa sociedad poligámica, hay un apreciable número de

---

[98] Herskovits (1952:77) consideró que "las valoraciones son relativas al fondo cultural del cual surgen." Es cierto que no se refería al androcentrismo, sino al relativismo cultural; no obstante, la afirmación podría ser igualmente útil para éste.

ellas que disponen de medios abundantes, y pueden así ayudar a su marido en los gastos de otro casamiento... Además, tampoco falta la cooperación entre las esposas. Se realizan muchas tareas comunes en fraternal unísono y hay solidaridad en cuanto al interés de las prerrogativas de las mujeres, o cuando se ve amenazado el estatus del marido común, el padre de los hijos."

Mas adelante, Herskovits (1952:77) añadía el prestigio que suponía para las mujeres el matrimonio: "al menos, en esa sociedad el matrimonio es claramente diferente de las relaciones sexuales casuales y de la prostitución, también conocidas por los dahomeyanos. Difiere de éstas por sus sanciones sobrenaturales y por el prestigio que confiere, para no hablar de las obligaciones económicas hacia la esposa y los posibles retoños, explícitamente aceptadas por quien contrae matrimonio." Cabe destacar que en otro de sus textos, recogió los matrimonios entre mujeres que existían en Dahomey (de datos obtenidos en 1931) y los comparó con los de los ibo de Nigeria, los dinka y los nuer del Sudán, y los bavenda del Transvaal, de cara a establecer una tipificación. A pesar de hallar 13 tipos de matrimonio en Dahomey, destacó Herskovits (1937:337) que en general podían distinguirse dos tipos: los *akwénúsî* —mujeres con dinero— que eran "aquellos en que el precio de la novia se pagaba del esposo al padre de la novia", y los *xadudó* —custodia amistosa— en los cuales decía Herskovits (1937:337) que "estos pagos no se realizaban." Para Herskovits (1937:340) "la motivación que se halla tras él —el deseo de prestigio y poder económico— refleja los modelos dominantes de pensamiento de los dahomey y las fuerzas fundamentales que señalan la conducta en todos los aspectos de la vida", y añadía "la mujer se respeta, no sólo por los miembros de su propio entorno sino por los dahomey en general. Habitualmente ella es rica y según el número de personas que estén bajo su control, poderosa, mientras que, como cualquier otro dahomey que puede controlar recursos y personas, carece de prestigio."

Leslie A. White (1900-1975), norteamericano, influiría profundamente en la obra de M. Sahlins, M. Harris y E. R.

Service. Desarrolló sus trabajos a partir de los años treinta bajo la perspectiva del llamado "evolucionismo cultural", señalando distinciones entre la evolución unilineal y evolución plurilineal y refiriéndose a la Antropología como "Culturología." En su opinión, "el sistema ideológico está compuesto por ideas, creencias, conocimientos, expresados en el lenguaje articulado u otra forma simbólica" y añadía "los sistemas sociales son, en un sentido muy verdadero, secundarios respecto a los sistemas tecnológicos... Los sistemas sociales son en consecuencia determinados por sistemas tecnológicos; un cambio en éstos se traduce en un cambio en aquéllos."[99] White (1964:129) establecía la distinción entre lo biológico y lo cultural, y afirmaba: "la cultura puede ser considerada como una cosa sui generis, con una vida que le pertenece y con leyes propias... No existe, por ejemplo, ninguna relación funcional entre tipo racional o físico y lenguaje o dialecto. La gente de color puede hablar bantú, francés o chino. Lo mismo es válido para cualquier otro aspecto de la cultura, ya sea bajo la forma de familia, ética, música o economía." Consecuente con sus afirmaciones, White (1964:157) defendía que habían tantas maneras de pensar los sexos como culturas:

> "En ciertos grupos, el contacto sexual premarital está permitido a las muchachas y, además, la práctica forma parte integral de la rutina del noviazgo... En otros grupos la novia es sometida a pruebas de castidad, y se la mata si ya no tiene pureza. La madre soltera es estigmatizada en algunas sociedades, y algo que se da por sentado en otras... Si uno nace

---

[99] White (1964:338-339).

en una cultura polígama, pensará, sentirá y se comportará poligámicamente."

Raymond Firth (1974:31) entendía la antropología económica como aquella vertiente de la disciplina que "trataba de elucidar los principios subyacentes en dichos sistemas económicos y su relación con un cuerpo más general de pensamiento económico y de pensamiento sobre la naturaleza de la sociedad." Así fue como Firth estudió la sociedad Tikopia: como un sistema económico. En su opinión, la división entre hombres y mujeres, fuera de las diferencias físicas y de las de las tareas cotidianas, se extendía ampliamente a toda la esfera social. No obstante, Firth (1961:110) creyó que a menudo las restricciones femeninas eran más aparentes que verdaderas:

"A veces esas reglas tradicionales imponen verdaderas inhabilitaciones a las mujeres, aunque eso frecuentemente, es más aparente que real. Cualquiera sea, teóricamente, su posición social, una mujer ejerce, en la práctica, considerable influencia... Esas diferencias sociales entre uno y otro sexo —diferencias que se dan en todo tipo de sociedad humana— pueden referirse, en última instancia, a la situación biológica de la mujer en su condición de ser que engendra hijos."

Julian H. Steward (1902-1972), fundador de la ecología cultural y teórico del neoevolucionismo, junto con L.A. White, partía de la premisa que la familia era el primer paso de la evolución humana, y estableció dependencias entre la patrilocalidad, la organización patrilineal y los factores ecológicos.[100] Por ejemplo, para Steward cada *tipo cultural* representaba un estadio en una evolución que venía marcada por la estrecha relación entre adaptación ecológica y nivel de

---

[100]   Kaplan y Manners (1979:47).

integración sociocultural. Steward (1968a:321) consideraba que las comparaciones entre culturas mostraban las similitudes en las estructuras sociales, aunque advertía: "existe un peligro, no obstante, de cometer una falacia metodológica al asumir que las manifestaciones o efectos estructurales similares son siempre causados por factores idénticos." Como White, Steward (1968a:325) creía en la complementariedad de actividades según el sexo: "hay casos etnográficos, en los que los hombres tienen la función complementaria de la caza, y en los que los roles de las mujeres en el seno de la familia nuclear son más especializados y restrictivos."

Morton H. Fried (n.1923) creía que la sociedad estatal era una evolución de las formas anteriores de sociedad. Para diferenciar la sociedad igualitaria, de la jerárquica, de la estratificada[101] y de la estatal, Fried (1979:135) partía de la premisa de que "cada sociedad humana diferencia entre sus miembros y asigna mayor o menor prestigio a los individuos según alguno de sus atributos. Los criterios más simples y los más universales de estatus diferencial son aquellos dos ejes poderosos de la división básica del trabajo: la edad y el sexo." Dentro de la categorización de sociedades que ofrecía Fried (1979:135), cabe destacar que, en su opinión, la sociedad igualitaria no habían distinciones por ser hombre o mujer: "es aquélla en que existen tantas posiciones de prestigio en cualquier grado de edad-sexo como personas capaces de ocuparlas", y añadía Fried (1979:136) "la producción en una sociedad igualitaria es un asunto típicamente familiar... no está establecido ningún rol económico preferente, ni surge en esta ocasión una división regular del trabajo, no hay poder político en el estatus."

---

[101] Una de las características más importantes de la sociedad estratificada era el acceso a los «recursos estratégicos», entendidos como por Fried (1979:141n) como "cosas que, dada la base tecnológica y el marco ambiental de la cultura, mantienen la subsistencia."

En referencia a las sociedades jerárquicas,[102] Fried (1979: 137) continuó manteniendo que, si bien se trataba de sociedades que limitaban el acceso a los estatus, "las limitaciones a que nos referimos no tienen nada que ver con sexo, grupo de edad o atributos personales." De hecho, esas diferencias serían apreciables en la sociedad estratificada, que se caracterizaría precisamente por ser aquélla en que los miembros del mismo sexo y estatus de edad equivalentes no tienen igual acceso a los recursos básicos.[103]

| 173

Eric R. Wolf[104] (n.1923) presentó un trabajo que vinculaba el análisis marxista con la emergencia de los nuevos campos de estudio antropológicos, más centrados en los sociedades complejas. En su caso, Wolf (1968) identificó un tipo de estructura campesina comunitaria, «la comunidad corporativa cerrada», tanto en Java como en Mesoamérica, lo que le permitió afirmar que se habían producido una serie de condiciones históricas que condujeron al surgimiento de este tipo de comunidad en dos lugares tan apartados. Especialmente, se interesó por las sociedades rurales y su relación con las ciudades,[105] aunque al respecto Wolf (1976:268) afirmó que "más que una ciudad, el Estado constituye el criterio decisivo de civilización y la aparición de este Estado es la que señala el umbral de la transición entre productores primitivos de alimentos y campesinos." Wolf (1978:70-77) diferenciaba las sociedades según sus relaciones de producción, por lo que distinguía entre dominio feudal, prebendal y mercantil. Destacaba su concepción de la familia como unidad doméstica

---

[102] Se pasaba de las igualitarias a las jerárquicas por la sustitución de una economía dominada por la reciprocidad a otra controlada por la distribución.

[103] Service (1984:63).

[104] Antropólogo austríaco que desarrolló el análisis sobre las sociedades campesinas.

[105] Wolf (1979) desarrolló diversos estudios de caso partiendo de esa diferencia y atendiendo a los distintos tipos de campesino que se habían implicado en revoluciones o rebeliones, e ilustraba México, Rusia, China, Vietnam, Argelia y Cuba.

de producción. Para Wolf (1978:90), los miembros de una familia (marido, esposa e hijos) eran trabajadores adicionales *permanentes*, y hombres y mujeres eran vistos como fuerza de trabajo y realizaban actividades complementarias:

174

"en las zadrugas los hombres aran, amontonan el heno, cortan madera, hacen muebles, y trabajan en viñas y huertos. Las mujeres cultivan los jardines, cocinan, lavan limpian las cosas, bordan y trabajan la lana. Los hombres ayudan a las mujeres tejiendo; inversamente, las mujeres ayudan a los hombres en trabajos como cavar o segar. Los niños y las jóvenes solteras se encargan del ganado menor, y las personas mayores asumen pequeños trabajos en la casa o en el campo."

Marvin Harris (n.1927), conocido defensor del materialismo cultural, consideraba que los sistemas socioculturales tenían tres ejes: "la infraestructura, que consiste en modo de producción y modo de reproducción, la estructura, o sea, la economía doméstica y la economía política, y la superestructura, o sea, las creencias y las prácticas estéticas, simbólicas, filosóficas y religiosas."[106] En uno de sus textos, M. Harris (1991:249) ponía de manifiesto el control que los hombres han venido ejerciendo sobre las mujeres: "debido a la difusión de las instituciones y valores fundados en la supremacía masculina, existen pocas sociedades, si las hay, en que la libertad sexual femenina no se halle sujeta a más limitaciones que la masculina." M. Harris (1991:255) señaló el androcentrismo que ha caracterizado a las culturas: "los varones, como todos los grupos dominantes, tratan de promover una imagen de sus subordinados que contribuye a preservar el status quo [la célebre teoría marxista de la «ideología dominante»].

---

[106] M. Harris y E. B. Ross (1991:10).

Durante miles de años, los varones han visto a las mujeres no como éstas podían ser, sino exclusivamente como ellos querían que fueran." En opinión de M. Harris (1987:79-80), la construcción de los sexos no tenía una base biológica:[107] "me inclino hacia el punto de vista del movimiento de liberación de la mujer que sostiene que la «anatomía no es destino», dando a entender que las diferencias sexuales innatas no pueden explicar la distribución desigual de privilegios y poderes entre hombres y mujeres en las esfera doméstica, económica y política" y añadió "en las sociedades humanas, el dominio sexual no depende de qué sexo alcanza un mayor tamaño o es innatamente más agresivo, sino de qué sexo controla la tecnología de la defensa y de la agresión."

| 175

Marshall Sahlins[108] (n.1930), se interrogó sobre el funcionamiento de la economía en las sociedades primitivas y, con la ayuda de los datos etnográficos, Sahlins (1983:22-53) propuso una relectura de la supuesta economía de subsistencia que caracterizaba estas sociedades. Las conclusiones a las que Sahlins llegó eran que, a pesar de que supuestamente en las sociedades primitivas la población dedicaba todos sus esfuerzos a la obtención de alimentos, en la realidad dedicaban un promedio de unas cinco horas al día por lo que la sociedad primitiva era, en realidad, la primera sociedad de la abundancia. Sahlins había analizado la relación entre "las categorías recibidas y contextos percibidos"[109] y en tanto que representante del substantivismo lo que pretendía era "establecer una economía antropológica",[110] es decir, Sahlins (1976:233) quería reconocer que "la economía... lleva implícito algo más

---

[107]   La única excepción que esgrime Harris (1987:101) es el de las sociedades en las que la guerra era prioritaria y la fuerza física un factor a tener en cuenta.
[108]   Antropólogo norteamericano con fuertes aportaciones a la antropología ecológica y a la teoría substantivista.
[109]   Augé (1995:84).
[110]   Martínez Veiga (1990:64)

que la simple idea de que la economía está relacionada funcionalmente con las combinaciones sociales y políticas de las sociedades tribales. La economía no puede separarse de estas combinaciones..."

176 | Se destaca de Sahlins su afirmación del predominio de la división sexual del trabajo y es interesante la vinculación que creó entre esa división de tareas, los *bigmen* y la explotación de sus esposas: "mucho más que un privilegio, la poliginia de los jefes es una necesidad en tanto constituye para ellos el principal medio de actuar como líderes: la fuerza de trabajo de las esposas suplementarias es utilizada por el marido para producir el excedente de bienes de consumo que distribuirá en la comunidad."[111] Sahlins estableció que el parentesco y la política eran, en la realidad tribal, la organización misma del proceso económico. Sus referencias a las mujeres son escasas y a menudo las pone en relación a la posible riqueza que puedan generar a los hombres. Por ejemplo, Sahlins (1976:251-252) afirmaba respecto al interés de un hombre melanesio por convertirse en un hombre influyente: "todo personaje prometedor depende inicialmente de un reducido número de leales, principalmente sus familiares y parientes más próximos.. En la fase inicial, un hombre importante [bigman] tratará de ampliar su propio hogar, principalmente adquiriendo más esposas. Cuantas más tenga más cerdos. (La relación entre esposas y cerdos es funcional, no idéntica: con más mujeres que trabajen faenas agrícolas se criarán más cerdos y habrá más porquerizos)." Para Sahlins, un *bigman* extraía su prestigio de su habilidad personal, su fuerza, su poder de persuasión y de su generosidad. En cualquier caso,

---

[111] Clastres (1981b:144). De hecho, para Yanagisako y Collier (1987:29), las investigaciones de Sahlins en Hawai mostraban que "la lucha sobre las implicaciones de la jerarquía era simultáneamente un lucha contra la jefatura y contra las relaciones de género. Para los hawaianos, los pactos de la relación jefe/hombre corriente y la relación marido/mujer estaban implicados los unos en los otros y cambiaban al mismo tiempo."

cabe destacar la crítica general que Sahlins (1988:194-199) realizó al presupuesto de la supuesta "naturalidad" del dominio político masculino frente a las mujeres.[112]

Maurice Godelier (1976:298), representante del estructural-marxismo, consideraba que la etnología moderna había | 177

"multiplicado las informaciones sobre las desigualdades económicas y políticas que existen en las sociedades sin clases entre ancianos y cadetes, hombres y mujeres, «big-men» y plebeyos, linajes fundadores y linajes de inmigrantes, etc. Podemos calibrar así lo enorme de la tarea teórica de la antropología, que poco a poco ha acumulado informaciones preciosas sobre las diversas formas de las relaciones sociales y se ve forzada a construir la teoría de esta diversidad y a explicar las razones de estas diversas evoluciones."

Los trabajos de Godelier, fuertemente criticados por A. Adler y especialmente por un ofendido P. Clastres,[113] proponían una aproximación a las sociedades primitivas desde el marxismo y el estructuralismo. Godelier (1977:14) vinculaba economía y parentesco: "para explicar el hecho de que, en el seno de una sociedad determinada, un tipo de organización

---

[112] Al respecto, Sahlins (1988:205) afirmó que "el pensamiento no tiene más alternativa que ceder ante la absoluta soberanía del mundo físico. Pero el error consiste en eso: en que no existe lógica material al margen del interés práctico, y el interés práctico de los hombres por la producción está constituido simbólicamente. Las finalidades, así como las modalidades de la producción provienen del lado cultural y la organización de esos medios materiales. Hemos visto que nada de lo concerniente a su capacidad para satisfacer una exigencia material (biológica) puede explicar por qué los pantalones son producidos para los hombres y las faldas para las mujeres...."

[113] Por ejemplo, Clastres (1981b:174) creía que Godelier "a patadas quiere hacer entrar en la sociedad primitiva (en la que no tiene nada que hacer) las categorías marxistas de relaciones de producción, fuerzas productivas, desarrollo de las fuerzas productivas —este penoso lenguaje de madera que tienen siempre a flor de labios— todo ello bien entramado en el estructuralismo: sociedad primitiva —relaciones de parentesco— relaciones de producción. Así de sencillo."

familiar funcione como unidad de producción y/o unidad de consumo o no funcione, en absoluto o solamente en parte, como tal, hay que ir más allá de estos aspectos accesibles de las relaciones de parentesco y examinar las condiciones sociales de la producción, el o los modos de producción de los medios materiales de la existencia social." Consideraba que la influencia de la sociedad europea había provocado la transformación de las estructuras familiares y económicas de diversas culturas, afectando directamente al colectivo de mujeres. Así, Godelier (1977:20) mostraba cómo en el caso de los kariera, estudiados por Radcliffe-Brown, "la importancia económica de la mujer se encuentra a partir de ese momento considerablemente reducida y ello tiene por efecto la disminución del número de matrimonios polígamos, ya que, en lugar de constituir una aportación de recursos suplementarios, tomar una esposa suplementaria significa asumir cargas suplementarias." Al igual que Lévi-Strauss, Godelier consideraba que existía una estrecha relación entre la prohibición del incesto y la obligación de la exogamia, y defendía el habitual intercambio de mujeres: "una sociedad se caracteriza por un sistema de parentesco de mitades cuando está dividida en dos grupos matrimoniales exogámicos que intercambian las mujeres entre sí."[114] De hecho, P. Clastres (1981c:176) le recriminaba su análisis: "reflexionar sobre el origen de la desigualdad, la división social, las clases, la dominación, implica adentrarse en el campo de la política, el poder y el Estado, y no de la economía, la producción, etcétera."

Emmanuel Terray profundizó asimismo en la antropología económica desde la óptica marxista. Respecto al reparto de actividades según el sexo, Terray (1971:108) —de la misma opinión que Claude Meillassoux respecto a los gouro—,

---

[114] Godelier (1977:14-15).

afirmaba que existía una "división sexual del trabajo y de la cooperación entre los sexos" lo que se evidenciaba —añadía— en que habían procesos femeninos, procesos alternados, procesos mixtos y procesos al mismo tiempo mixtos y alternados. Para Terray (1977:114), la distinción sexual podía responder a una naturalización social o a una diferenciación de orden distinto: | 179

"o bien la división de la sociedad en clases reproduce o repite las diferenciaciones «naturales» o sociohistóricas presentes en la sociedad: en ese caso, las clases coinciden con los sexos, las generaciones... En tal caso, podría hablarse de clases con un reclutamiento cerrado... O bien la división de la sociedad en clases es distinta de las diferenciaciones «naturales» o sociohistóricas, e introduce nuevas divisiones en ellas...Aquí podría hablarse de un reclutamiento abierto."

Para Terray (1977:117), esta distinción era importante porque daba relieve a su estudio de clases aplicado al caso del reino abron de Gyaman:

"en el primer caso, en efecto, las clases, confundidas con los sexos, los grupos de edad, las categorías del parentesco o las comunidades étnicas no tienen existencia social distinta y autónoma. Al mismo tiempo, los conflictos de clase asumen la forma de conflictos entre sexos... las clases y sus contradicciones no llegan a desarrollarse como tales; su modo de aparición frena su expresión y limita su desarrollo."

No obstante, Terray aceptó la posibilidad de que las mujeres pudieran utilizar su posición de clase para adquirir un cierto poder en el caso, por ejemplo, del modo de producción de linaje, a pesar de que ciertos rasgos de estos grupos les impedía tomar conciencia de sí mismas, organizarse y proponer una reorganización social en base a sus propios criterios. Para

Terray (1977:118), en efecto: "la división fisiológica y económica del trabajo crea entre ellos lazos de complementariedad suficientemente estrechos como para que ninguno de ellos pueda concebirse a sí mismo independientemente del otro, ni fijarse como finalidad la aniquilación del otro." Este presupuesto lo ejemplificaba Terray (1977:129) con las mujeres del país kulango y de abron ya que, a pesar de establecer que "existe innegablemente dominación de los hombres sobre las mujeres y explotación del trabajo femenino", en este caso concreto decía Terray (1977:129-130)

> "la división del trabajo entre los sexos realiza una distribución de las tareas más equilibrada... Las mujeres pueden vender, para su provecho, el excedente de su producción. Los bienes dejados por una mujer son heredados por su hermana uterina, por su hija o por la hija de su hermana... Las mujeres y, en particular, las ancianas son consultadas regularmente y ejercen sobre las decisiones una influencia discreta, pero considerable. Por otra parte, los «asuntos de mujeres» son dirimidos por las mujeres... En resumen, en el país abron y en el país kulango, las mujeres disfrutan de una autonomía relativa, favorecida además por la regla de residencia paralela y la tendencia a la endogamia de aldea... También encontramos esta relativa autonomía en el plano político, como se ve por el lugar asignado a las reinas en la organización del Estado abron."

Claude Meillassoux examinó la producción, distribución y alianzas en una sociedad de linajes segmentarios, la de los gouro de Costa de Marfil. Señaló el cambio de una economía de subsistencia a una de agricultura comercial enfatizando el control de los hermanos mayores varones sobre la unidad doméstica. Para Meillassoux, en la medida en que la mujer era "productora del productor", los mayores (hombres) tenían que controlar el proceso de circulación de las mujeres y de las dotes para que con ese proceso se pudiesen reproducir las estructuras sociales de dicha primacía.[115] De hecho, para Meillassoux (1987:110), existía una clara superioridad de los hombres sobre las mujeres que se observaba en que "a pesar de su función irremplazable en la reproducción, jamás interviene como vector de organización social. Desaparece detrás del hombre: su padre, su hermano o su esposo. Esta condición de la mujer, como vimos, no es natural, sino que resulta de circunstancias históricas cambiantes, siempre ligadas a sus funciones de reproductora."[116] No obstante, y tal como constató Meillassoux (1987:48-49), esa invisibilidad femenina no obviaba su extrema importancia social, que se hacía patente a la hora de buscar nuevas esposas que aumentaran el grupo: "las mujeres, al asegurar la continuidad de las tareas agrícolas y de las células productivas, son los polos hacia los cuales se desplazan los hombres. La movilidad masculina domina en el seno de la colectividad", y añadía: "si su número o fecundidad se sitúan por debajo de un cierto umbral, las posibilidades de reproducción están amenazadas... la circulación femenina necesaria para realizar esta corrección no puede sino cuestionar los principios de la filiación establecidos sobre la base de la inmovilización de las mujeres en su grupo de origen. Esta corrección sólo puede realizarse mediante la introducción de mujeres tomadas en el exterior... es contante la tendencia al rapto y a la guerra... En esta situación, la mujer es la presa."

Meillassoux (1986:15) explica cómo los dogon justifican la actual subordinación de las mujeres a los hombres a través de

---

[115] Un pormenorizado análisis sobre parte de la obra de Meillassoux, lo ofrece Terray (1971).

[116] Yanagisako y Collier (1987:21) se hicieron eco de las críticas que hicieron a Meillassoux por ver a las mujeres sólo como reproductoras, rechazando sus actividades productivas. No obstante, Yanagisako y Collier (1987:21) pensaban que para Meillassoux "el parentesco es la institución que al final regula la función de la reproducción de los seres humanos y la reproducción de la formación social entera."

una narración mítica que recuerda a la comunidad que ellas ya perdieron su oportunidad:

> "El mayor esfuerzo del hombre en la historia ha sido conquistar la función reproductiva de la mujer y luchar contra el incipiente poder derivado de sus capacidades reproductivas. Numerosos mitos en África, y tal vez en otros lugares, narran tiempos antiguos donde las mujeres tenían poder sobre la naturaleza: los animales salvajes las obedecían y eran las dueñas del mundo. Pero, un día, cometieron un error... los animales huyeron y ellas perdieron su poder. Los hombres lo tomaron y lo han conservado desde entonces. Cada sesenta años los dogon celebran la victoria de los hombres sobre las mujeres... A través de este mito la actual inferioridad de las mujeres se explica y justifica: ellas tuvieron su oportunidad y la perdieron."

En cualquier caso, y al margen de algunos argumentos como el observado, Meillassoux (1987:112) constató hasta qué punto la mujer estaba siendo dominada y explotada por los hombres: "la subordinación de la mujer la vuelve susceptible de dos formas de explotación: explotación de su trabajo, en la medida que el producto pertenece a su esposo, quien asume la dirección del mismo o su transmisión al mayor, no le es entregado integralmente; explotación de sus capacidades de procreación, en especial porque la filiación, vale decir los derechos sobre la descendencia, se establece siempre entre los hombres."

4.3.4. Conclusiones

De los distintos campos revisados, la antropología económica es la que ha ofrecido una mayor disparidad de opiniones respecto al papel que tuvieron las mujeres en las distintas sociedades estudiadas. Al mismo tiempo, es la especialidad en la que se hicieron más visibles las aportaciones femeninas.

Esta mirada, tan distinta de la observada hasta ahora sobre el colectivo femenino, sobre todo por el gran número de antropólogos que la constataron, pudo deberse, bien a que los investigadores estaban menos mediatizados por ciertos discursos androcéntricos de la época y de la disciplina, bien, tal vez, a que el trabajo de campo les permitió observar la participación femenina en la economía comunitaria. | 183

En cualquier caso, nos encontramos con que fueron numerosos los investigadores que iban a defender que, si bien la subordinación femenina era universal, las mujeres detentaban diversos segmentos de poder: Malinowski, Firth, Herskovits, Harris y Terray. Harris llegaría a denunciar el androcentrismo del discurso masculino, y Malinowski, igual que después haría el propio Harris, afirmaría que la exclusión femenina de la economía era debida a que los hombres habían acaparado el proceso económico y negaban a las mujeres la entrada en él.

Sólo Fried y Polanyi defendieron la existencia de sociedades igualitarias relativamente isogenéricas en las que el sexo no había intervenido como factor a partir del cual se construyesen relaciones jerarquizadas entre hombres y mujeres; ambos creyeron observar casos de igualdad sexual. Polanyi, incluso, tal y como posteriormente defendería Godelier, consideró que lo que había creado las diferencias sexuales había sido el impacto del Estado.

Igual que sucedió en anteriores apartados, algunos antropólogos, como White, Steward y Terray, creían que esa diversificación de tareas entre hombres y mujeres era resultado de una complementariedad sexual. En este punto se diferenciaron de Sahlins, Wolf, Fried y Terray, que defendieron que más que un reparto complementario, la diversificación de tareas era la clara manifestación de la existencia de una división sexual del trabajo. Nuevamente, serían Terray y Meillassoux, junto con Sahlins, los que pondrían de relieve las consecuencias de la dominación masculina sobre el otro sexo: la explotación femenina.

184 | Con estas afirmaciones, Sahlins, Wolf, Terray y Meillassoux sentarían las bases para que, más tarde, otros antropólogos defendieran, desde nuevas perspectivas, que las actividades femeninas domésticas deberían ser consideradas también como "trabajo".

Por lo que se refiere a la conceptualización de los sexos que en otros campos, como el de parentesco o política, se había construido desde el binomio mujer/naturaleza, hombre/cultura, cabe constatar su total ausencia en los trabajos reseñados de antropología económica. En contra de esta propuesta, se mostraron abiertamente, por un lado, Terray y Meillassoux, que afirmarían que se trataba de una "naturalización social", y, por otro, White y Harris, que rechazarían toda base biológica para destacar en cambio que existían diferentes maneras de pensar los sexos.

En cualquier caso, el análisis de buena parte de estos antropólogos ha puesto de relieve que las mujeres han venido desarrollando diversas actividades en la esfera económica, otra cosa es que los avances que se introdujeron para hacer visibles a las mujeres, no fueron suficientes para transformar una concepción de "trabajo" que aún seguía persistentemente vinculada a la jerarquización sexual y a la compartimentación de esferas y espacios según sexo. Fue por ello por lo que, probablemente, no incidió de manera importante en el resto de los campos antropológicos: aunque se reconoció, en alguna medida, la participación social femenina, el discurso imperante en Antropología continuaba estando marcado por una mirada androcéntrica para la que hombres y mujeres eran complementarios.

4.4. Género y religión

4.4.1. La legitimación de las categorías sexuales

Los mitos, la magia y las creencias religiosas *consagran*, en su mayoría, una construcción de género que, como hemos visto, se constituyó desde el parentesco en la categorización sexual, se fundamentó desde la economía en una supuesta complementariedad sexual, y se legitimó desde la política a través de la dependencia entre poder y sexos. | 185

La plasmación de la invisibilidad social femenina en la esfera religiosa supone la máxima expresión de su desamparo y neutraliza a priori las posibles revisiones de la perspectiva androcéntrica, sobre todo en el campo de las religiones monoteístas,[117] dado que consigue dar a la construcción social de los sexos el aval necesario para instituir una diferencia de sexo en una división desigual, jerarquizada e irreductible entre hombres y mujeres[118] al amparo de conceptos tan difusos como "lo intangible", "lo sagrado", "lo numinoso" y "lo inefable". Y es que como constató Delgado (1996:197) lo religioso, lo mitológico y lo mágico no son más que "una forma expeditiva y elaborada de hacer y decir, destinada a justificar

---

[117]   Sobre la concepción androcéntrica de la religión islámica destacamos a Holy (1991). Al respecto de la religión católica, Delgado (1993:18) había afirmado "la iglesia, como hipóstasis de la autoridad social, pasaría a ser leída, igual que el mismo poder de la comunidad, del cual era alegoría, como actuando en la ideología dualista entre lo propio del hombre y lo propio de la mujer, contribuyendo tanto repertorial como ideológicamente a la esencialización de la femineidad y sus «misterios» y encarnando presuntos peligros para la hegemonía del mundo-hombre." Por último, mencionamos a Delaney (1991) que sugirió que existía una teoría monogenética de la procreación que era correlativa con la doctrina teológica monoteísta: el principio de creación venía solamente de una fuente que era simbólicamente masculina.
[118]   Al respecto de la construcción de los sexos desde la vertiente religiosa, Mead (1994:19) había afirmado que "algunas religiones, entre las que se encuentran nuestras religiones tradicionales europeas, han asignado a las mujeres un papel inferior en la jerarquía religiosa, mientras otras han construido toda su relación simbólica con el mundo sobrenatural a partir de imitaciones masculinas de las funciones naturales de las mujeres."

la organización del mundo y el sentido de la experiencia..." De hecho, tal como recogieron distintos antropólogos, esa diferenciación sexual se plasmó también en el campo ritual, dado que en él se producía una división sexual entre hombres y mujeres.[119]

186 Ahora bien, que se haya asentado un androcentrismo que margine a las mujeres desde los mitos, la magia y las religiones, no tiene por qué significar que se hayan reducido ni sus estrategias sociales ni sus ámbitos de influencia en las prácticas sociales; que no se reconozcan los poderes femeninos no quiere decir que no existan. Al respecto, V. Turner (1980) mostró la complejidad de la construcción social de los sexos a través de la práctica ritual. En aquélla, las mujeres manifestaban sus poderes a pesar de la jerarquización sexual.

Así, la manipulación que se ejerce desde el discurso androcéntrico constituye un resorte sociopolítico empleado para justificar la desigualdad sexual. Dicho de otra manera: el discurso androcéntrico no encuentra su base en las esferas mágico-religiosa-mitólogica, sino que en ellas busca la legitimidad necesaria para continuar manteniendo un discurso desigual y jerarquizador.

Para ejemplificar lo mencionado, voy a recurrir nuevamente a mi experiencia de trabajo de campo en Marruecos: si en el reino alauí las mujeres marroquíes carecen de igualdad de oportunidades en algunos ámbitos sociales como la esfera económica o la política, no es sólo porque sean musulmanas, sino también porque el derecho con que se rigen permite una práctica discriminatoria.[120] Lo que es más importante de este ejemplo es que la argumentación que las estructuras gubernamentales utilizan para justificar esa desigualdad no se construye en lo jurídico, lo familiar, lo económico o lo

---

[119] Evans-Pritchard, Turner, etc.

[120] En Marruecos, igual que en otros países del Magreb, coexiste un texto constitucional con un código islámico —*Mudawwana*—. Para más información Aixelà (2000a).

político, sino desde un solapado y cuidadoso discurso religioso:[121] si es necesario que las mujeres conserven la posición
que ocupan, es porque deben cumplir con los preceptos del
Islam y evitar así la supuesta "disolución de la sociedad mu-
sulmana" que podría acaecer tras la constitución de unos Estados postcoloniales largamente cuestionados culturalmente
por los europeos.[122] Hoy, la sociedad marroquí en su conjunto ha asumido que sus mujeres son las guardianas de la identidad colectiva, y muchas de ellas, también lo han hecho.[123]
Los autores que destacaremos serán James G. Frazer, Emile
Durkheim, Marcel Mauss, Arnold Van Gennep, Raymond
Firth, E.E. Evans-Pritchard, Claude Lévi-Strauss, Max Gluckman, Victor Turner, Mary Douglas y Clifford Geertz.

4.4.2. Antecedentes

James G. Frazer (1854-1941), de nacionalidad escocesa,
exponente de los "antropólogos de gabinete", rechazó la noción de magia tachándola de pseudociencia al decir Frazer
(1989:34) que "la magia es un sistema espurio de leyes naturales así como una guía errónea de conducta; es una ciencia
falsa y un arte abortado." Para Frazer (1989:76), la religión
era "una propiciación o conciliación de los poderes superiores al hombre que se cree dirigen y gobiernan el curso de la
naturaleza y de la vida humana." Frazer (1989:85-86) consideraba que:

---

[121] Sobre la manipulación del discurso religioso y su vinculación con el género en
Marruecos en el siglo XX, se puede consultar Aixelà (2002).

[122] También han influido otros factores como el de la necesidad de recuperar una identidad propia, fundamentada en lo árabe y lo islámico, perseguida y ultrajada durante
la colonización. En cualquier caso, estos aspectos están analizados con mucha mayor
profundidad en Aixelà (2000a:233-273).

[123] Un estupendo trabajo que analiza cómo las mujeres veladas han sido instrumenta-
lizadas para dar una apariencia de tradicionalismo a una sociedad en plena transformación es el de Kasriel (1989).

"con el desarrollo del conocimiento, la religión tendió a convertirse en la confesión de la entera y absoluta dependencia del hombre con respecto a lo divino; su antiguo comportamiento libre se transforma en la más abyecta postración ante los misteriosos poderes invisibles, y su más apreciable virtud es someter a ellos su voluntad... Este profundo sentido religioso, esta sumisión más perfecta a la divina voluntad en todas las cosas, sólo afecta a aquellas inteligencias superiores que tienen suficiente amplitud de visión para comprender la inmensidad del universo y la pequeñez del hombre."

188

Su trabajo *The Golden Bough* representa una de las más extensas compilaciones de elementos etnológicos,[124] y constituyó un estudio que pretendía reforzar las tesis de Tylor de que la religión moderna era un desarrollo natural de sus antecedentes primitivos. Las descripciones de Frazer respecto a aquellas actividades mágicas o religiosas en las que participan las mujeres son realmente escasas, así como las posibles informaciones de cómo afectaba la diferenciación de los sexos a las creencias. En cualquier caso, merece la pena destacar la propuesta de Frazer (1989:772-773) según la cual existía una especie de totemismo sexual, eso sí, menos extendido de lo que pensaba Durkheim, "en las tribus del sudeste australiano que hemos estado considerando, el murciélago y el chotacabras, el reyezuelo-emú y el reyezuelo azul pueden con toda propiedad describirse como tótems de los sexos", ya que en su opinión "mucho más corriente es la asignación de un tótem no al sexo, sino a un clan, y que sea hereditario en la línea masculina o en la femenina. La relación del individuo con el tótem del clan no difiere en calidad de su relación con

---

[124] A juicio de Evans-Pritchard (1990:7) "tales reconstrucciones no solamente implicaban juicios morales, sino que eran siempre meras conjeturas." También Ruth Benedict (1953:44), entre muchos otros, criticó esta obra de Frazer ya que "estudios sobre la cultura como *The Golgen Bouh* y los usuales volúmenes de etnología comparativa son una discusión analítica de rasgos e ignoran todos los aspectos de la integración cultural."

Género y Antropología Social

el tótem del sexo." Al margen de tales reflexiones, la obra de Frazer no se distinguió precisamente por su atención a la dimensión de género en los "fenómenos religiosos".

4.4.3. Teóricos de la Antropología de la Religión

189

Emile Durkheim (1982:157) enfocó la religión como un hecho esencialmente social y con dispositivos de clasificación que albergarían la distinción entre lo sagrado y lo profano, aspectos importantes si se tiene presente que, tal como recogería E. Evans-Pritchard (1984:108), Durkheim consideraba que "a medida que la religión espiritual fuese declinando, tomaría su lugar una religión secularizada de tipo humanista." La religión, junto con la moral y el derecho, formaba parte del sistema de control y regulación social. Durkheim (1982:131) definió las religiones como "sistemas de ideas que tendían a abarcar el universo de las cosas y a darnos una representación total del mundo." Durkheim (1985:212) estudió las creencias religiosas y puso de manifiesto cómo sus discursos eran utilizados para legitimar las realidades sociales: "sabemos que la religión penetra toda la vida social, pero es porque la vida social está constituida casi exclusivamente de creencias y prácticas comunes que sacan de una adhesión unánime una intensidad completamente particular." Durkheim (1982:138) repitió esa misma idea al referirse a la idea de jerarquía: "la jerarquía es algo exclusivamente social. Tan sólo en la sociedad existen los superiores, los inferiores, los iguales... [Esas ideas] las hemos tomado de la sociedad para proyectarlas posteriormente sobre nuestra representación del mundo."[125]

---

[125] Durkheim (1986:51-52) consideró que las sociedades exhibían diversas representaciones colectivas que modelaban la conciencia individual y propuso que los hechos sociales eran reglas del comportamiento, normas, que había definido como "toda ma-

Lo social que hay en lo religioso,[126] junto con la recuperación del totemismo sexual de Frazer (según el cual "cada sexo ve en el animal con el que así está emparentado un protector que conviene tratar con los mayores miramientos..."),[127] llevaría a Durkheim (1982:156) a constatar que la diferenciación entre hombres y mujeres en la religión totémica era una traslación de una realidad social cotidiana: "en cuanto a lo que se refiere al hecho de que se asigne un origen distinto a hombres y mujeres, hay que buscar, sin duda, la razón en el estado de separación en que viven los sexos."

Es de gran interés señalar las razones aducidas por Durkheim (1996:165-166) para justificar por qué inicialmente se transmitió el tótem por vía uterina, dado que sus explicaciones filtran una manera muy concreta de pensar la construcción de los sexos vinculada a la noción de mujeres/naturaleza y hombres/cultura, así como a la jerarquización sexual:

> "sin que sea necesario tratar a fondo esta cuestión, las razones que siguen son suficientes para justificar nuestro postulado: 1º) Cuánto más rudimentariamente desarrolladas están las sociedades, más frecuente es el clan materno... 2º) Nunca se ha observado que un clan paterno se convirtiese en un clan uterino; no puede citarse ni un solo caso en el que esta metamorfosis haya sido observada directamente. Por el contrario, se sabe con certeza que la transformación inversa sucede con cierta frecuencia. 3º) Por otra parte, una transformación como la anterior resulta inexplicable. ¿Qué es lo que habría podido decidir al grupo del padre a desprenderse parcialmente de sus hijos y a imponerles un tótem extraño, con todas las obligaciones morales u religiosas que de ello

---

nera de hacer, establecida o no, susceptible de ejercer sobre el individuo una coacción exterior."

[126]   Esa mirada de Durkheim (1996:63) fue compartida también por M. Mauss, tal como ambos constataron en ese texto conjunto.

[127]   Durkheim (1982:155).

se derivan?... El mismo Cunow reconoce que la respuesta es poco menos que imposible."

Marcel Mauss investigó las fuerzas colectivas que actuaban en la magia y en la religión. Creyó que la magia era un fenómeno social que constituía "para el hombre primitivo, la vida mística y la vida científica a la vez" y añadió Mauss (1979a:46) que "la religión tiene su origen en los fracasos y errores de la magia." Mauss (1979a:58-9) consideraba que las mujeres tenían más aptitudes para la magia

191

"en virtud no tanto de sus características físicas, cuanto por los sentimientos sociales que provocan sus cualidades... Es bien conocido que las mujeres están especialmente inclinadas a la histeria, sus crisis nerviosas las hacen parecer sometidas a poderes sobrehumanos que les dan una autoridad especial... Las mujeres son objeto de supersticiones y de normas jurídicas y religiosas que señalan claramente que forman una clase dentro de la sociedad."

No obstante, esas aptitudes femeninas para practicar la magia no siempre fueron reconocidas socialmente dado que, como constató Mauss (1979a:59), "es el hombre quien es el mago y la mujer quien se ocupa de la magia." Otro ejemplo nos ilustra lo mencionado. En la descripción y análisis que Mauss (1971:211n) realizó sobre la iniciación de un joven mago entre las tribus wiraijuri de Oceanía, expuso cómo, a pesar de que la tribu tenía una filiación uterina del clan y la fratría, "la revelación mágica sigue la línea masculina ya que el sistema de las clases matrimoniales tiene como finalidad precisamente tener en cuenta la filiación masculina." Así fue como Mauss puso de manifiesto que la figura del mago era esencialmente masculina y que su estatus y poder de mago le diferenciaba del resto de hombres. Ahora bien, la minuciosidad de Mauss (1979a:56) le llevaría a reconocer que al margen de este tipo de magia masculina, había otra magia que también podía ser femenina, *la magia popular*: "esta magia popular suele tener por ministros a los jefes de familia o a las dueñas de la casa." Poco más adelante, Mauss (1979a:57) comentaría despectivamente el peso social de esa magia popular "si existen ritos que están al alcance de todos y que no requieren ninguna habilidad especial, es debido a que su repetición los ha vulgarizado, que el uso los ha simplificado, o simplemente a que son vulgares por naturaleza."

Arnold van Gennep (1873-1957) se destacó en sus trabajos sobre los ritos de paso, definidos como "ritos que acompañan a cualquier tipo de cambio de lugar, de posición social, de estado o de edad."[128] Entre estos tipos de ritos, destacó los de separación (funerales), los de incorporación (bodas), y los ritos de transición (ceremonias de iniciación). En opinión de Van Gennep (1986:22), cada ceremonia tenía su específica protección, propiciación, adquisición, purificación, producción y predicción, de acuerdo con su situación en la vida social, al mismo tiempo que las personas según su edad, estatus y sexo, entre otros, podían variar su relación con lo sagrado y lo profano: "toda mujer al ser congénitamente impura, es sagrada en relación a todos los hombres adultos; si queda encinta, se convierte además en sagrada para las demás mujeres del clan, a excepción de sus parientes más próximas; y son estas otras mujeres las que pasan entonces a constituir frente a ella un mundo profano que incluye también en ese momento a los niños y a los hombres adultos." La misión de los ritos de paso para Van Gennep (1986:23) consistía en aminorar esas perturbaciones de la vida social. Van Gennep insistió en que a pesar de que cada ingreso en una casta o clase social era hereditaria, la descendencia no se incorporaba plenamente en tales grupos hasta que cumplía eficazmente

---

[128] Recuperado por Turner (1980:104).

con unas ceremonias en las que los aspectos político-legales y sociales se hallaban más acentuados que en los mágico-religiosos. Van Gennep (1986:81) observó cómo las ceremonias de nacimiento y sobre todo los ritos de iniciación separaban al bebé de un mundo asexuado, incorporándolo en la sociedad de los sexos:

"todo induce a pensar que la mayoría de estos ritos, cuyo carácter propiamente sexual no cabe negar y de los que se dice que convierten en hombre o en mujer —o que conceden la aptitud para serlo—, pertenecen a la misma categoría que ciertos ritos de corte del cordón umbilical, de la infancia y de la adolescencia; son ritos de separación del mundo asexuado, seguidos de ritos de agregación al mundo sexual, a la sociedad restringida constituida por los individuos de uno u otro sexo, sociedad esta que atraviesa todas las demás sociedades generales o especiales. Esto es válido sobre todo a propósito de las chicas, al ser la actividad social de la mujer mucho más simple que la del hombre."

En cualquier caso, resulta de gran interés destacar el que Van Gennep (1986:201) creía que uno de los aspectos que marcaban transversalmente las culturas era la diferencia sexual:

"hemos visto al individuo categorizado en compartimentos diversos, sincrónica o sucesivamente, y obligado, para pasar de uno a otro a fin de poder agruparse con individuos categorizados en otros compartimentos, a someterse, desde el día de su nacimiento al de su muerte, a ceremonias frecuentemente distintas en sus formas, semejantes en su mecanismo... Las dos grandes divisiones primarias eran: bien de base sexual, hombres por una parte, y mujeres por otra; bien de base mágico-religiosa, lo profano de un lado y lo sagrado del otro. Estas dos divisiones atraviesan todas las sociedades."

194

Raymond Firth, en su análisis sobre la religión, pretendió observarla como un sistema de símbolos mediante los cuales los individuos daban sentido a la experiencia en términos de objetivos humanos básicos.[129] En algunos de sus trabajos estudió la vertiente religiosa de los tikopia, aunque reconocía Firth (1979:289) que "esta naturaleza de la jefatura no tenía un carácter meramente religioso." Al respecto, Firth (1979:292) había constatado que los jefes utilizaban algunos elementos rituales para controlar los enfrentamientos políticos y reafirmar sus atribuciones, tales como "...el aura de tabú que los rodeaba, la creencia de que cada jefe controlaba dioses y espíritus poderosos capaces de tomar venganza sobre aquél que le ofendiese." Para Firth (1961:108-109), entre las distinciones básicas de cualquier sociedad se hallaba la construcción social de los sexos: "la estructura social de una comunidad abarca los diferentes tipos de asociaciones que forman las personas y las instituciones en las que dichas personas participan... Cabe advertir que la estructura social, tanto en lo referente a grupos como a instituciones, se basa en principios definidos. Sexo, edad, lugar y parentesco figuran entre los fundamentales."

E.E. Evans-Pritchard combinó sus trabajos sobre política y parentesco con los de religión con una mirada que permitía analizar los diversos ámbitos sociales desde una perspectiva total. Por ejemplo, en sus trabajos sobre los azande Evans-Pritchard (1971b:ix) intentó "hacer una reconstrucción histórica de unas gentes como los azande cuyas fuentes literarias

---

[129] Firth (1996) publicó una obra que profundizaba sobre las creencias religiosas y la relación entre religión y política, ilustrada básicamente con ejemplos del cristianismo, budismo, Islam y judaísmo. No obstante, nos remitiremos a sus trabajos más clásicos.

son dispersas", ya que creía que era necesario "experimentar las considerables transformaciones culturales y sociales..." En uno de sus minuciosos estudios, dedicado a los azande, distinguió por un lado, entre brujos y hechiceros, y por otro, en adivinos, oráculos y médicos, investigando las relaciones entre las creencias y los ritos. Respecto a las mujeres, Evans-Pritchard (1997:41) era muy crítico, dado que consideraba que sus acciones se limitaban al ámbito familiar, y sólo verían mejorada su situación tras la colonización: "durante los veinticinco años de dominio británico ha cambiado la situación de las mujeres en la sociedad y han recibido privilegios de los que anteriormente no disfrutaban." Así, Evans-Pritchard (1997:40-41) explicaba que la situación de las mujeres dependía de su subordinación a los hombres, lo que se percibe con claridad en el ámbito de la magia y la brujería:

> "En el pasado, las mujeres podían ser casadas en contra de sus deseos y con frecuencia se las utilizaba para pagar las compensaciones por los asesinatos mediante brujería o por adulterio. A veces eran tratadas con crueldad por sus maridos y tenían pocos medios para protegerse o reclamar. No tenían ningún papel en la vida pública y eran consideradas como hembras de cría y sirvientas, más bien que como compañeras e iguales. Sólo las mujeres de la clase real disfrutaban de una moderada liberación del control de los varones. De ahí que no las encontremos desempeñando un papel prominente en las operaciones mágicas y oraculares."

De hecho, aunque la brujería podían practicarla tanto hombres como mujeres, éstas últimas sólo podían practicarla en contra de las personas de su mismo sexo. Es una nueva expresión de una inferioridad femenina respecto a los hombres que dónde toma mayor cuerpo para Evans-Pritchard (1997:269), es en el *benge*, u oráculo del veneno:

"el oráculo del veneno constituye una prerrogativa de los varones y es uno de los principales mecanismos de control de los varones y una manifestación del antagonismo de los sexos... Cuando tenemos en cuenta hasta qué punto la vida social está regulada por el oráculo del veneno, apreciamos inmediatamente la gran ventaja que tienen los hombres sobre las mujeres por su capacidad de utilizarlo, y cómo el estar apartadas del principal medio de establecer contacto con las fuerzas misteriosas que tan profundamente afectan al bienestar humano, degrada la posición de las mujeres en la sociedad zande."

Y añadió "poco dudo en afirmar que la tradicional exclusión de las mujeres de todo contacto con el oráculo del veneno constituye el síntoma más evidente de su inferior posición social y el medio de mantenerla."

Claude Lévi-Strauss (1969:189) consideraba que los mitos eran maneras de explicar el pasado, el presente y, también, el futuro: "un mito se refiere siempre a acontecimientos pasados: «antes de la creación del mundo» o «durante las primeras edades» o en todo caso «hace mucho tiempo». Pero el valor intrínseco atribuido al mito proviene de que estos acontecimientos, que se suponen ocurridos en un momento de tiempo, forman también una estructura permanente. Ella se refiere simultáneamente al pasado, al presente y al futuro."[130] Lévi-Strauss (1969:188) estaba preocupado por explicar cómo "los mitos, en apariencia arbitrarios, se reproducen con los mismos caracteres y a menudo con los mismo detalles en diversas regiones del mundo." Lévi-Strauss (1969:197) recuperó el mito de Edipo y afirmó: "el proble-

---

[130] Por ejemplo, en "La gesta de Asdiwal", Lévi-Strauss (1970) pretendía ir aún más lejos dado que deseaba mostrar la evolución del mito en lo geográfico, económico, sociológico y cosmológico, al tiempo que intentaba buscar el significado de las variaciones que ese mito había tenido en sus distintas versiones.

ma planteado por Freud en términos «edípicos» no es ya, sin duda, el de la alternativa entre la autoctonía y reproducción bisexuada. Pero se trata de comprender cómo «uno» puede nacer de «dos»: ¿cómo es posible que no tengamos un solo progenitor sino una madre y además un padre?" Para ejemplificar que esa preocupación se repetía en la estructura de los mitos, Lévi-Strauss (1969:213) utilizó el mito del "muchacho embarazado" de los pawnee para demostrar que estaba construido en torno a una larga serie de oposiciones entre las cuales estaba la existente entre lo masculino / femenino:

"1) shamán iniciado / shamán no-iniciado, es decir, oposición entre poder adquirido y poder innato; 2) niño / anciano, porque el mito insiste en la juventud o la vejez de cada protagonista; 3) confusión de los sexos / distinción de los sexos... el niño es asexuado o, más exactamente, en él los principios masculino y femenino se hallan confundidos...; 4) fecundidad del joven (no obstante su virginidad) / esterilidad del anciano (a pesar de su matrimonio constantemente recordado); 5) la relación irreversible de la fecundación del hijo por el padre...; 6) oposición triple entre magia vegetal (y real...) y la magia de origen animal (y simbólica...)...; 7) una de las dos magias procede por introducción, la otra por extracción."

Leach (1968:547) explicaba cómo los hombres distinguían, a través de los mitos, a las madres, de las hermanas, de las esposas, con diferentes tipos de conducta sexual: "una función común del mito es proveer de una justificación profundamente consciente para aquellas actitudes culturalmente básicas que todavía no son racionales como ésta." Tal como explicitó MacCormarck (1998:10), "Lévi-Strauss enfatiza que las cuestiones sexuales más emotivas (el nacimiento, la crianza, la alimentación y la liberación de las mujeres de la esencia espiritual de los hombres de regreso al bosque como espíritu/fluido/pájaro) son cuestiones relacionadas, en último caso, con la dependencia de las mujeres a los hombres."

Max Gluckman (1911-1975), antropólogo británico que estableció diversas relaciones entre los rituales de rebelión y la estabilidad política,[131] entre la costumbre y el conflicto.[132] Gluckman analizó desde "la lógica de lo irracional", es decir, cómo a pesar de parecer "raras" e "irracionales" ciertas instituciones de las sociedades primitivas los antropólogos podían demostrar que realmente eran racionales sobre su propio horizonte cultural. Gluckman (1963:166) analizó los ritos de paso, recuperando las aportaciones de Arnold van Gennep, llegando a la conclusión que "la oposición complementaria y la unión de hombres y mujeres, profundamente enraizada como lo están en lo físico, lo psíquico y en la vida social, se expresan en una situación de campo. Prender a los niños para la operación precipita la polaridad ritual de los sexos que ceremonialmente acaba en la presentación en sociedad." No obstante, se preguntó por qué incidían más los ritos de paso en las sociedades tribales que en las modernas. La propuesta de Gluckman (1975:30) se centró, por un lado, en concebir los ritos de paso como "un desarrollo especial de cómo la costumbre y el ceremonial segregan los roles de las gentes que viven en pequeños grupos en la sociedad tribal"; mientras al mismo tiempo, Gluckman (1975:24) matizaba la manera en que se debía comprender el rito en las sociedades tribales: "necesito concretar un solo término para distinguir la tendencia de las sociedades tribales de hacer un uso ritual de los roles sociales y también de las relaciones existentes entre éstos, expresándolo y alterándolo, logrando así la prosperidad material de la sociedad. Aquí propongo el uso de la

---

[131]   Kaplan y Manners (1979:.47).
[132]   Balandier (1976:25).

frase «ritualización de las relaciones sociales»... El ritualismo lo reservaré para las acciones ceremoniales de las grandes religiones." Por otro lado, incidió en la división sexual desde la vertiente ritual.[133] En un comentario crítico con el trabajo de Durkheim, Gluckman (1975:26) afirmó "Durkheim postuló, como otros, que este envolvimiento en lo religioso estaba conectado con una escasa división del trabajo, si bien, claro está, no señaló que las creencias religiosas y mágicas a menudo estaban imponiendo una arbitraria división del trabajo —como por ejemplo entre hombres y mujeres." Asimismo, Gluckman (1968:454) creía que se podían establecer diferentes maneras de concebir las relaciones entre los sexos según la sociedad que se estudiase: "la emoción de amar a un hombre o a una mujer, y las ideas sobre las relaciones existentes entre enamorados y novios, maridos y esposas, son formas de sentir y pensar que están, por tanto, contenidas en las relaciones específicas de una sociedad en particular."

En uno de sus trabajos, Gluckman (1935) se interrogó sobre la participación de las mujeres en la horticultura. En él, Gluckman (1935:271) estableció un marco general para analizar la sociedad zulú: pretendía "comprender cada uno de los problemas fundamentales de la sociedad bantú como eran las relaciones entre los sexos, el parentesco, el ritual..." Ahora bien, para Gluckman (1935:255) "la posición real de las mujeres en una tribu africana patriarcal es difícil de determinar." En parte constató que se trataba de una subordinación legitimada en la esfera religiosa en el caso zulú: "la posición de inferioridad de las mujeres es algo institucionalizado en la religión zulú. Los ancestros femeninos son de poca, si alguna,

---

[133] En algunos trabajos, Gluckman (1935), había analizado la división del trabajo según sexo entre los zulúes, observando que las mujeres se ocupaban de la cultura *"à la houe"*, y en cambio tenían una representación mínima en las ceremonias rituales, salvo en los ritos dedicados a la dios *Nomkubulwana*, donde los hombres estaban rigurosamente excluidos.

importancia."[134] Por ello creyó que una forma de aproximarse podía ser el análisis del papel que las mujeres jugaban en la
vertiente ritual: "en lo ritual las mujeres tienen generalmente
una posición muy subordinada. Naturalmente, juegan una
parte prominente en las ceremonias, especialmente de nacimiento, menstruación, matrimonio y muerte, incluso en
aquellas ceremonias conectadas con el reconocimiento social
de los cambios en la personalidad social. Pero entre los zulú,
ellas no pueden tomar parte activa, como sí hacen algunas
veces las mujeres pondo."[135]

Victor Turner (1920-1983), de nacionalidad escocesa, estudió la polisemia de los símbolos rituales entre los ndembu
de Zambia, sociedad compuesta por linajes matrilineales y
patrilocales dónde decía Turner (1980:4) que era de las mujeres "de quienes depende la continuidad social de los pobla-
dos." Esa preponderancia femenina a través del parentesco,
que constantemente explicitaba Turner (1980:23), "más que
cualquier otro principio de la organización social, la matrilinealidad confiere orden y estructura a la vida social ndembu", provocaba que fuese muy relevante la solidaridad entre
parientes masculinos (padres e hijos y entre hermanos), que
además iba a capitalizar parte del reconocimiento ritual a
través de la circuncisión. Para él, hombres y mujeres utilizaban sus propios rituales para poner de manifiesto su poder.
Así, Turner (1980:63) explicaba cómo las mujeres utilizaban

---

[134] Gluckman (1935:262). Otro aspecto que incidía para Gluckman (1971:227) era la
subordinación de la esposa al marido: "el matrimonio, en buena parte de las sociedades,
transfiere al marido un cierto mínimo común de derechos: casi siempre un derecho
exclusivo a los servicios sexuales de la esposa, o a su préstamo, ciertos poderes sobre su
persona, el derecho a producir su actividad económica por las obligaciones económicas
que tiene sobre ella, y un derecho prima facie para ser el padre de los hijos."
[135] Gluckman (1935:260). De hecho, las mujeres zulúes para Gluckman (1935:261)
también quedaban excluidas de los rituales "en la magia las mujeres, también, son su-
primidas."

el ritual de la pubertad ya que éste "asegura que aunque la matrilinealidad se vea constantemente desafiada por otros principios y otras tendencias [patrilocalidad, tensiones entre sexos, ambos escenificados ante el árbol de la leche], persiste pese a ellos y triunfa sobre ellos." Por otro lado, analizó el simbolismo del ritual de la circuncisión (*mukanda*) de los ndembu, proceso que para Turner (1962:173) tenía "multitud de aspectos, sexuales, sociales, religiosos, pero que puede ser reducido a un cambio en la cualidad de ser que pasa de un estado de impureza infantil a un estado de pureza madura." En éste puso de relieve los distintos significados que contemplaba (el de la interpretación de los informantes indígenas, el de la confrontación entre el significado simbólico y su uso, y el del examen de la relación simbólica con otros aspectos que pertenecen al mismo complejo o *gestalt*), y mostró que la división entre hombres y mujeres se hacía patente en tanto que, por ejemplo, ellas quedaban físicamente excluidas del proceso (aunque participasen por poderes). Turner (1962:165) explicó que, en el significado de la confrontación, "la unión y la interdependencia de los sexos estaba siendo dramáticamente recordada justo antes de la operación que debía separar radicalmente lo masculino de lo femenino." Turner (1980:109) estudió también a través de los ritos de paso, la relevancia de las distinciones sexuales, y constató que tenían un significado estructural: "las mitades y clanes patrilineales y matrilineales, las reglas de exogamia y demás instituciones conexas, se hallan construidas a partir de tales distinciones." Es por ello que las atribuciones otorgadas a las mujeres frente a los hombres, analizadas a través de los colores, positivizaban en gran medida su reconocimiento social tal como Turner (1980:87) había constatado "existe cierta correlación entre el papel masculino y el arrebatamiento de la vida, por un lado, y el papel femenino y la donación de vida, por otro", si bien una de las atribuciones masculinas era el que éstos quedaban fuera de la amenaza de la brujería: "esta mayor pureza se encuentra probablemente ligada con la universal creencia ndembu en que la relación padre-hijo es la única relación que está totalmente libre de la amenaza de la brujería o hechicería", y añadía "mientras que con la familia de su madre el individuo tiene vínculos de tipo jurídico, a su padre y a su línea paterna, según los ndembu, les debe importantes rasgos de personalidad." De hecho, Turner (1980:6) afirmó que, a pesar de que la comunidad ideal masculina pasaba por una mayor relevancia de lo masculino frente a lo femenino, "la matrilinealidad, rigurosamente ritualizada en la ceremonia de la pubertad de las muchachas y en muchos cultos relacionados con la fertilidad femenina, impide la plena realización pragmática de este modelo ideal."

Mary Douglas[136] (n.1921) consideró que las cosmologías revelaban un esquema de poderes y codificaban un sistema de límites. Para Douglas (1978:14) "allá donde hallemos elementos afines en lo que concierne a los sistemas sociales, hallaremos también un sistema natural de símbolos, un sistema común a todas las culturas, recurrente y siempre inteligible." Douglas defendía que la asignación de poderes espirituales reflejaba la posición que el individuo ocupaba en una dimensión que iba desde el centro hacia los márgenes, presupuesto que observamos en distintos trabajos. Por un lado, en el trabajo de Douglas (1963:206) sobre los lele de Kasai mostraba el segregacionismo sexual y la marginalidad femenina "los lugares de las mujeres en los rituales lele merecen una anotación. Es probable que el simbolismo masculino-femenino debiera ser desarrollado en su religión. Las mujeres eran tratadas como objetos de la acción política de los hombres. Los derechos sobre ellas eran los medios en los que se expresaba la competitividad masculina por el estatus... la polución sexual

---

[136] Antropóloga británica que desarrolló diversos trabajos sobre los sistemas simbólicos.

y la vulnerabilidad de las mujeres eran largamente manifiestas en la segregación ritual de los sexos."[137]
Por otro, la exaltación del judaísmo en la sociedad israelí a mediados del siglo XX, le llevó a afirmar que en la medida en que las mujeres estaban sometidas a un férreo control social, especialmente de sus esposos, y en tanto se hallaban marginadas económica y socialmente, estas condiciones de dependencia y de confinamiento doméstico las hacían formar parte de lo que Douglas (1978:108-111) había denominado *categoría periférica*:[138]

203

"el lugar que ocupan en la estructura pública de roles se define con respecto a dos puntos de referencia, el esposo y el padre... Evidentemente sería erróneo afirmar que la red de relaciones que la mujer mantiene con representantes del mismo sexo no sea estructurada, pues naturalmente prevalece siempre un cierto esquema, pero la importancia que esa red reviste con respecto a la sociedad en general es menor que la que revisten las relaciones entre hombres dentro del sistema público de roles."

Ahora bien, para mostrar la diversidad de maneras en que se expresaban las cosmologías, Douglas (1978:127) nos ofreció unos ejemplos distintos de la noción de "pecado" en sociedades que, pese a todo, compartían una misma construcción de género: la de los pigmeos y la de los hazda de Tanzania:

"los pigmeos están tan libres de categorías sociales como de los lazos que impone el grupo. Ni el sexo, ni la edad, ni

---

[137] Mair (1971:148) había afirmado sobre el matrimonio observado por Douglas que "los lele están entre las sociedades en las que las niñas son prometidas en matrimonio en la infancia a hombres de veinte o más, quienes tienen que esperar a que sus novias crezcan."
[138] Para Douglas (1978:112-113) "...las clases marginadas son periféricas respecto al sistema."

el parentesco ordenan su conducta en categorías estrictas... Idéntica actitud demuestran con respecto al sexo, ya que conceden muy poca importancia a la separación de las esferas masculina y femenina. Hombres y mujeres comparten la tarea de construir sus cabañas e incluso colaboran en la caza. Las categorías sociales están muy poco definidas... La falta de formalismo es la característica esencial de su conducta religiosa... Todavía menos sujetos al liderazgo y más libres para moverse de campamento a campamento y para cambiar de esposa, los hazda están divididos por una categoría dominante y estricta... Estén donde estén y hagan lo que hagan los hazda están siempre sometidos al control de la división entre los sexos, una división entre dos clases hostiles cada una de las cuales es perfectamente capaz de organizarse por separado para atacar al contrario o, a la inversa, para defenderse de él. Esta conciencia, extraordinariamente fuerte, de diferenciación sexual es el único nivel de organización permanente a que han llegado los hazda... El bajísimo nivel de división del trabajo entre los sexos, constituye en sí una dificultad más para el mantenimiento de una relación conyugal estable a largo plazo."

Y añadía respecto a los hazda "la expresión simbólica de los lazos que unen a marido y mujer... refleja la única relación que valora esta sociedad. Refleja la única categoría social que regula activamente la conducta, la distinción entre hombres y mujeres..." Estas observaciones de Douglas (1963:124) también se habían manifestado entre los lele: "las esferas masculina y femenina están claramente separadas en sus actividades diarias."

Clifford Geertz[139] (n.1926), investigó profundamente la esfera religiosa, siempre dentro del marco de una perspectiva

---

[139] Antropólogo norteamericano de enorme influencia en la antropología postmoderna.

culturalista y comparativa, tal como manifestó en diferentes trabajos, como el del análisis entre Marruecos y Java[140] o el de Bali.[141] Para C. Geertz (1987:87) una religión era "1) un sistema de símbolos que obra para 2) establecer vigorosos, penetrantes y duraderos estados anímicos y motivaciones de los hombres 3) formulando concepciones de un orden general de existencia y 4) revistiendo estas concepciones con una aureola de efectividad tal que 5) los estados anímicos y motivaciones parezcan de un realismo único." Cabe destacar, con sumo interés, las apreciaciones que realizó C. Geertz (1987:343n) a raíz de su explicación de la pelea de gallos balinesa en relación a la construcción de género imperante: "La riña de gallos es un fenómeno inusitado en la cultura balinesa por cuanto se trata de una actividad pública en la que interviene un solo sexo y en la que el otro sexo queda total y expresamente excluido", y añadía C. Geertz,

| 205

"en Bali, la diferenciación sexual está culturalmente en extremo borrada, pues la mayor parte de las actividades formales e informales comprenden la participación de hombres y mujeres en pie de igualdad, y generalmente esa actividad se ejerce en parejas. Desde la religión hasta la política, la economía, la vestimenta, Bali es más bien una sociedad unisex, circunstancia claramente expresada por sus usanzas y su simbolismo. Aún en contextos donde las mujeres no representan en realidad un gran papel —la música, la pintura, ciertas

---

[140] C. Geertz (1994).
[141] C. Geertz (1987:160-161) en referencia a la especificidad hindú balinesa y al posible impacto de las religiones monoteístas explicaba que "los balineses como pueblo tienen la aguda conciencia y el orgullo de ser una isla hindú en un mar musulmán, de suerte que su actitud frente al Islam es el de la duquesa con el insecto. Para ellos hacerse cristianos o musulmanes equivaldría a dejar de ser balineses, y ciertamente se considera que un individuo que se ha convertido (y así lo sostienen hasta los más tolerantes e ilustrados) abandonó no sólo la religión balinesa, sino a la misma Bali y quizás hasta el uso de razón. El cristianismo y el Islam podrán continuar ejerciendo influencia en la vida religiosa de la isla; pero no tienen virtualmente ninguna posibilidad de controlarla."

actividades agrícolas— su ausencia, que en todo caso es sólo relativa, es más una cuestión circunstancial que un hecho impuesto por la sociedad."

Quizás, esa relativa igualdad sexual visualizada, paradójicamente, en una religión jerarquizadora socialmente (o santificadora de la desigualdad social, en palabras de C. Geertz) se debía, tal como constataba C. Geertz (1987:156), a que "los balineses que están continuamente tejiendo ofrendas con intrincadas hojas de palma, preparando complicadas comidas rituales, adornando toda clase de templos, interviniendo en masivas procesiones y cayendo en súbitos trances parecen demasiado ocupados en practicar su religión para pensar mucho en ella o preocuparse por ella."

4.4.4. Conclusiones

La mayoría de los teóricos revisados en este capítulo consideraron que había existido una clara correlación entre la manera en que la sociedad se pensaba a sí misma y las categorizaciones sexuales que emergían de la religión, de la magia y de los mitos. En cierto modo, entendieron que las religiones constituían un modo de representarse y asimismo de concebir las diferencias entre los sexos. En esa línea argumental destacaron Durkheim, Van Gennep, Evans-Pritchard, Gluckman, Turner y Douglas.

Algunos de ellos, tales como Durkheim, Evans-Pritchard y Turner, indicaron que además se había generado una separación social de hombres y mujeres: la exclusión femenina en los ritos y los mitos ilustraba la separación social real existente en las diferentes comunidades estudiadas. Incluso Evans-Pritchard, enunciándolo desde la perspectiva de la complementariedad sexual, llegaría a destacar cómo las mujeres sólo podían ejercer la magia contra personas de su propio sexo, del mismo modo que Turner demostraría la participación de las mujeres en ciertos rituales mágicos sólo "por poderes".

De hecho, Turner destacaría por ser la única excepción que pondría de manifiesto la existencia de poderes femeninos ejercidos socialmente por distintos medios.

Mauss nos ofrecería una distinción jerárquica entre las formas que podía tomar la religión, afirmando que la religión "popular" (versión *vulgar* de las manifestaciones religiosas) era la practicada por las mujeres. Este presupuesto lo llevaría también al ámbito de la magia: las mujeres demostraban tener mayores aptitudes que los hombres para ella, porque estaban más cercanas a la "superstición". La única contrapartida que ofrecieron los trabajos de Mauss respecto a la construcción de género era que, de una manera u otra, estaba defendiendo el reconocimiento social femenino en la esfera religiosa.

Frazer, Van Gennep, Lévi-Strauss, Gluckman, Turner y Douglas, afirmarían que la religión había consagrado la construcción jerárquica de los sexos: para Van Gennep había sido posible a través de los ritos; para Lévi-Strauss, desde los mitos y para Turner desde los rituales.

Sólo dos autores desvincularon claramente el sexo de presupuestos universalistas: para Firth y Van Gennep la categoría sexual estaba por encima de cualquier clasificación social o, mejor dicho, era la primera distinción a realizar en cualquier cultura. De hecho, sólo Gluckman y Douglas propusieron firmemente que habían tantas maneras de pensar la construcción social de los sexos como sociedades, por lo que no era operativo el binomio naturaleza/femenino y hombre/cultura.

De entre todos, C. Geertz fue el único que propuso la existencia de sociedades relativamente isogenéricas (en sus palabras, *unisex)* en las que las categorías sexuales no influían en la construcción y práctica religiosa.

El único de los antropólogos revisados que se interrogó sobre la razón por la cual las mujeres mantenían esa posición inferior en el campo religioso fue Evans-Prtichard, concluyendo que las mujeres habían sido excluidas de la esfera religiosa, y que no tenían posibilidad para transformarla, porque no disponían de medios para acceder a ella.

Es por todo ello que se puede afirmar que la jerarquización sexual que se había generado en el ámbito del parentesco, ejercido desde el ámbito de la política y visualizado desde el ámbito de la economía, encontró en la religión su más férreo defensor: a través de "lo intangible" que había en la religión, el mito y la magia, se pudo sostener una realidad social que establecía fuertes divisiones entre los sexos con una clara dominación de los hombres sobre las mujeres. Las escasas excepciones que representaron C. Geertz, Firth y Douglas, no fueron suficientes para revisar los discursos que se elaboraron en este campo.

5.
¿Realidad etnográfica? ¿Ficción androcéntrica?: Las mujeres como parte del objeto de estudio de la Antropología Social. Conclusiones

Esta revisión ha recuperado algunos de los conocimientos que, implícita o explícitamente, se desarrollaron en los campos de la antropología del parentesco, de la política, de la economía y de la religión, sobre la construcción sociocultural de los sexos, con el objetivo de poner de manifiesto el lugar que han venido ostentando las mujeres en distintos contextos.

Algunas de las cuestiones que ha formulado este trabajo son: ¿Existió el binomio naturaleza-feminino / cultura-masculino? ¿La subordinación femenina fue universal? ¿Las mujeres han ostentado alguna vez poder/autoridad? ¿Existieron grupos isogenéricos en las que los hombres y las mujeres hubieran alcanzado un grado relativo de igualdad?

Ante todo, se debe recuperar la afirmación de Beidelman (1980:144) respecto a la construcción social de los sexos en diferentes sociedades, ya que, como mostró también en otro trabajo (1971), aunque la cultura —no la biología— es la que la ha venido determinando cómo se pensaban los sexos, "los roles de los hombres se sujetan más a las elaboraciones culturales que los de las mujeres."

Asimismo, se debe señalar que la invisibilidad femenina en la Antropología no se produjo de la misma manera en los marcos teóricos de los antropólogos que en sus prácticas etnográficas. Se dieron notables diferencias.

Por un lado, los marcos teóricos no propiciaron el análisis de la influencia social de las mujeres. Como hemos visto, el androcentrismo fue en buena parte el causante del desinterés por este colectivo en la Antropología, pero otros factores intervinieron de manera directa y se extendieron a los distintos campos de la disciplina. Así, fue determinante el análisis asumido por buena parte de los investigadores de que existía una construcción de género universal que ubicaba a las mujeres en el parentesco, o mejor dicho, en la familia, ya que dicha interpretación suponía que se las relegaba a la esfera "doméstica" y "privada". De hecho, también influyó que algunos plantearan que la subordinación femenina era universal, dado que ese argumento vendría a redundar en la mirada homogeneizante que se estaba extendiendo sobre la construcción social de los sexos. Al tiempo, esa construcción de género que relacionaba a las mujeres con el ámbito doméstico, vinculó a los hombres al parentesco, a lo político, a lo económico y a lo religioso, esferas que eran consideradas eminentemente "públicas" y "sociales". Este hecho determinaría de manera precisa la teorización de muchos antropólogos sobre la jerarquización sexual, con lo que se generó, tal como hemos visto en distintos apartados, toda una corriente de intercambios analíticos al respecto de la conceptualización de los sexos en los distintos campos de la disciplina que legitimarían la construcción de género enunciada. De hecho, el tratamiento excepcional que recibirían las mujeres, en general, en la antropología económica y, en particular, en el resto de los campos por parte de algunos pocos antropólogos, no fue suficiente para reajustar algunas de las propuestas más extendidas sobre la participación femenina en las diferentes esferas sociales.

Ahora bien, por otro lado, la práctica etnográfica, aunque influida de manera importante por las construcciones teóricas de los antropólogos y por su visión androcéntrica, no siempre adoleció de esa invisibilidad. Ello se debió a que

el método etnográfico fue siempre una herramienta enor-
memente descriptiva de la realidad social que analizaba el
antropólogo, por lo que propició que muchas monografías
sí recogieran las actividades, esferas y áreas de influencia femeninas (otra cosa es que después se utilizaran esos datos
para elaborar las teorizaciones). Aunque hubo algunos antropólogos que describieron una sociedad en la que sólo se
manifestaba lo masculino, por suerte, no fueron ni mucho
menos la mayoría, más bien lo contrario.

211

Estos hechos son significativos porque legitiman la pertinencia de una relectura de las monografías clásicas de la
Antropología desde una perspectiva de género. Ahora bien,
tal revisión se debe realizar con cautela porque difícilmente
podrá discernirse con claridad qué parte de lo descrito fue
una distorsión de la mirada de los investigadores y de sus
marcos teóricos, y qué parte el reflejo de la realidad social
que estaban observando.

En cualquier caso, es necesario hacer hincapié en que la revisión etnográfica permite defender que hubo sociedades en
las que las mujeres tuvieron poder, autoridad o desarrollaron
estrategias femeninas para modificar la realidad social (ello
al margen de los antropólogos que teorizaron directamente
sobre las mujeres y de las etnógrafas que las estudiaron tales
como Mead, Kaberry, Richards, etc.).

Además, es lícito esgrimir que el grado de influencia social
femenina se percibe con nitidez en aquellos contextos donde
el parentesco articula parte de las relaciones sociales. De hecho, los casos con un visible grado de prestigio y legitimidad
social femeninos parecen emerger de entre algunos grupos
matrilineales y de entre algunos cognáticos o bilaterales, por
ejemplo, del África sahariana y subsahariana.

Entre los estudios revisados que hayan concretado con
mayor claridad la existencia de *grupos plenamente isogenéricos* (en las construcciones sociales y en las prácticas sociales)
destacamos dentro de la antropología clásica a Lowie con

sus trabajos sobre los iroqueses y los indios pueblo (matrilineales), mientras que de la Antropología más reciente debe señalarse a Nsugbe con su análisis sobre los ohaffia (también matrilineales).

Al tiempo, se han constatado casos de grupos que pudieron ostentar o una *construcción social isogenérica* o *unas prácticas sociales isogenéricas*. Con esta diferenciación interna del concepto isogenérico se pretendía hacer visible, al máximo, el poder, la autoridad, la autonomía o las estrategias sociales de las mujeres ya que, como hemos observado, hubo ejemplos en que las mujeres tuvieron un prestigio social notable que se plasmaba en una *construcción social isogenérica* aunque no ostentaban el poder en las prácticas cotidianas (por ejemplo, los tuareg etnografiados brillantemente por Claudot-Hawad), al tiempo que emergen casos inversos donde las mujeres a pesar de no poseer un peso social notable en sus contextos, sí tuvieron una influencia legítima y reconocida en la vida cotidiana que conduce a destacarlas como *grupos con prácticas isogenéricas* (los luapula analizados por Poewe).

Además, con esta diferenciación entre las construcciones y las prácticas sociales isogenéricas, también se pueden analizar los casos de filiación patrilineal, grupos donde las mujeres históricamente han venido desarrollado distintas estrategias sociales que les han otorgado una cierta autonomía, prestigio social, autoridad o poder, tal como se percibe, en distintos grados, en los casos recogidos por Abu-Lughod, Gottlieb, Kemper, Smedley, Karp y Aixelà, entre otros.

En definitiva, este libro ha pretendido tomar conciencia de los límites implícitos de la mirada antropológica respecto al sexo, con el fin de analizar las dependencias existentes en los distintos campos de la Antropología. Las correlaciones entre el parentesco, la política, la economía y la religión han puesto de relieve la interconexión existente en los discursos de género. La revisión diacrónica ha hecho emerger el impacto que tuvieron ciertos presupuestos universalistas sobre el sexo en los diferentes antropólogos estudiados.

Otra cuestión es hasta qué punto el análisis de género, ha dado lugar a transformaciones en los marcos teóricos antropológicos, en los métodos y, por supuesto, en los presupuestos a valorar antes de iniciar un trabajo de campo. Probablemente, la respuesta sería bastante decepcionante, aunque no deja de ser un tema controvertido, sobre todo porque, a pesar de que la disciplina haya transformado alguna de sus perspectivas para abandonar el androcentrismo, existen otros factores que probablemente también distorsionan la mirada antropológica. En esa línea se había manifestado H. Moore (1993:93), quien defendería que la transformación habría sido importante pero que aún requeriría de más reflexión:

"el estudio antropológico del género y de las relaciones de género ha producido, en los últimos veinte años, tanto una nueva etnografía como una iluminación teórica... En los primeros estadios de lo que se conoció como «antropología de la mujer», los argumentos sobre la universalidad de la dominación masculina dieron lugar a una nueva serie de estudios etnográficos sobre las vidas de las mujeres y sus percepciones vitales... Las explicaciones sobre la universalidad de la dominación masculina fueron reseñadas a través de la investigación de una serie de dicotomías analíticas llamadas a caracterizar las relaciones de género en todas las sociedades. Estas dicotomías —naturaleza/cultura, público/privado (Ortner 1974; Rosaldo, 1974; Ardener 1975a)— fueron más tarde reexaminadas por un número de especialistas que clasificaron tanto el contenido de las categorías como su aplicabilidad universal (McCormack and Strathern 1980; Rosaldo 1980). La variabilidad en el contenido de estas categorías, aclarada sólo a través del resultado de un trabajo etnográfico detallado y de los nuevos datos disponibles, hizo evidente que estas categorías eran un rasgo del discurso antropológico más que pertenecer a los sistemas simbólicos o sociales de las sociedades estudiadas por los especialistas."

La profundidad de las transformaciones emergidas en la antropología del género se pueden ejemplificar con el trabajo de Nsugbe, quien había realizado la etnografía sobre los ohaffia de Nigeria que hemos recuperado (el caso más claro de grupo isogenérico). Nsugbe había sido tutelado, entre otros, por Edwin Ardener (como explicamos, uno de los primeros en denunciar el androcentrismo en la Antropología). Ello, de alguna manera, nos conduce a plantearnos si, tal vez, el trabajo de Nsugbe hizo visibles los poderes y estrategias sociales femeninas, en parte, por su "entrenamiento" respecto a la mirada etnográfica, por su concienciación respecto al sesgo androcéntrico que adolecía la Antropología (cabe recordar que en anteriores etnografías los ohaffia habían sido descritos como cognáticos).

En cualquier caso este libro ha pretendido mostrar la necesidad de continuar explorando autores clásicos de la Antropología, muchos de los cuales no han podido ser investigados en estas páginas, así como de continuar revisando obras de los autores estudiados, lecturas que podrían modificar algunas de las conclusiones que aquí se han expuesto. Se trata, pues, de una labor que deberá ser continuada a fin de obtener un mejor conocimiento de cómo se ha venido pensando e interpretando la construcción social de los sexos desde la Antropología social.

Bibliografía

ABERLE, David F. (1961a): "Navaho", en *Matrilineal Kinship* (D. Schneider y K. Gough eds.). Berkeley/Los Ángeles: University of California Press, pp.96-201.

ABU-LUGHOD, Lila (1987): *Veiled sentiments. Honor and Poetry in a Beduin Society*. El Cairo: American University in Cairo Press.

_(1990): "The Romance of Resistence: Tracing Transformations of Power Through Beduin Women" en *Beyond the Second Sex. New Directions in the Anthropology of Gender* (Sanday, R.G.Goodenough ed.). Filadelfia: University of Pennsylvania Press, pp.77-98.

_(1993): *Writing Women's Worlds. Beduin Stories*. Oxford: University of California Press.

AIXELÀ CABRÉ, Yolanda (2000a): *Mujeres en Marruecos. Un análisis desde el parentesco y el género*. Barcelona: Ediciones Bellaterra.

_(2000b): "Voces de mujeres. Las mujeres marrroquíes en el mundo laboral a finales del siglo XX", en *Studia Africana*, nº 9, pp.56-74.

_(2002): "Descubriendo velos políticos. Discursos sobre género e Islam en Marruecos" en *Antropología y antropólogos en Marruecos* (Ramírez, López García, eds). Barcelona: Bellaterra, pp.485-498.

_(2003a): "La construcción de género en al Antropología Social". *Revista de Occidente*, febrero, nº, pp.

_(2003b): "La práctica etnográfica como visualizadora de la otra. Mujeres marroquíes y argelinas pactando matrimonios". Inédito, 10pp.

_(2004): "L'Islam i les dones. L'Europa i l'Islam. Un joc de miralls". *L'Espill*, nº17, pp.17-24.

AIXELÀ CABRÉ, Yolanda; PLANET, Ana Isabel (2004): "Mujeres y política en el mundo árabe". *Feminismos*, nº3, pp.149-159.

ALTORKI, Soraya (1986): *Women in Saudi Arabia: Ideology and Behavior among the Elite*. Nueva York: Columbia University Press.

ALPERS, Edward A. (1972): "Towards a History of the Expansion of Islam in East Africa: the Matrilineal Peoples of the Southern Interior" en *The Historical Study of African Religion. With special reference to East and Central Africa* (T. O. Ranger, I. N. Kimambo, eds.). Londres/Nairobi/Ibadan: Heinemann, pp.172-201.

ARANZADI, Juan (2003): *Introducción y guía al estudio de la antropología del parentesco*. Madrid: UNED.

ARDENER, Edwin (1975) (1972): "Belief and the problem of women", en *Perceiving Women* (Sh. Ardener ed.). Londres: Malaby, pp.1-18.

_(1986): "The Problem of Dominance" en *Visibility and power. Essays on women in Society and Development*

(Dube, Lealock y Ardener eds.). Deli: Oxford University Press, pp.98-104.

ARDENER, Shirley (ed.) (1975): *Perceiving Women*. Londres: Malaby Press.

ARDENER, Shirley (1978): "Introduction. The Nature of Women in Society" *Defining females: The Nature of Women in Society*. Londres: Croom Helm, pp.9-48.

_(1981): "Ground rules and social maps for women: an introduction" en *Women and Space* (Sh. Ardener ed.). Londres: Croom Helm, pp.11-34.

_(1986): "The representation of women in academic models" en *Visibility and power. Essays on women in Society and Development* (Dube, Lealock y Ardener eds.). Deli: Oxford University Press, pp.3-14.

_(1994) (1992): "Persons and powers of Women: an Introduction" en *Persons and powers of Women in Diverse Cultures. Essays in Commemoration of Audrey I. Richards, Phyllis Kaberry and Barbara E. Ward* (Sh. Ardener ed.). Oxford: Berg, pp.1-10.

AUGÉ, Marc (1994): *Hacia una Antropología de los mundos contemporáneos*. Barcelona: Gedisa.

BAAL, J. Van (1975): *Reciprocity and the position of women. Anthropological papers*. Amsterdam: Assen.

BACHOFEN, Johan Jakob (1987) (1861): *El matriarcado. Una investigación sobre ginecocracia en el mundo antiguo según su naturaleza religiosa y jurídica*. Madrid: Akal/Universitaria.

BALANDIER, Georges (1948): "Danses de sortie d'excision à Boffa, Guinée Française". *Notes Africaines*, Dakar, nº38, pp.11-12.

_(1976) (1967): *Antropología política*. Barcelona: Edicions 62.

BARTRA, Roger (1996): *El salvaje en el espejo*. Barcelona: Destino.

BARTH, Fredrick (1954): "Father's brother's daughter marriage in Kurdistan". *Southwestern Journal of Anthropology*, vol. 10, nº 2.

_(1965) (1964): *Nomads of South Persia. The basseri tribe of the Khmseh confederacy*. Londres/Nueva York: Allen & Unwin/ Humanities Press.

_(1973):."Descent and marriage reconsidered", en *The Character of Kinship* (J. Goody ed.). Cambridge: Cambridge University Press, pp.3-19.

_(1974) (1967): "Esferas económicas en Darfur", en *Temas de Antropología Económica* (R. Firth comp.). México: Fondo de Cultura Económica, pp.150-174.

BASEHART, Harry W. (1961): "Ashanti", en *Matrilineal Kinship* (D. Schneider y K. Gough eds.). Berkeley/Los Ángeles: University California Press, pp.270-297.

BATES, Daisy (1938): *The passing of the Aborigines. A lifetime spent among the natives of Australia*. Londres: John Murray.

BAUMANN, Gerd (2001): "Tres gramáticas de la alteridad: algunas antropológicas de la construcción del otro en las constelaciones históricas", en *Multiculturalismos y género. Un estudio interdisciplinar* (M. Nash, D. Marre, eds.). Barcelona: Bellaterra, pp.49-70.

BEAUVOIR, Simone (1976) (1949): *Le deuxième sexe*. París: Gallimard.

BEIDELMAN, T. O. (1971): *The Kaguru. A matrilineal people of East Africa*. Illinois: Waveland Press Inc.

_(1980): "Women and Men in Two East African Societies" en *Explorations in African Systems of Thought* (I. Karp, Ch. S. Bird, eds.). Bloomington: Indiana University Press, pp.143-164.

BELL, Diane (1993): "Introduction 1. The context" en *Gendered fields. Women, men and ethnography* (D. Bell, P. Caplan y W. Jahan Karim, eds.). Londres: Routledge, pp.1-18.

BENENDICT, Ruth (1953) (1934): *Patterns of culture*. Nueva York: A Mentor Book.

_(1974) (1946): *El crisantemo y la espada*. Madrid: Alianza Editorial.

BERNDT, Catherine; CHILVER, E.M.
(1994) (1992): "Phyllis Kaberry
(1910-1977): Fieldworker among
Friends" en *Persons and powers of
Women in Diverse Cultures. Essays in
Commemoration of Audrey I. Richards,
Phyllis Kaberry and Barbara E. Ward*
(Sh. Ardener ed.). Oxford: Berg,
pp.29-37.

BLOCH, Maurice (1973): "The Long
Term and the Short Term: the Eco-
nomic and Political Significance of
the Morality of Kinship", en *The
Character of Kinship* (J. Goody ed.).
Cambridge: Cambridge University
Press, pp.75-87.

_(1987): "Descent and sources of contra-
diction in representations of women
and kinship" en *Gender and kinship:
essays toward a unified analysis* (Yanganasiko y Collier eds.). Stanford: Stanford University Press, pp.324-340.

BLOCH, Maurice y BLOCH, Jean H.
(1998) (1980): "Women and the dia-
lectics of nature in eighteen-century
French thought", en *Nature, culture
and gender* (C. MacCormack y M.
Strathern ed.). Cambridge: Cambridge University Press, pp.25-41.

BOAS, Franz (1964) (1911): *Cuestiones
fundamentales de Antropología Cultural*. Buenos Aires: Solar/Hachette.
(Título original *The mind of primitive
man*).

_(1966): *Kwakiutl ethnography*. Chicago
y Londres: University of Chicago
Press, 439 pp.

_(1982) (1910): *Race, language and cul-
ture*. Chicago y Londres: The University of Chicago Press.

BOHANNAN, Laura (1957): *Le rire et
les songes*. Vichy: Arthaud.

_(1958): «Political Aspects of Tiv Social
Organization» en *Tribes Without Rules*
(J. Middleton and D. Tait, eds.).
Londres: Routledge y Kegan Paul,
pp.33-65.

BONTE, Pierre y CONTE, Eduard
(1991): "La tribu arabe. Approches

anthropologiques et orientalistes",
en *Al-Ansab. La quete des origines.
Anthropologie historique de la société
tribale arabe* (Bonte, Conte, Hamès,
Ould Cheikh, edit.). Louvaine:
Ed. de la Maison des Sciences de
l'Homme Paris, pp.13-48.

BONTE, Pierre (1994): "Manière de
dire ou manière de faire: peut-on par-
ler d'un mariage «arabe»?, en *Epouser
au Plus Proche. Inceste, prohibitions et
stratégies matrimoniales autour de la
Méditerranée* (P. Bonte editor). París:
Ed. de l'Ecole des Hautes Etudes en
Sciences Sociales, pp.371-398.

BOSERUP, Ester (1989) (1970): *Women's
Role in Economic Development*. Londres: Earthscan Publications Ltd.

BOUHDIBA, Abdelwahab (1980): *La
sexualidad en el Islam*. Venezuela:
Monte Ávila.

BOURDIEU, Pierre (1972): *Esquisse
d'une théorie de la pratique*. Geneva:
Librairie Droz.

_(1990): «La domination masculine».
Actes du Recherche en Sciences Sociales,
nº 84, Septiembre.

BOWEN, Elenore Smith (seudónimo de
Laura Bohannan) (1957): *Le rire et les
songes*. Vichy: Arthaud.

BRIFFAULT, Robert (1927): *The mothers. A study of origins of sentiments
and institutions*. Londres: George
Allen y Unwin Ltd.

BURNHAM, Philip (1987): "Changing
themes in the analysis of African marriage" en *Transformations of African
Marriage* (D. Parkin, D. Nyamwaya,
eds.). Manchester: Manchester University Press/International African
Institute, pp.37-54.

BUXÓ, Maria Jesús (1978): *Antropología
de la mujer. Cognición, Lengua e Ideología Cultural*. Barcelona: Promoción
cultural.

CAPLAN, Patricia (1984): "Cognatic
descent, Islamic law and women's
property on the East African Coast"
en *Women and property. Women as*

217

property (Hirschon, ed.). Nueva York: St. Martin's Press, pp.23-43.

_(1994) (1992): "Engendering Knowledge: The Politics of Etnography" en *Persons and powers of Women in Diverse Cultures. Essays in Commemoration of Audrey I. Richards, Phyllis Kaberry and Barbara E. Ward* (Sh. Ardener ed.). Oxford: Berg, pp.65-87.

CLASTRES, Pierre (1981a) (1976): "La cuestión del poder en las sociedades primitivas", en *Investigaciones en antropología política*. Barcelona: Gedisa, pp.111-116.

_(1981b) (1978): "Los marxistas y su Antropología", en *Investigaciones en antropología política*. Barcelona: Gedisa, pp.165-179.

_(1981c) (1977): "Arqueología de la violencia: la guerra en la sociedad primitiva", en *Investigaciones en antropología política*. Barcelona: Gedisa, pp.181-216.

_(1981d) (1977): "La desgracia del guerrero salvaje", en *Investigaciones en antropología política*. Barcelona: Gedisa, pp.217-256.

CLAUDOT-HAWARD, Hélène (1986): «A qui sert l'unifiliation?» en *Le fils et le neveu. Jeux et enjeux de la parenté tuarègue* (Bernus, Bonte, Brock, Claudot, eds.). París: Editions de la Maison des Sciences de l'Homme, pp. 191-205

_(1993): *Les touaregs. Portrait en fragments*. Aix-en-Provence: Edisud.

COHEN, Ronald; MIDDLETON, John (1967): "Introduction" en *Comparative political systems. Studies in the politics of pre-industrial societies* (Cohen y Middleton eds.). Nueva York: American Museum of Natural History, pp.ix-xiv.

COLLIER, Jane Fishburne; YANAGASIKO, Sylvia Junko (eds.) (1987): *Gender and kinship. Essays toward a unifies analysis*. Stanford: Stanford University Press.

COLLIER, Jane Fishburne (1974): "Wo-

men in politics", en *Women, culture and society* (M. Zimablist Rosaldo y Louise Lamphere eds.). Stanford: Stanford University Press.

_(1987): "Rank and marriage: or, why high-ranking brides cost more?" en *Gender and kinship: essays toward a unified analysis* (Yanganasiko y Collier eds.). Stanford: Stanford University Press, pp.197-220.

COLSON, Elisabeth (1958): *Marriage and the Family among the Plateau Tonga of Northern Rhodesia*. Manchester: Manchester University Press para The Institute for Social Research of University of Zambia.

_(1961): "Plateau Tonga", en *Matrilineal Kinship* (D. Schneider y K. Gough eds.). Berkeley/Los Ángeles: University California Press, pp.36-95.

COMAROFF, John y COMAROFF, Jean (1992): *Ethnography and the Historical Imagination*. Oxford: Westview Press.

COMAROFF, John L. (1987): "Sui Generis: Feminism, Kinship Theory and Structural «Domains»" en *Gender and kinship: essays toward a unified analysis* (Yanganasiko y Collier eds.). Stanford: Stanford University Press, pp.53-85.

COMAS, Dolors; BODOQUÉ, Iolanda; FERRERES, S. y ROCA, J. (1990): *Vides de dones*. Barcelona: Altafulla.

COMAS, Dolors (1995): *Trabajo, género y cultura*. Barcelona: Icaria.

CONTE, Édouard (1987): "Alliance et parenté élective en Arabie ancienne. Éléments d'une problématique". *L'Homme*, nº 102, abril-junio 1987, XXVII (2), pp.119-138.

_(1991): "Choisir ses parents dans la société arabe. La situation à l'avènement de l'islam", en *Epouser au Plus Proche. Inceste, prohibitions et stratégies matrimoniales autour de la Méditerranée* (P. Bonte editor). París: Ed. de l'Ecole des Hautes Etudes en Sciences Sociales, pp.165-188.

COPET-ROUGIER, Élisabeth (1985): «Contrôle masculin, exclusivité feminine dans une société patrilinéaire» en *Femmes du Cameroun. Mères pacifiques, femmes rebelles* (J.C. Barbier, ed.). París: Khartala, pp.153-180.

_(1994): "Le mariage arabe. Une approche théorique", en *Epouser au Plus Proche. Inceste, prohibitions et stratégies matrimoniales autour de la Méditerranée* (P. Bonte editor). París: Ed. de l'Ecole des Hautes Etudes en Sciences Sociales, pp.453-474.

COWARD, Rosalind (1983): *Patriarchal Precedents. Sexuality and Social Relations*. Londres: Routledge y Kegan Paul.

CHILVER, E. M. (1994) (1992): "Women Cultivators, Cows and Cash Crops in Cameroon" en *Persons and powers of Women in Diverse Cultures. Essays in Commemoration of Audrey I. Richards, Phyllis Kaberry and Barbara E. Ward* (Sh. Ardener ed.). Oxford: Berg, pp.105-133.

DACHER, Michèle; LALLEMAND, Suzanne (1992): *Prix des épouses, valeur des soeurs suivi de les represéntations de la maladie*. París: L'Harmattan.

DAOUD, Zakya (1993): *Féminisme et politique au Maghreb*. París: Eddif.

DELANEY, Carol (1991): *The Seed and the Soil. Gender and Cosmology in Turkish Village Society*. Berkeley: University of California Press.

_(1994): "On naturalizing uneathly power: The seed-soil theory of procreation". Ponencia presentada en el Dept. de Antropología Social de la Universidad de Barcelona, en las jornadas "Models of procreation and conceptions of the person", realizadas entre 29 de septiembre y 1 de octubre.

DELGADO, Manuel (1993): *Las palabras de otro hombre*. Barcelona: Muchnick Editores.

_(1996): "Religiones", en *Enayos de antropología cultural. Homenaje a Clau-dio Esteva-Fabregat*. Barcelona: Ariel Antropología, pp.194-203.

DI LEONARDO, Micaela (ed.) (1991): "Introduction. Gender, culture and political economy: feminist anthropology in historical perspective", en *Gender at the crossroads of knowledge. Feminist anthropology in the postmodern area* (Di Leonardo ed.). Berkeley/Los Ángeles/Oxford: University of California Press, pp.1-48.

DOUGLAS, Mary y Phyllis KABERRY, ed. (1969): *Man in Africa*. Londres: Tavistock Publications.

DOUGLAS, Mary
_(1963): *The Lele of the Kasai*. Londres: Oxford University Press.

_(1969): "Is matriliny doomed in Africa?" en *Man in Africa*. Londres: Tavistock Publications, pp.121-135.

_(1978) (1970): *Símbolos naturales. Exploraciones en cosmología*. Madrid: Alianza.

DUBE, Leela (1969): *Matriliny and Islam. Religion and society in tha Laccadives*. Delhi: National.

_(1986): "Introduction" en *Visibility and power. Essays on women in Society and Development* (Dube, Lealock y Ardener eds.). Deli: Oxford University Press, pp.xi-xliv.

_(2001): *Anthropological explorations in gender. Intersecting fields*. Londres: Sage Publications.

DUMONT, Louis (1971) (1957): "The marriage alliance", en *Kinship* (J. Goody ed.). Baltimore: Penguin Books, pp.183-198.

_(1975) (1971): *Introducción a dos teorías de la antropología social*. Barcelona: Anagrama.

DURKHEIM, Emile y MAUSS, Marcel (1996) (1901-02): "Sobre algunas formas primitivas de clasificación", en *Clasificaciones primitivas y otros ensayos de antropología positiva*. Barcelona: Ariel, pp.23-104.

DURKHEIM, Emile (1982) (1912): *Las formas elementales de la vida religiosa*.

219

Yolanda Aixelà Cabré

220

El sistema totémico en Australia. Madrid: Akal.
_(1985) (1893): *De la división del trabajo social.* Barcelona: Planeta-Agostini. Tomos I y II.
_(1986) (1895): *Las reglas del método sociológico.* México: Fondo de Cultura Económica
_(1996) (1896-97): "La prohibición del incesto y sus orígenes", en *Clasificaciones primitivas y otros ensayos de antropología positiva.* Barcelona: Ariel, pp.139-218.
EVANS-PRITCHARD, E.E. (ed.) (1974): *Man and Woman among the Azande.* Londres: Faber and Faber.
EVANS-PRITCHARD, E.E. (1949): *The Sanusi of Cyrenaica.* Oxford: Clarendon Press.
_(1965): *The position of Women in Primitive Societies and Other Essays in Social Anthropologie.* Londres: Faber and Faber.
_(1968) (1951): "Descent and Kinship" en *Kinship and Social Organization* (P. Bohannan, J. Middleton, eds.). Nueva York: The Natural History Press, pp.151-154.
_(1971a) (1965): *La femme dans le sociétés primitives et autres essais d'anthropologie sociale.* París: Presses Universitaires de France.

_(1971b): *The Azande. Historical and Political Institutions.* Oxford: Claredon Press.
_(1977) (1940): *Los Nuer.* Barcelona: Anagrama.
_(1979) (1948): "La realeza divina de los shilluk del Sudán", en *Antropología política* (J.R. Llobera comp.). Barcelona: Anagrama, pp.297-316.
_(1984) (1965): *Las teorías de la religión primitiva.* Madrid: siglo XXI editores.
_(1990) (1962): *Ensayos de Antropología Social.* Madrid: Siglo XXI.
_(1997) (1937): *Brujería, magia y oráculos entre los azande.* Barcelona: Anagrama.

FIRTH, Raymond (ed.) (1970) (1957): *Man & Culture. An evaluation of the work of Bronislaw Malinowski.* Londres: Routledge y Kegan Paul.
FIRTH, Raymond (1961) (1938): *Tipos humanos. Una introducción a la antropología social.* Buenos Aires: Editorial Universitaria de Buenos Aires.
_(1968): "Rivers on Oceanic Kinship" en *Kinship and social organization... Together with the Genealogical method of anthropological enquiry* (W.H.H.Rivers, 1914). Londres: University of London, The Athlone Press, pp.17-36.
_(1979) (1959): "El sistema político de los Tikopia en 1929", en *Antropología política* (J.R. Llobera comp.). Barcelona: Anagrama, pp.289-295.
_(1996): *Religion. A humanist interpretation.* Londres y Nueva York: Routledge.
FOLBRE, Nancy (1988): "Patriachal Social Formations in Zimbabwe" en *Patriarchy and Class. African Women in the Home and the Workforce* (Stichter y Parpart, eds.). Boulder y Londres: Westview Press, pp.61-80.
FORTES, Meyer y EVANS-PRITCHARD, E.E. (1985) (1949): "Sistemas políticos africanos", en *Antropología política* (J.R. Llobera comp.). Barcelona: Anagrama, pp.85-105.
FORTES, Meyer (1938): *Social and psychological aspects of education in Taleland.* Londres: Oxford University Press.
_(1963) (1949): "Time ans social structure: an ashanti case study" en *Social Structure Studies presented to A. R. Radcliffe-Brown* (Fortes, ed.). Nueva York: Russell & Russell Inc, pp.54-84.
_(1970) (1957): "Malinowski and the study of kinship", en *Man & Culture. An evaluation of the work of Bronislaw Malinowski* (R. Firth ed.). Londres: Routledge y Kegan Paul, pp.157-188.
_(1971) (1958): "Introduction", en *The*

developement cycle in domestic groups (J. Goody editor). Cambridge: Cambridge University Press, pp.1-14.

_(1972) (1962): "Introduction", en *Marriage in tribal societies* (M. Fortes editor). Cambridge: Cambridge University Press, pp.1-13.

_(1975a) (1962): "Ritual and office in tribal society", en *Essays on the ritual of social relations* (M. Gluckman editor). Manchester: Manchester University Press, pp.53-88.

_(1975b) (1971): "La estructura de los grupos de filiación unilineal", en *Introducción a dos teorías de la antropología social* (L. Dumont). Barcelona: Anagrama, pp.170-198.

_(1979): "Preface", en *Segmentary Lineage Reconsidered* (L. Holy editor). Belfast: The Queen's University of Belfast.

_(1983) (1950): "Parentesco y matrimonio entre los ashanti" en *Sistemas africanos de parentesco y matrimonio* (Radcliffe-Brown y Forde, comp.). Barcelona: Anagrama, pp.281-313.

FOX, Robin (1985) (1967): *Sistemas de parentesco y matrimonio*. Madrid: Alianza Universidad.

FRAZER, Sir James (1989) (1922): *La rama dorada. Magia y religión*. Madrid: Fondo de Cultura Económica.

FRIED, Morton H. (1979) (1960): "Sobre la evolución de la estratificación social", en *Antropología política* (J. R. Llobera comp.). Barcelona: Anagrama, pp.133-151.

FRIEDL, Ernestine (1971) (1962): "Dowry, Inheretance and Land-Tenure", en *Kinship* (J. Goody ed.). Baltimore: Penguin Books, pp.134-139.

FRIGOLÉ, Joan (1998): "Models de procreació i límits de la reversabilitat de la identitat de gènere a 'l'infant de sorra'" en *Antropologia del Parentiu* (X. Roigé, A. García, M. Mascarell, eds.). Barcelona: Icaria, pp.51-77.

GARCÍA, Adela (1995): *Los que no pueden vivir de lo suyo. Trabajo y cultura en el Campo de Calatrava*. Madrid: Ministerio de Agricultura, Pesca y Alimentación.

GEERTZ, Clifford; GEERTZ, Hildred y ROSEN, Lawrence (1979): *Meaning and order in Moroccan Society*. Cambridge: Cambridge University Press.

GEERTZ, Clifford (1987) (1973): *La interpretación de las culturas*. Barcelona: Gedisa.

_(1994): *Observando el Islam*. México: Gedisa.

GEERTZ, Hildred (1979): "The Meanings of Family Ties", en *Meaning and order in Moroccan Society*. Cambridge: Cambridge University Press, pp.315-393.

GILLISON, Gillian (1998) (1980): "Images of nature in Gimi thought", en *Nature, culture and gender* (C. MacCormack y M. Strathern ed.). Cambridge: Cambridge University Press, pp.143-173.

GLADSTONE, Jo (1994) (1992) "Audrey I. Richards (1899-1984): Africanist and Humanist" en *Persons and powers of Women in Diverse Cultures. Essays in Commemoration of Audrey I. Richards, Phyllis Kaberry and Barbara E. Ward* (Sh. Ardener ed.). Oxford: Berg, pp.13-28.

GLUCKMAN, Max (1935): "Zulu women in hoecultural ritual". *Bantu Studies*, Johanesburg, v.9, pp.255-271.

_(1963): "The role of the sexes in Wiko circumcision ceremonies", en *Social Structure. Studies presented to A.R.Radcliffe-Brown* (Fortes, ed.). Nueva York: Russell & Russell, pp.145-167.

_(1968) (1949): "Social beliefs and individual thinking in tribal society", en *Theory in Anthropology. A sourcebook* (R. A. Manners y D. Kaplan ed.). Londres: Routledge y Kegan Paul, pp.253-265.

_(1971) (1950): "Marriage Payments and Social Structure among the Lozi and

221

Zulu", en *Kinship* (J. Goody ed.). Baltimore: Penguin Books, pp.227-247.

_(1975) (1962): "Les rites de passage", en *Essays on the ritual of social relations* (M. Gluckman editor). Manchester: Manchester University Press, pp.1-52.

_(1978) (1965): *Política, derecho y ritual.* Madrid: Akal editor.

GODELIER, Maurice (1976): "Antropología y economía. ¿Es posible la antropología económica?", en *Antropología y economía* (M. Godelier comp.). Barcelona: Anagrama, pp.279-333.

_(1977) (1975): "Modos de producción, relaciones de parentesco y estructuras demográficas", en *Análisis marxistas y antropología social* (M. Bloch comp.). Barcelona: Anagrama, pp.15-41.

GONZÁLEZ ECHEVARRIA, Aurora (1987): *La construcción teórica en Antropología.* Barcelona: Anthropos.

_(1994): *Teorías del Parentesco. Nuevas aproximaciones.* Madrid: Eudema.

_(1996): "Epistemología y método. Introducción". Zaragoza, VII Congreso de Antropología, vol.8, pp.11-25.

GOODENOUGH, Ward H. (ed.) (1964): *Explorations in Cultural Anthropology. Essays in Honor of George Peter Murdock.* Nueva York: McGraw-Hill Book Company.

GOODENOUGH, Ward H. (1951): *Property, kin and community on Truk.* New Haven: Yale University Publications in Anthropology, nº 46.

_(1965): "Rethinking «status» and «role»: Toward a general model of cultural organization of social relationships", en M. Banton (ed.): *The relevance of models for social anthropology.* Nueva York: Praeger, pp.1-22.

_(1968) (1955): "A problem in Malayopolynesian Social Organization" en *Kinship and Social Organization* (P. Bohannan, J. Middleton, eds.). Nueva York: The Natural History Press, pp.195-211.

_(1975): "Introducción", en *La Antropología como ciencia* (J. R. Llobera

comp.). Barcelona: Anagrama, pp.25-45.

GOODWIN Raheja, Gloria (1996): "The limits of patriliny: kinship, gender and women's speech practices in rutal north India" en *Gender, kinship, power* (Maynes, Waltner, Soland y Strasser, eds.). Londres: Routledge, pp.149-176.

GOODY, Jack (1961): "The classification of double descent systems". *Current Anthropology*, t. 2-1, febrero, pp.3-25.

_(1971) (1956): "Incest and adultery", en *Kinship* (J. Goody ed.). Baltimore: Penguin Books, pp.64-81.

_(1973): "Polyginy, Economy and the Role of Women", en *The Character of Kinship* (J. Goody ed.). Cambridge: Cambridge University Press, pp.175-189.

_(1975) (1971): "Grupos de filiación", en *Introducción a dos teorías de la antropología social* (L. Dumont). Barcelona: Anagrama, pp.210-221.

_(1986): *La evolución de la familia y del matrimonio en Europa.* Barcelona: Herder.

_(1990): *The Oriental, the Ancient, the Primitive.* Cambridge: Cambridge University Press.

GOTTLIEB, Alma (1990): "Rethinking Female Pollution: The Beng Case (Côte d'Ivoire)" en *Beyond the Second Sex. New Directions in the Anthropology of Gender* (Sanday, R.G.Goodenough ed.). Filadelfia: University of Pennsylvania Press, pp.115-138.

GOUGH, Kathleen (1961): "The Modern Desintegration of Matrilineal Descent Groups", en *Matrilineal Kinship* (D. Schneider y K. Gough eds.). Berkeley/Los Ángeles: University California Press, pp.631-652.

_(1975): "The origin of family" *Toward an Anthropology of Women* (Reiter ed.). Londres: Monthly Review Press, pp.51-76.

222

GRANQVIST, H. (1931): *Marriage conditions in a Palestinian Village*. Helsingfors: Commentationes Humanarum Litterarum, Vol. III 8, 200 pp.

_(1935): *Marriage conditions in a Palestinian Village*. Helsingfors: Commentationes Humanarum Litterarum, Vol. IV 8, 365 pp.

GUESSAIN, Monique (1960): «Femmes coniagui (Guinée)» en *Femmes d'Afrique Noire* (Paulme, ed.). París: Mouton & Co., pp. 23-50.

GUYER, Jane I. (1991): "Female farming in Anthropology and African History", en *Gender at the crossroads of knowledge. Feminist anthropology in the postmodern area* (Di Leonardo ed.). Berkeley/Los Ángeles/Oxford: University of California Press, pp.257-277.

HAFKIN, Nancy J.; BAY, Edna G. (1976): "Introduction" *Women in Africa. Studies in Social and Economic Change* (Hafkin y Bay eds.). California: Stanford University Press, pp.1-18.

HARRIS, Marvin y ROSS, Eric B. (1991) (1987): *Muerte, sexo y fecundidad. La regulación demográfica en las sociedades preindustriales y en desarrollo*. Madrid: Alianza.

HARRIS, Marvin (1983) (1968): *El desarrollo de la teoría antropológica*. Madrid: Siglo XXI.

_(1987) (1974): *Vacas, cerdos, guerras y brujas*. Madrid: Alianza.

_(1991) (1989): *Nuestra especie*. Madrid: Alianza.

HARRIS, Olivia y YOUNG, Kate

_(1979) (1979): "Introducción", en *Antropología y Feminismo* (O. Harris y K. Young, eds.). Barcelona: Anagrama, pp.9-30.

HARRIS, Olivia (1978): "De l'asymétrie au triangle. Transformations symboliques au nord de Potosí". *Annales. Economies Sociétés Civilisations*, 33e année, n° 5-6, pp.1108-1125.

_(1998) (1980): "The power of signs:

gender, culture and the wild in the Bolivian Andes", en *Nature, culture and gender* (C. MacCormack y M. Strathern ed.). Cambridge: Cambridge University Press, pp.70-94.

HIDALGO, Encarna; JULIANO, Dolores; ROSET, Montserrat; CABA, Àngels (2003): *Repensar la enseñanza de la geografía y la historia: Una mirada desde el género*. Barcelona: Octaedro.

HIRSCHON, Renée (1984): "Introduction: Property, power and gender relations" en *Women and property. Women as property* (Hirschon, ed.). Nueva York: St. Martin's Press, pp.1-21.

HOBEN, Allan (1973): *Land tenure among the Amhara of Ethiopia. The Dynamics of Cognatic Descent*. Chicago/Londres: The University of Chicago Press.

HOLY, Ladislav (1991): *Religion and Custom in a Muslim Society*. Cambridge: Cambridge University Press.

HERITIER, Françoise (1996): *Masculino/Femenino. El pensamiento de la diferencia*. Barcelona: Ariel.

HERSKOVITS, Melville J. (1937): "A note on 'women marriage' in Dahomey". *Africa*, Londres, v.10, pp.335-341.

_(1940): *The economic life of primitive peoples*. Nueva York: Alfred A. Knofp, 547 pp.

_(1952) (1948): *El hombre y sus obras. La ciencia de la antropología cultural*. México-Buenos Aires: Fondo de Cultural Económica.

IFEKA, Caroline (1994) (1992): "The mystical and Political Powers of Queen Mothers, Kings and Commoners in Nso', Camerun" en *Persons and powers of Women in Diverse Cultures. Essays in Commemoration of Audrey I. Richards, Phyllis Kaberry and Barbara E. Ward* (Sh. Ardener ed.). Oxford: Berg, pp.135-157.

JAHAN KARIM, Wazir (1993): "Epiloque: the «nativised» self and the «native» en *Gendered fields. Women, men*

223

and ethnography (D. Bell, P. Caplan y W. Jahan Karim eds.). Londres: Routledge, pp.248-251.

JORDANOVA, L.J. (1998) (1980): "Natural facts: a historical perspective on science and sexuality", en *Nature, culture and gender* (C. MacCormack y M. Strathern ed.). Cambridge: Cambridge University Press, pp.43-69.

JOURNET, Odile (1985): "Les hypermères nónt plus d'enfants. Maternité et ordre social chez les Joola de Basse-Casamance» en *L'arraisonnement des femmes. Essais en anthropologie des sexes* (N.C. Mathieu, ed.). París: Editions de l'École des Hautes Études en Sciences Sociales, pp.17-36.

JULIANO, Dolores (1992) (1986): *El juego de las astucias*. Barcelona: Horas y horas.

_(1993): *Educación intercultural. Escuela y minorías étnicas*. Madrid: Eudema

_(1998a): *La causa saharaui y las mujeres*. Barcelona: Icaria.

_(1998b) (1988): *Las que saben. Subculturas de mujeres*. Barcelona: Horas y horas.

_(2001): *La prostitución. El espejo oscuro*. Barcelona: Icaria.

_(2004): *Excluidas y marginales*. Madrid: Cátedra

KABERRY, Phyllis (1939): *Aboriginal woman, sacred and profane*. Londres: G.Routledge and Sons, 294pp.

_(1952): *Women of the grassfields: A study of the economic position of women in Bamenda*. Londres: Her Majesty's Stationery Office.

_(1969): "Witchcraft of the Sun: Incest in Nso" en *Man in Africa*. Londres: Tavistock Publications, pp.175-195.

KAPLAN, David y MANNERS, Robert A. (1979) (1972): *Introducción crítica a la teoría antropológica*. México: Editorial Nueva Imagen.

KARP, Ivan (1989): "Power and capacity in Rituals Possession" en *Creativity of Power. Cosmology and Action in African Societies* (W. Arens, I. Karp, eds.).

Washington y Londres: Smithsonian Institution Press, pp.91-109.

KASRIEL, Michèle (1989): *Libres Femmes du Haut-Atlas?*. París: L'Harmattan.

KEMPER, Steven (1980): "Polygamy and Monogamy in Kandyan Sri Lanka". *Jounal of Comparative Family Studies*, vol. XI, nº 3 (número especial), pp.299-324.

KEESING, Roger M. (1975): *Kin groups and social structure*. Londres: Holt, Rinehart and Winston Inc.

_(1980): "The uses of kinship: kwaio, Solomon Islands" en *The Versality of Kinship. Essay Presented to Haryy W. Basehart* (L. S. Cordell, S. Beckerman, eds.). Nueva York/Londres: Academic Press, pp.29-44.

KESSLER, Evelyn S. (1976): *Women. An Anthropological View*. Londres: Holt, Rinehart and Winston.

KILANI, Modher (2000) (1994): *L'invention de l'autre. Essais sur le discours anthropologique*. París: Editions Payot Lausanne, 2000 (1994).

KLUCKHON, Clyde Kay Maben (A306/64986) (1950): *Mirror of man. The relation of anthropology to modern life*. Londres: George G. Harrap & Co., 288 pp.

_(1974) (1949): *Antropología*. Buenos Aires: Fondo de Cultura Económica.

KOOPMAN HENN, Jeanne (1988): "The Material Basis of Sexism: A mode of Production Analysis" en *Patriarchy and Class. African Women in the Home and the Workforce* (Stichter y Parpart, eds.). Boulder y Londres: Westview Press, pp.27-59.

KOPYTOFF, Igor (1990): "Women's Roles and Existential Identities" en *Beyond the Second Sex. New Directions in the Anthropology of Gender* (Sanday, R.G.Goodenough ed.). Filadelfia: University of Pennsylvania Press, pp.77-98.

KRADER, Lawrence y ROSSI, Ino (1982) (1980): *Antropología política*. Barcelona: Anagrama

LA FONTAINE, Jean (1994) (1992): "The Persons of Women" en *Persons and powers of Women in Diverse Cultures. Essays in Commemoration of Audrey I. Richards,*

Phyllis Kaberry and Barbara E. Ward (Sh. Ardener ed.). Oxford: Berg, pp.89-104.

LACOSTE-DUJARDIN, Camille (1993): *Las madres contra las mujeres. Maternidad y patriarcado en el Magreb.* Madrid: Cátedra.

LAMPHERE, Louise (1974): "Strategies, cooperation and conflict among women in domestic groups", en *Woman, Culture and Society* (M. Z. Rosaldo y L. Lamphere ed.). Stanford: Stanford University Press, pp.97-112.

LANDES, Ruth (1937): *Ojibwa Sociology.* Nueva York, 144 pp.

_(1938): *The Ojibwa woman: Male and Female Life Cycles among the Ojibwa Indians of Western Ontario.* Nueva York: W.W. Norton, 247 pp.

_(1947): *The city of women. An account of an anthropological field trip in Bahia and Rio de Janeiro.* Nueva York: Macmillan, 248 pp.

LAOUST-CHANTREAUX, Germaine (1990): *Kabylie cote femmes. La vie féminin à Ait Hichem 1937-1939.* París: Edisud.

LEACH, Edmund (1968) (1963): "Claude Lévi-Strauss-Anthropologist and philosopher", en *Theory in Anthropology. A sourcebook* (R. A. Manners y D. Kaplan ed.). Londres: Routledge y Kegan Paul, pp.541-551.

_(1971a) (1958): "Concerning Trobriand clans and the kinship category «tabu»", en *The developement cycle in domestic groups* (J. Goody editor). Cambridge: Cambridge University Press, pp.120-145.

_(1971b) (1955): "Polyandry, Inheritance and the Definition of Marriage", en *Kinship* (J. Goody ed.). Baltimore: Penguin Books, pp.151-162.

_(1973): "Complementary Filiation and Bilateral Kinship", en *The Character of Kinship* (J. Goody ed.). Cambridge: Cambridge University Press, pp.21-33.

_(1975) (1969): "El método comparativo en Antropología", en *La Antropología como ciencia* (J. R. Llobera comp.). Barcelona: Anagrama, pp.167-178.

_(1977) (1964): *Sistemas políticos de la alta Birmania.* Barcelona: Anagrama.

LEALOCK, Eleanor Burke (1986): "Women, power and authority" en *Visibility and power. Essays on women in Society and Development* (Dube, Leacock y Ardener eds.). Delhi: Oxford University Press, pp.107-135.

_(2000) (1981): *Myths of male dominance.* Michigan: UMI Bell & Howell.

LEBEUF, Annie M.D. (1960): "Le role de la femme dans l'orgaisation politique des sociétés africaines» en *Femmes d'Afrique Noire* (Paulme, ed.). París: Mouton & Co., pp.93-119.

LEVI-STRAUSS, Claude (1969) (1958): *Antropología estructural.* Tomo I. Buenos Aires: Editorial Universitaria de Buenos Aires.

_(1970): "La gesta de Asdiwal", en *Estructuralismo, mito y totemismo.* Buenos Aires: Ediciones Nueva Visión, pp.25-77.

_(1979) (1973): *Antropología estructural.* Tomo II. México: Siglo XXI editores.

_(1984) (1983): *La mirada distante.* Barcelona: Argos Vergara.

_(1991) (1949): *Las estructuras elementales del parentesco.* Barcelona: Paidós.

LEVINE, Nancy E.

_(1980): "Nyinba Polyandry and the Allocation of Paternity". *Journal of Comparative Family Studies*, vol. XI, nº 3 (número especial), pp.283-298.

LEVINE, Nancy E.; SANGREE, W.H. (1980): "Conclusion: Asian and African Systems of Polyandry". *Journal of Comparative Family Studies*, vol. XI, nº 3 (número especial), pp.385-410.

LINTON, Sally (1979): "La mujer recolectora: sesgos machistas en Antropología", en *Antropología y Feminismo* (O. Harris y K. Young, eds.). Barcelona: Anagrama, pp.35-46.

LOWIE, Robert (1957) (1929): *Notes of*

225

Hopi Clans. Nueva York: American Museum Press, part IV.

_(1963) (1935): *The Crow Indians*. Londres: University of Nebraska Press.

_(1972) (1920): *La sociedad primitiva*. Buenos Aires: Amorrortu editores.

_(1979) (1948): "Algunos aspectos de la organización política de los aborígenes americanos", en *Antropología política* (J.R. Llobera comp.). Barcelona: Anagrama, pp.107-132.

_(1983) (1952): *Religiones primitivas*. Madrid: Alianza.

_(1984) (1954): *Indians of the Plains*. Londres: University of Nebraska Press.

LLOBERA, José R. (1975): "Prostcriptum: Algunas tesis provisionales sobre la naturaleza de la Antropología", en *La Antropología como ciencia* (J. R. Llobera comp.). Barcelona: Anagrama, pp. 373-387.

_(1999): *Manual d'Antropologia Social*. Barcelona: Edicions de la Universitat Oberta de Catalunya.

MACCORMACK, Carol P. y STRATHERN, M. (1998) (1980): *Nature, culture and gender*. Cambridge: Cambridge University Press.

MACCORMACK, Carol P. (1998a) (1980): "Nature, culture and gender: a critique", en *Nature, culture and gender* (C. MacCormack y M. Strathern ed.). Cambridge: Cambridge University Press, pp.1-24.

_(1998b) (1980): "Proto-social to adult: a Sherbro transformation", en *Nature, culture and gender* (C. MacCormack y M. Strathern ed.). Cambridge: Cambridge University Press, pp.95-118.

MAHER, Vanessa (1974): *Women and Property in Morocco: Their Changing Relation to the Process of Social Stratification in the Middle Atlas. Cambridge Studies in Social Anthropology*, n° 10, Cambridge University Press.

MAINE, Henry Summer (1976a) (1871): "El derecho antiguo", en *Antropología y economía* (M. Godelier comp.). Barcelona: Anagrama, pp.47-53.

_(1976b) (1871): "Los efectos de la observación de la India en el pensamiento europeo moderno", en *Antropología y economía* (M. Godelier comp.). Barcelona: Anagrama, pp.54-60.

MAIR, Lucy (1970) (1965): *Introducción a la Antropología Social*. Madrid: Alianza Editorial.

_(1971): *Marriage*. Harmondsworth: Penguin.

MALINOWSKI, Bronislaw (1926): *Crime and Custom in Savage Society*. Londres: Kegan Paul, Trench, Trubner & Co., Ltd.

_(1963) (1962): *Sex, culture and myth*. Londres: Rupert Hart-Davis.

_(1971a) (1930): "The principle of Legitimacy", en *Kinship* (J. Goody ed.). Baltimore: Penguin Books, pp.38-41.

_(1971b) (1927): "The Family Complex in Patrilineal and Matrilineal Societies", en *Kinship* (J. Goody ed.). Baltimore: Penguin Books, pp.42-44.

_(1974) (1927): *Sexo y represión en la sociedad primitiva*. Buenos Aires: Nueva Visión.

_(1975) (1931): "La cultura", en *El concepto de cultura: textos fundamentales* (J. S. Kahn comp.). Barcelona: Anagrama, pp.85-127.

_(1976) (1920): "La economía primitiva de los isleños de Trobriand", en *Antropología y economía* (M. Godelier comp.). Barcelona: Anagrama, pp.87-100.

_(1986) (1922): *Los argonautas del Pacífico Occidental. Un estudio sobre comercio y aventura entre los indígenas de los archipiélagos de la Nueva Guinea melanésica*. Barcelona: Planeta-Agostini, tomos I y II.

MARRE, Diana (2001): "La continuidad de la exclusión en el proceso de construcción de la nación: ediciones y (re)diciones", en *Multiculturalismos y género. Un estudio interdisciplinar*

(M. Nash, D. Marre, eds.). Barcelona: Bellaterra, pp.117-158.

_(2003): *Mujeres argentinas: las chinas.* Barcelona: Universidad de Barcelona.

MARTÍNEZ VEIGA, Ubaldo (1995): *Mujer, trabajo y domicilio. Los orígenes de la discriminación.* Barcelona: Icaria Editorial.

MARTÍN, M.K. y VOORHIES,B. (1978) (1975): *La mujer: un enfoque antropológico.* Barcelona: Anagrama.

MATHIEU, Nicole- Claude
_(1973): "Homme culture et femme nature". *L'Homme*, n° 13, pp.101-141.

_(1978): *Ignored by some Denied by Others: the Social Sex Category in Sociology.* Londres: Women's Research and Resources Centre Publications.

MAUSS, Marcel (1971) (1969): *Obras II. Institución y culto. Representaciones colectivas y diversidad de civilizaciones.* Barcelona: Barral Editores.

_(1979a) (1903-03): "Esbozo de una teoría general de la magia", en *Sociología y Antropología.* Madrid: Editorial Teknos, pp.45-152.

_(1979b) (1923-24): "Ensayo sobre los dones. Motivo y forma del cambio en las sociedades primitivas", en *Sociología y Antropología.* Madrid: Editorial Teknos, pp.155-263.

MCDOWELL, Linda; PRINGLE, Rosemary (1992): "Women as «Other»" en *Defining women. Social institutions and gender divisions* (Mcdowell y Pringle eds.). Cambridge: Polity Press y The Open University Press, pp.3-7.

MEAD, Margaret (1985) (1930): *Educación y cultura en Nueva Guinea. Estudio comparativo de la educación entre los pueblos primitivos.* Barcelona/ Buenos Aires: ediciones Paidós.

_(1994) (1949): *Masculino y femenino.* Madrid: Minerva Ediciones.

MEILLASSOUX, Claude
_(1986): "The pregnant male" en *Visibility and power. Essays on women in Society and Development* (Dube,

Lealock y Ardener eds.). Deli: Oxford University Press, pp.15-21.

_(1987) (1977): *Mujeres, graneros y capitales. Economía doméstica y capitalismo.* México: Siglo XXI.

MENDEZ, Lourdes (1988): *Cousas de mulleres. Campesinas, poder y vida cotidiana (Lugo 1940-1980).* Barcelona: Anthropos.

_(1991): "Reflexión sobre la poco común producción de las pequeñas mujeres" en *Antropología de los Pueblos de España* (J. Prat, U. Martínez, J. Contreras e I. Moreno, eds.) Madrid: Taurus, pp.700-709.

MENON, Shanti (1996): "Male authority and female autonomy: a study of the matrilineal nayars of Kerala, South India" en *Gender, kinship, power* (Maynes, Waltner, Soland y Strasser, eds.). Londres: Routledge, pp.131-148.

MENCHER, Joan P. (1988): "Women's work and poverty: women's contribution to household maintenence in South India" en A home divided. *Women income in the Third World* (Dwyer y Bruce eds.). Stanford: Stanford University Press, pp.99-119.

MERNISSI, Fátima (1992): *El miedo a la modernidad.* Madrid: Ed. del Oriente Medio y el Mediterráneo.

MIDDLETON, John y TAIT, David (1958): "Introduction", en *Tribes without rulers. Studies in African Systems* (Middleton y Tait ed.). Londres/París: Routledge y Kegan Paul, pp. 1-31.

MIDGLEY, Clare (1998): "Gender and imperialism: mapping the connections" en *Gender and imperialism* (C. Midgley ed.). Manchester: Manchester University Press, pp.1-18.

MONTAGNE, Robert (1989) (1930): *Les bereberes et le Makhzen dans le sud du Maroc.* Casablanca: Afrique Orient.

MOORE, Henrietta L. (1991): *Antropología y feminismo.* Madrid: Cátedra/

227

228

Universitat de València/Instituto de la Mujer.

_(1993): "The differences within and the differences between" en *Gendered anthropology* (T del Valle ed.). Londres: Routledge, pp.193-204.

MORENO, Isidoro (1991): "Identidades y rituales", en *Antropología de los Pueblos de España* (J. Prat, U. Martínez, J. Contreras e I. Moreno, eds.) Madrid: Taurus, pp.601-636.

MORGAN, Lewis Henry (1967) (1950): *Montezuma's Dinner. An Essay on the Tribal Society of North American Indians.* Nueva York: New York Labor News.

_(1970) (1871): *Systems of Consanguinity and affinity of the Human Family.* The Netherlands: Anthropological Publications.

_(1971) (1877): *La sociedad primitiva.* Madrid: Ayuso.

MULLINGS, Leith (1976): "Women and Economic Change in Africa" *Women in Africa. Studies in Social and Economic Change* (Hafkin y Bay eds.). California: Stanford University Press, pp.239-264.

MURPHY, R. y KASDAN, L. (1959): "The structure of Parallel Cousin Marriage". *American Anthropologist,* nº 61, pp.17-19.

MURDOCK, George Peter (1945) (1934): *Nuestros contemporáneos primitivos.* México: Fondo de Cultura Económica.

_(1949): *Social structure.* Nueva York: Macmillan.

_(1968) (1960): "Cognatic Forms of Social Organization" en *Kinship and Social Organization* (P. Bohannan, J. Middleton, eds.). Nueva York: The Natural History Press, pp.235-253.

_(1975) (1957): "Muestra etnográfica mundial", en *La Antropología como ciencia* (J. R. Llobera comp.). Barcelona: Anagrama, pp.203-230.

NADEL, S. F. (1974) (1951): *Fundamentos de antropología social.* Barcelona: Fondo de Cultura Económica.

NAROTZKI, Susana

_(1988): *Trabajar en familia. Mujeres, hogares y talleres.* Valencia: Alfons el Magnànim.

_(1995): *Mujer, mujeres, género. Una aproximación crítica al estudio de las mujeres en las ciencias sociales.* Madrid: CSIC.

NASH, Mary (1984): "Nuevas dimensiones de la historia de la mujer", en *Presencia y protagonismo. Aspectos de la historia de la mujer* (M. Nash, ed.). Barcelona: Ed. del Serbal, pp.9-50.

_(1994): "Identidades, representación y discurso de género en la España Contemporánea", en *Cultura y culturas en la Historia.* Salamanca: Ed. Universidad de Salamanca, pp.191-203.

_(2004): *Mujeres en el Mundo. Historia, retos y movimientos.* Madrid: Alianza.

NSUGBE, Philip O. (1974): *Ohaffia. A Matrilineal Ibo People.* Oxford: Clarendon Press.

OPPONG, Christine (1974): *Marriage among the Matrilineal Elite: A Family Study of Ghanaian Senior Civil Servants.* Cambridge: Cambridge University Press.

ORTIZ-OSÉS, Andrés (1987): "El derecho materno: Bachofen, Malinowski y Fromm", en *Mitología arcaica y derecho materno* (J. J. Bachofen). Barcelona: Anthropos, pp.253-290.

ORTNER, Sherry B. y WHITEHEAD, Harriet (ed.) (1981): *Sexual meanings: The cultural construction of gender and sexuality.* Cambridge: Cambridge University Press.

ORTNER, Sherry B. (1979) (1974): "¿Es la mujer con respecto al hombre lo que la naturaleza con respecto a la cultura", en *Antropología y Feminismo* (O. Harris y K. Young, eds.). Barcelona: Anagrama, pp.109-131.

PASCON, Paul y BENTAHAR, M. (1971): "Ce que disent 296 jeunes ruraux", en *Etudes sociologiques sur le*

Maroc, Khatibi. *Bulletin Economique et Social du Marroc*, pp.145-287.

PASTNER, Carrol McC. (1978): «The Status of Women and Property on a Baluchistan Oasis in Pakistan», n *Women in the Muslim World*. Cambridge: Harvard University Press, pp. 434-450.

PAULME, Denise (1960): "Introduction" en *Femmes d'Afrique Noire* (Paulme, ed.). París: Mouton & Co, pp.9-22.

PEACOCK, Nadine R. (1991): "Rethinking the Sexual Division of Labor: Reproduction and Women's Work among the Efe", en *Gender at the crossroads of knowledge. Feminist anthropology in the postmodern area* (Di Leonardo ed.). Berkeley/Los Ángeles/Oxford: University of California Press, pp.339-360.

POEWE, Karla O. (1980): "Matrilineal Ideology: the Economic Activities of Women in Luapula, Zambia" en *The Versality of Kinship. Essay Presented to Haryy W. Basehart* (L. S. Cordell, S. Beckerman, eds.). Nueva York/Londres: Academic Press, pp.333-357.

_(1981): *Matrilineal Ideology. Male-Female Dynamics in Luapula, Zambia*. Londres: Academic Press for the International African Institute.

POLANYI, Karl (1976a): "El sistema económico como proceso institucionalizado", en *Antropología y economía* (M. Godelier comp.). Barcelona: Anagrama, pp.155-178.

_(1976b) (1957): "La economía como actividad institucionalizada", en K. Polanyi, C. M. Arensbergy H.W. Pearson (dir.): *Comercio y mercado en los imperios antiguos*. Barcelona: Labor, pp.289-316.

PORQUERES, Enric (2000): "Cognatisme et voies de sang. La créativité du marriage canonique" en *L'Homme*, n°154-155, pp.335-356.

PROVANSAL, Danielle (1983): «Visión del mundo, naturaleza femenina y tradición oral». *Comentaris d'Antropologia cultural*, Barcelona, Universidad de Barcelona, pp. 95-105.

_(1997): «Ritual, cultura y sociedad en el Mediterráneo», en *La función simbólica de los ritos* (F. Checa-P. Molina, ed.). Barcelona/Almeria: Icaria editorial/Instituto de Estudios Almerienses de la Diputación Provincial, pp. 61-86.

RADCLIFFE-BROWN, A.R. (1971a) (1950): «Dowry and Bridewealth», en *Kinship* (J. Goody ed.). Baltimore: Penguin Books, pp.119-133.

_(1971b) (1930): "Kin terms and kin Behaviour", en *Kinship* (J. Goody ed.). Baltimore: Penguin Books, pp.307-316.

RALTSON, Caroline (1988): "Polyandry, «pollution», «prostitution». The problems of eurocentrism and androcentrism in Polynesian studies" en *Crossing boundaries. Feminisms and the critique of knowledges* (Caine, Grosz y Lepervanche eds.). Londres: Allen & Unwin, pp.71-80.

RAMIREZ, Ángeles (1998): *Migraciones, género e Islam: mujeres marroquíes en España*. Madrid: Instituto de Cooperación Internacional.

REITER, Rayna R. (1975): "Introduction" *Toward an Anthropology of Women* (Reiter ed.). Londres: Monthly Review Press, pp.11-19.

RICHARDS, A.I. (1932): *Hunger and Work in a Savage Tribe. A Functional Study of Nutrition among the Southern Bantu*. Londres: George Routledge & Sons, LTD.

_(1940): *Bemba Marriage and Present Economic Conditions*. Northern Rhodesia: The Rhodes-Livingstone Institute, Livingstone.

_(1971) (1950): "Matrilineal Systems", en *Kinship* (J. Goody ed.). Baltimore: Penguin Books, pp.276-289.

_(1995) (1939): *Land, Labour and Diet in Northern Rhodesia. An Economic*

Study of the Bemba Tribe. Münster-Hamburg: LIT Verlag.

RIVERS, W. H. R. (1914a): *Kinship and social organization.* London School of Economics and Political Science. Studies in Economic and Political Science, n° 36. 1896, etc. 80, 96 pp.

_(1914b): *The history of Melanesian Society.* Cambridge: University Press (2 vol.), vol.2.

_(1922): "The psychological factor" en *Essays on the Depopulation of Melanesia* (Rivers ed.). Cambridge: Cambridge at the University Press, pp.84-113.

_(1975a) (1910): "El método genealógico de investigación antropológica", en *La Antropología como ciencia* (J. R. Llobera comp.). Barcelona: Anagrama, pp.85-95.

_(1975b) (1971): "Derecho materno", en *Introducción a dos teorías de la antropología social* (L. Dumont). Barcelona: Anagrama, pp.166-169.

ROBERTSON-SMITH, W. (1990) (1885): *Kinship & Marriage in Early Arabia.* Londres: Darf Publishers Ltd.

RONHAAR, J.H. (1931): *Women in primitive motherright societies.* Londres: David Nuit.

ROSALDO, Michelle Zimbalist (1979) (1974): "Mujer, cultura y sociedad: una visión teórica", en *Antropología y Feminismo* (O. Harris y K. Young, eds.). Barcelona: Anagrama, pp.153-180.

_(1980): «The Use and Abuse of Anthropology: Reflections on Feminism and Cross-Cultural Understanding». *Signs,* n° 5, pp.389-417.

ROSALDO, Michelle Zimbalist; LAMPHERE, Louise (1974): "Introduction", en *Women, Culture and Society* (M. Z. Rosaldo y L. Lamphere eds.). Stanford: Stanford University Press, pp.1-15.

RUBIO HERNÁNDEZ, Rogelio (1991): *Antropología: Religión, Mito y Ritual.* Madrid: Cuadernos de la UNED.

SACKS, Karen

_(1975): "Engels revisited: Women, the reoganization of production and private property", en *Women, Culture and Society* (M. Z. Rosaldo y L. Lamphere eds.). Stanford: Stanford University Press, pp.207-222.

SAHLINS, Marshall (1968) (1960): "Evolution: specific and general", en *Therory in Anthropology.* Chicago: Aldine Publishing Company, pp. 229-241.

_(1976): "Economía tribal", en *Antropología y economía* (M. Godelier comp.). Barcelona: Anagrama, pp.233-259.

_(1977) (1972): *Las sociedades tribales.* Barcelona: Labor.

_(1983) (1974): *Economía de la edad de piedra.* Madrid: Akal editor.

_(1988) (1976): *Cultura y razón práctica. Contra el utilitarismo en la teoría antropológica.* Barcelona: Gedisa.

SAN ROMAN, Teresa (1996): "De la intuición a la contrastación: el trabajo de campo en Antropología y en la formación de los nuevos antropólogos". Zaragoza, VII Congreso de Antropología, vol.8, pp.167-178.

SANDAY, Peggy R. (1974): "Female status in the public domain", en *Women, Culture and Society* (M. Z. Rosaldo y L. Lamphere eds.). Stanford: Stanford University Press, pp.189-206.

_(1990a): "Introduction" en *Beyond the Second Sex. New Directions in the Anthropology of Gender* (Sanday, R.G.Goodenough ed.). Filadelfia: University of Pennsylvania Press, pp. 1-19.

_(1990b): "Androcentric and Matrifocal Gender Representations in Minangkabau Ideology" en *Beyond the Second Sex. New Directions in the Anthropology of Gender* (Sanday, R.G.Goodenough ed.). Filadelfia: University of Pennsylvania Press, pp. _141-168.

SAUNDERS, Barbara (2002): "Introduction: Indeterminate Ontologies" en *Changing genders in intercultural perspectives* (B. Saunders; M.-C. Foblets, eds.). Leuven: Presses Universitaires de Louvain, pp.11-29.

SCHEFFLER, Harold W. (1965): *Choiseul Island Social Structure*. Berkeley/ Los Ángeles: University of California Press.

_(1991): "Sexism and Naturalism in the Study of Kinship", en *Gender at the crossroads of knowledge. Feminist anthropology in the postmodern area* (Di Leonardo ed.). Berkeley/Los Ángeles/Oxford: University of California Press, pp.361-382.

_(2001): *Filiation and affiliation*. Oxford/Colorado: Westview Press.

SCHLEGEL, Alice (1972): *Male dominance and female autonomy. Domestic Authority in Matrilineal Societies*. Human Relations Area Files, INC; Library of Congress Catalog Card Number 72-78401.

SCHNEIDER, David; GOUGH, K. (eds.) (1961): *Matrilineal Kinship*. Berkeley/Los Ángeles: University California Press.

SCHNEIDER, David (1961): "Introduction: the distinctive features of matrilineal descent groups", en *Matrilineal Kinship* (D. Schneider y K. Gough eds.). Berkeley/Los Ángeles: University California Press, pp.1-29.

_(1968): "Rivers and Kroeber in the study if kinship" en *Kinship and social organization... Together with the Genealogical method of anthropological enquiry* (W.H.H.Rivers, 1914). Londres: University of London, The Athlone Press, pp.7-16.

SCHNEIDER, Jean (1971): "Of vigilance and virgins: honor, shame and acces to resources in Mediterranean Societies". *Ethnology*, tomo X, nº 1, pp.1-24.

SCHAEFER DAVIS, Susan (1978): "Working Women in a Moroccan Village", en *Women in the Muslim World*. Cambridge: Harvard University Press, pp.416- 433.

SERVICE, Elman Rogers (1984) (1975): *Los orígenes del Estado y de la civilización. El proceso de la evolución cultural*. Madrid: Alianza Editorial.

SHAPIRO, Judith (1987): "Men in groups: A reexamination of patriliny in loward South America" en *Gender and kinship: essays toward a unified analysis* (Yanganasiko y Collier eds.). Stanford: Stanford University Press, pp.301-323.

SMEDLEY, Audrey (1980): "The implications of Birom Cicisbeism". *Journal of Comparative Family Studies*, vol. XI, nº 3 (número especial), pp.345-358.

SMITH, Michael G. (1953): "Secondary marriage in Northern Nigeria". *Africa. Journal of the International African Institute*, vol.XXIII, pp.298-323.

_(1956): "On Segmentary Lineage Systems". *The Journal of the Anthropological Institute of Great Britain and Ireland*, vol.86, part II, pp.39-79.

_(1962): *West indian family structure*. Seattle: University of Washington Press.

_(1969): "Differentiation and the Segmentary Principle in Two Societies?" en *Man in Africa*. Londres: Tavistock Publications, pp.151-173.

STACK, Carol B. (1996): "Writing Ethnography: Feminist Critical Practice", en *Feminist dilemmas in fieldwork* (Wolf ed.). Oxford: Westview Press, pp.96-106.

STEWARD, Julian Haynes (1968a): "Causal factors and processes in the evolution of pre-farming societies", en *Man the hunter* (R. B. Lee y I. De-Vore ed.). Chicago: Aldine-Atherton, pp.321-334.

_(1968b) (1955): "Multilinear evolution: evolution and process", en *Theory in Anthropology. A sourcebook* (R. A. Manners y D. Kaplan ed.). Londres: Routledge y Kegan Paul, pp.241-250.

231

Yolanda Aixelà Cabré

STICHTER, Sharon B. y PARPART, Jane L. (1988): "Introduction. Towards a Materialist Perspective on African Women" en *Patriarchy and Class. African Women in the Home and the Workforce* (Stichter y Parpart, eds.). Boulder y Londres: Westview Press, pp.1-26.

STOLCKE, Verena (1986): *Cafeicultura. Homens, mulheres e capital (1850-1980)*. São Paulo: Editora Brasliense.

_(1992a) (1974): *Racismo y sexualidad en la Cuba colonial*. Madrid: Alianza América.

_(1992b): "¿Es el sexo para el género como la raza para la etnicidad?". *Mientras Tanto*, Fundación Giulia Adinolfi, Manuel Sacristán Ed., nº 48, Barcelona. (Apareció previamente en una publicación internacional).

_(1993): "Mujeres invadidas: la sangre de la conquista de América" en *Mujeres invadidas: la sangre de la conquista de América* (V. Stolcke, comp.). Madrid: Horas y Horas, pp.29-45.

_(1996): "Antropología del género. El cómo y el porqué de las mujeres", en *Ensayos de antropología cultural. Homenaje a Claudio Esteva-Fabregat* (J. Prat y A. Martínez ed.). Barcelona: Ariel, pp.335-343.

STOLER, Ann Laura (1991): "Carnal knwoledge and Imperial Power: Gender, race, and Morality in Colonial Asia", en *Gender at the crossroads of knowledge. Feminist anthropology in the postmodern area* (Di Leonardo ed.). Berkeley/Los Ángeles/Oxford: University of California Press, pp.51-101.

STONE, Linda (1997): *Kinship and Gender*. Oxford: Westview Press.

STRATHERN, Marilyn (ed.) (1995): *Shifting contexts. Transformations in anthropological knowledge*. Londres y Nueva York: Routledge.

STRATHERN, Marilyn (1975) (1971): *Women in Between. Female Roles in a Male World: Mount Hagen, New Guinea*. Londres: Seminar Press.

_(1979): "Una perspectiva antropológica", en *Antropología y Feminismo* (O. Harris y K. Young, eds.). Barcelona: Anagrama, pp.133-152.

_(1987): "Producing difference: connections and disconnections in two New Guinea Highland Kinship systems" en *Gender and kinship: essays toward a unified analysis* (Yanganasiko y Collier eds.). Stanford: Stanford University Press, pp.271-300.

_(1990) (1988): *The gender of the gift*. Berkeley: University of California Press.

_(1998) (1980): "No nature, no culture: the Hagen case", en *Nature, culture and gender* (C. MacCormack y M. Strathern ed.). Cambridge: Cambridge University Press, pp.174-222.

STROBEL, Margaret (1982): "African Women". *Signs*, vol.8, nº1, pp.109-131.

TANNER, Nancy (1974): "Matrifocality in Indonesia and Africa and among Black Americans", en *Woman, Culture and Society* (M. Z. Rosaldo y L. Lamphere ed.). Stanford: Stanford University Press, pp.129-156.

TERRADAS SABORIT, Ignasi (1992): *Eliza Kendal. Reflexiones sobre una antibiografía*. Bellaterra: Publicacions d'Antropologia Cultural, Universitat Autónoma de Barcelona.

_(1995): *Requiem Toda: ensayo sobre la compresión de las costumbres históricas de los Toda ante la muerte*. Barcelona: Publicacions de la Universitat de Barcelona.

TERRAY, Emmanuel (1971) (1969): *El marxismo ante las sociedades "primitivas". Dos estudios*. Buenos Aires: Editorial Losada.

_(1977) (1975): "Clases y conciencia de clase en el reino abron de Gyaman", en *Análisis marxistas y antropología social* (M. Bloch comp.). Barcelona: Anagrama, pp.105-162.

232

TILLION, Germaine (1967) (1966): *La condición de la mujer en el área mediterránea*. Barcelona: Ediciones Península.

TOUSSAINT, Sandy (1999): *Phyllis Kaberry and Me. Anthropology, History and Aboriginal Australia*. Melbourne: Melbourne University Press.

TURNER, Victor (1952): *The Lozi Peolples of North-Western Rhodesia* (Daryll Ford ed.). Londres: International African Institute, Part III.

_(1957): *Schism and Continuity in an African Society; a study of Ndembu village*. Manchester: Manchester University Press.

_(1969): "Symbolization and Patterning in the Circumcision Rites of Two Bantu-speaking Societies" en *Man in Africa*. Londres: Tavistock Publications, pp.229-244.

_(1975) (1962): "Symbols of passage in Ndembu circumcision riutal: an interpretation", en *Essays on the ritual of social relations* (M. Gluckman editor). Manchester: Manchester University Press, pp.124-173.

_(1980) (1967): *La selva de los símbolos*. Madrid: Siglo XXI.

TYLOR, Edward Burnett (1973) (1881): *Antropología*. Madrid: Ayuso.

VALLE, Teresa del (dir.) (1985): *Mujer vasca. Imagen y realidad*. Barcelona: Anthropos.

VALLE, Teresa del (ed.) (1993): *Gendered anthropology* (T del Valle, ed.). Londres: Routledge.

VALLE, Teresa del (ed.) (1991): "El espacio y el tiempo en las relaciones de género". *Kobie*, núm.V, Bilbao. También disponible en http:www.udg.mx/laventana/libr3/terevall.html

_(1993): "Introduction" en *Gendered anthropology* (T del Valle, ed.). Londres: Routledge, pp.1-16.

_(1997): *Andamios para una nueva ciudad. Lecturas desde la Antropología*. Madrid: Cátedra.

_(2000): *Perspectivas feministas desde la antropología social*. Barcelona: Ariel.

_(2002): *Modelos emergentes en los sistemas y las relaciones de género*. Madrid: Narcea.

VAN GENNEP, Arnold (1986) (1909): *Los ritos de paso*. Madrid: Taurus.

VIEITEZ, Soledad (2001): *Revolution, Reform and Persistent Gender Inequality in Mozambique*. Michigan: Publishing services. Bell & Howell Co. Ann Arbor.

VINCENT, Joan (1990): *Anthropology and politics. Visions, traditions and trends*. Tucson: The University of Arizona Press.

WALBI, Sylvia (1994) (1990): *Theorizing patriarchy*. Oxford: Blackwell.

WARREN, Carol A. B.; HACKNEY, Jennifer Kay (2000): *Gender issues in Ethnography*. Londres: Sage Publications.

WARREN, Carol A.B. (1988): *Gender Issues in Field Research*. Londres: Sage Publications.

WEBER, Max (1987) (1922): *Economía y sociedad*. México: Fondo de Cultura Económica.

WEBSTER, Paula y NEWTON, Esther (1979) (1979): "Matriarcado: enigma y paradigma", en *Antropología y feminismo* (O. Harris y K. Young ed.). Barcelona: Anagrama, pp.83-106.

WESTWOOD, Sallie (1984): "'Fear Woman': Property and modes of production in urban Ghana" en *Women and property. Women as property* (Hirschon, ed.). Nueva York: St. Martin's Press, pp.140-157.

WHITE, Leslie A. (1964): *La ciencia de la cultura. Un estudio sobre el hombre y la civilización*. Buenos Aires: Paidós.

WOLF, Eric R. (1968) (1957): "Closed corporate peasant communities in Mesoamerica and Central Java", en *Theory in Anthropology. A sourcebook* (R. A. Manners y D. Kaplan ed.). Londres: Routledge y Kegan Paul, pp.294-300.

233

_(1976): "El campesinado y sus problemas", en *Antropología y economía* (M. Godelier comp.). Barcelona: Anagrama, pp.260-275.

_(1978) (1971): *Los campesinos*. Barcelona: Labor.

_(1979) (1969): *Las luchas campesinas del siglo XX*. México: siglo veintiuno editores.

YAKAN, Mohamad Z. (1999): *Almanac of African Peoples & Nations*. Londres/New Brunswick: Transaction Publishers.

YANGANASIKO, Sylvia Junko (1987): "Mixed metaphors: native and anthropological models of gender and kinship domains" en *Gender and kinship: essays toward a unified analysis* (Yanganasiko y Collier eds.). Stanford: Stanford University Press, pp.86-118.

YANGANASIKO, Sylvia Junko y COLLIER, Jane Fishburne (1987): "Toward a Unified Analysis of Gender and Kinship" *Gender and kinship: essays toward a unified analysis* (Yanganasiko y Collier eds.). Stanford: Stanford University Press, pp.14-50.

www.ingramcontent.com/pod-product-compliance
Lightning Source LLC
Chambersburg PA
CBHW052126270326
41930CB00012B/2773